Arno Sauer

In der Hölle der Ostfront

Arno Sauer

In der Hölle der Ostfront

Schicksal eines jungen Soldaten

Edition Förg

Für Vater, dessen Erlebnisse mich zu diesem Buch immer wieder ermutigten. Für alle nachkommenden Generationen, welche ein Recht auf Wahrheit über das damalige Zeitgeschehen besitzen.

4., erweiterte Auflage

www.rosenheimer.com

Lektorat: Dr. Helmut Neuberger, Ostermünchen
Satz: Carmen Oberlechner, Rosenheim
Titelfoto: © Bundesarchiv, Bild 183-H26353
Fotograf: Erich Borchert
Bildnachweis: Alle Fotos im Innenteil und das Foto auf dem Umschlag hinten stammen aus dem Privatarchiv von Arno Sauer
Druck und Bindung: CPI books GmbH, Leck
Printed in Germany

ISBN 978-3-96600-023-9

Inhalt

Vorwort

Seit Jahrzehnten bewahre ich die Schilderungen und Berichte in meiner Erinnerung, die mein Vater mir während meiner Kindheit und Jugend bei zahllosen sonntäglichen Waldspaziergängen über seine Kriegserlebnisse und Jugendzeit vermittelt hat. Oft nicht freiwillig, sondern auf mein Bitten hin erzählte er – manchmal nur bruchstückhaft, je nach Bedürfnis und Verfassung aber auch sehr ausführlich und stundenlang – über Erlebnisse, die ihm damals widerfahren sind, Ereignisse und Erfahrungen, die ihn bewegten, bedrückten und verfolgten. Heute weiß ich, dass ihm neben seiner unermüdlichen, anstrengenden Arbeit als Friseurmeister im eigenen Geschäft auch mein Interesse an seinen Erlebnissen geholfen hat, die schlimmen Erinnerungen und Traumata seiner Jugend zu verarbeiten.

Es scheint mir nun an der Zeit, über das damalige Geschehen zu berichten, wo unermessliches Leid und Unheil geschehen ist. Einschneidende Erlebnisse wie diese dürfen nicht in Vergessenheit geraten, und so will ich objektiv davon erzählen, wie es in diesen Schicksalsjahren einst war und wie es der damaligen Jugend ergangen ist.

Obwohl auf dem Büchermarkt über die Zeit der Weimarer Republik, das Dritte Reich und den Zweiten Weltkrieg unzählige Publikationen existieren, soll dieser authentische Zeitzeugenbericht das Leben der Jugend und der Menschen allgemein zu dieser Zeit aus der damaligen Sicht neutral und ungeschminkt wiedergeben. Oftmals, besonders nach Fortschreiten der Zeit, wurde diese Epoche im Positiven wie auch im Negativen verfälscht, verklärt und auch manipuliert in beide Richtungen dargestellt. Deshalb möchte ich zur geschichtlichen Erinnerung und Bewahrung stellvertretend für eine ganze Generation die Erlebnisse eines Jungen aus der vorderen Eifel wiedergeben. So, wie die damalige Zeit von Millionen anderen Menschen gleichen Alters im Deutschen Reich geteilt, erduldet, ertragen, gelebt und bewältigt werden musste. Kindheit, Jugend, Berufsausbildung, Arbeitsdienst, Soldat sein in einem unseligen, grausamen Krieg – ein Schicksal, das Tausende Menschen ähnlich erlebt haben – schildert dieser biografische Zeitzeugenbericht.

Es war eine Jugend, die aufgrund ihres Idealismus und Leistungswillens, ihrer Begeisterungsfähigkeit, Innovationen, Gutgläubigkeit und Sitte, ihres Anstands und Respekts geprägt war. Es war eine Generation, die diese Jugendzeit anders erlebte, erfahren und ertragen musste. Schlimmer und grausamer, härter und aussichtsloser, niederschlagender und enttäuschender, entbehrungsreicher und leidensfähiger als viele andere, nachfolgende Generationen. Eine Jugend guten Glaubens, die um ihre Jugend betrogen, verraten und missbraucht wurde. Sie hatten trotzdem den Mut und den Glauben an das Gute und an ein friedliches, besseres Leben nie aufgegeben.

Kein anderes Land der Erde hatte nach so einem langen Krieg, der schrecklicher und grausamer war als alle Kriege jemals zuvor, in seiner Gesamtheit dermaßen zerstört am Boden gelegen wie Deutschland. Das Fatale daran war, dass dieser unselige Krieg von deutschem Boden ausging und nach fast sechs Jahren dort wieder im totalen Untergang endete. Ein Neubeginn erschien aussichtsloser denn je, schwerer als in jedem anderen vom Krieg heimgesuchten Land der Erde. Tausende Städte, Dörfer, Industrieanlagen, Straßen, Brücken, Kirchen, Schulen und Krankenhäuser waren zerstört. Fünf Millionen Soldaten waren gefallen oder galten als vermisst, rund 600 000 Frauen, Kinder und alte Menschen fielen den unzähligen Bombenangriffen zum Opfer, bis zu zwei Millionen kamen auf ihrer Flucht ums Leben. Mehr als 13 Millionen Menschen wurden aus ihrer einstigen Heimat in den deutschen Ostgebieten vertrieben.

Die überwiegende Anzahl dieser Menschen hat nicht aufgegeben, nicht resigniert und Deutschland nicht verlassen. Dies gilt auch für die armen vertriebenen Menschen und Familien aus Ost- und Westpreußen, Pommern, Schlesien, Böhmen, Mähren und anderen deutschsprachigen Regionen, die sich in Mittel- und Westdeutschland niederließen. Sie alle sind geblieben, um Deutschland wieder aufzubauen und nach vorne zu schauen. Um Deutschland in eine gute und bessere Zukunft zu führen, trotz unsagbar schwerem rückblickendem und bleibendem Leid vieler Beteiligter und Betroffener.

Dieses Buch soll einen Beitrag dazu leisten zu erkennen, dass Krieg nicht nur das Schlimmste für die jeweils betroffenen Menschen bedeutet, sondern dass solche furchtbaren, tragischen Ereignisse mit allen Konsequenzen verhindert und bereits im Vorfeld vermieden werden müssen.

Es war meine Absicht, die damalige Zeit wiederzugeben, wie sie wirklich war, ohne zu beschönigen oder zu verdammen, ohne zu verherrlichen oder zu richten. Alle Beschreibungen, auch in Einzelheiten, entsprechen den Tatsachen. Personennamen wurden überwiegend und original bis auf wenige vergessene Namen beibehalten. In Einzelfällen, dort wo es erforderlich schien, wurden Namen geändert, um Betroffenheit Angehöriger zu vermeiden.

Fritz war erst 21, als der schrecklichste Krieg aller Zeiten zu Ende ging und er wie so viele Hunderttausend andere Heimkehrer gezeichnet an Körper und Seele das große Glück hatte, der Hölle entronnen zu sein, um noch einmal die schöne Heimat zu sehen und nach Hause zu kommen. Die Ereignisse und das Erlebte verfolgten ihn sein ganzes Leben in zahlreichen Angst- und Albträumen, die im Laufe der Jahre und Jahrzehnte weniger wurden. Die schrecklichen Bilder jedoch ließen seine Gedanken nie mehr richtig los und verfolgten ihn bis an sein Lebensende.

Im Krieg gibt es niemals Gewinner, nur Verlierer. Nichts geht über Frieden und ein friedliches Miteinander der Völker aller Nationen und deren unterschiedlichsten Religionen.

Im RAD-Musterlager Gau Moselland

An einem wunderschönen Frühlingsmorgen nach einem langen, harten Winter 1940/41 brachte mich der Zug an die luxemburgische Grenze. Beim Hinausschauen aus meinem 3. Klasse-Abteil, ausgestattet mit unbequemen, harten Holzbänken, konnte ich die herrliche Landschaft bewundern, die in voller Blütenpracht an mir vorbeizog.

Einige Tage zuvor hatte ich, vier Wochen nach Abschluss meiner Friseurlehre, den Einberufungsbefehl zum RAD (Reichsarbeitsdienst) erhalten. In dem amtlichen Schreiben wurde mir mitgeteilt, dass ich ein Jahr lang im »Musterlager Gau Moselland« in Irrel an der luxemburgischen Grenze eingesetzt werden würde und zu dem aufgeführten Termin dort pünktlich zu erscheinen hätte. Ich packte also am Vorabend neben einigen persönlichen Dingen die wenigen Utensilien, die in dem »Einladungsschreiben« aufgeführt waren, in einen kleinen alten Koffer, verabschiedete mich am nächsten Morgen schweren Herzens von Mutter und meinen Brüdern und marschierte zu unserem Bahnhof.

Die Bahnfahrt führte anfangs auf vertrauten Wegen über Mayen, wo ich die Berufsschule besucht hatte, weiter über Daun, Gerolstein, Kyllburg, Bitburg bis nach Irrel. So fuhr ich mit 17 Jahren zwar kostenlos, aber mit einem mulmigen Gefühl der Ungewissheit quer durch unsere schöne Eifel einem Ziel entgegen, das ich mir nicht ausgesucht hatte und das ich auch nicht aufsuchen wollte.

Mit jedem Kilometer, der mich weiter von zu Hause entfernte, wuchs in mir ein eigenartiges Unbehagen, ge-

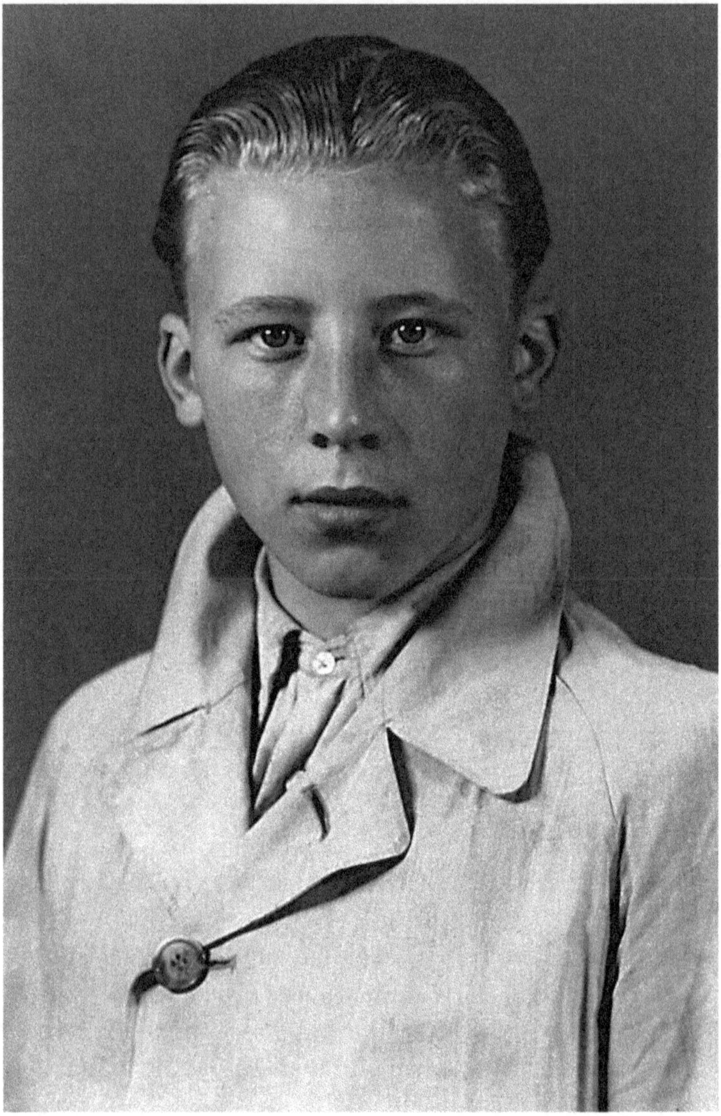

Ich 1940 während der Friseurlehre

mischt mit Heimweh. Da halfen auch die guten Schmalzbrote nichts, die mir Mutter noch im letzten Augenblick eingepackt hatte und die ich nun mit mäßigem Appetit verdrückte. Viele Gedanken, Erinnerungen und Episoden meiner noch nicht allzu großen Vergangenheit liefen wie in einem Film an mir vorbei.

Ich erinnerte mich an meine kurze Jugendzeit und an so viele schöne und traurige Begebenheiten, etwa den frühen Verlust meines Vaters, der mich auf all meinen Wegen nur in meinen Gedanken und in meinem Herzen begleiten konnte. Mit erst 17 Jahren musste ich mich den Anforderungen des Regimes im Kriegsalltag stellen, und die waren hart. Lamentieren, ausheulen und herumjammern lag uns fern, Unbotmäßigkeit konnte sogar das Leben kosten. Es blieb nur, den Blick nach vorne zu richten, hellwach zu bleiben und dabei im wahrsten Sinne des Wortes die »Flöhe husten zu hören«, wie das schöne Sprichwort lautete. Es war überlebenswichtig, sich auf spontane Situationen ohne Angst einzustellen, ohne gleich zu resignieren.

Während ich durch das monotone Fahrgeräusch der Eisenbahnwaggons über vergangene Begebenheiten vor mich hin grübelte, musste ich schmunzelnd an eine Geschichte zurückdenken, die dank meines Bruders Karl im letzten Moment zu meinen Gunsten entschieden worden war. War mir Karl bei unseren rivalisierenden »Böckchen-Kämpfen« draußen im Hof oder in der Scheune in jungen Jahren stets unterlegen gewesen, so hatte ich im fortgeschrittenen Alter jenseits der 14 gegen ihn keine Chance mehr. Karls enorme Körperkräfte luden nicht mehr zu einem Kräftemessen ein.

Ich weiß noch gut, dass Mutter sich eines Tages darüber beklagte, dass die Hühner in der Scheune kaum noch Eier legen würden, und sie führte den Verlust in erster Linie auf einen Marder zurück. Nach vielen Wochen wurde der

Marder schließlich gefasst, doch er hatte nur noch zwei Beine und hieß mit Vornamen Karl. Der junge und schnell wachsende Knabe verspeiste heimlich und unentdeckt seit Langem an manchen Tagen zehn bis zwölf Eier, indem er sie einfach roh aussaugte. Er hatte angeblich immer Hunger, und der süße Eidotter schmeckte ihm besonders gut. Es waren aber nicht nur die vielen Eier, sondern auch unsere stets frische Kuhmilch, der zusätzliche Speck und der Extralöffel Schmalz beim Mittagstisch, die dazu führten, dass Karl so kräftig wurde. Ich wiederum mochte kein Fett, sodass mein Anteil auf dem Teller meines Bruders landete. Aber gewiss spielten auch die Erbanlagen und vor allem die schwere körperliche Arbeit von klein auf in unserem landwirtschaftlichen Betrieb eine nicht unwesentliche Rolle.

Nun, warum ich das erwähne? Es trug sich an einem Nachmittag zu, dass ich wieder einmal auf dem Sportplatz meinem Hobby nachging und mit anderen Jungs Handball spielte. Das ging so lange gut, bis auf einmal zwei etwas ältere Mitspieler meinen Ball klauen wollten, weil sie mir meine überlegene Technik neideten und sich über ein verlorenes Spiel ärgerten. Als sie damit abhauen wollten, gerieten wir uns heftig in die Wolle, wobei meine Chancen sehr schlecht standen. Noch während der Streiterei und angesichts meiner Hilferufe lief ein anderer Mitspieler zu uns nach Hause und rief unseren Karl, der seinem Bruder Fritz zu Hilfe eilte. Obwohl die beiden Gegner deutlich älter waren als er, mischte er sie ohne Probleme auf, sodass ich noch einmal glimpflich mit ein paar Kratzern davonkam und auch meinen geliebten Handball aus dem Getümmel retten konnte.

Die quietschenden Bremsen der Dampflokomotive beim Einfahren in den Bahnhof von Bitburg holten mich aus meinen Gedanken zurück in die Realität. Nun war es nicht mehr weit, und ich sah den auf mich zukommenden Ereignissen optimistisch entgegen. Ich möchte nicht behaupten, dass ich darin eine erfreuliche neue Herausforderung sah, nach der ich mich gesehnt hätte. Ganz im Gegenteil wäre ich nur zu gerne bei Mutter zu Hause geblieben und als frisch gebackener Geselle meinem Beruf nachgegangen. Jedoch waren in dieser Zeit alle aus meinem Jahrgang und den älteren Jahrgängen irgendwo weit weg unterwegs, eingezogen zur Wehrmacht, in der militärischen Ausbildung oder bereits an der Front.

Ich nahm diese neue Herausforderung an und machte mich gemeinsam mit vielen anderen Kameraden meines Alters, die ich bereits auf der Hinfahrt im Zug kennengelernt hatte, auf den Weg. Wir alle hatten den gleichen Marschbefehl, und so marschierten wir gemeinsam vom Bahnhof in Irrel los, um zum festgesetzten Zeitpunkt durch das Tor an der Wache des RAD-Lagers Gau Moselland einzuziehen.

Nach kurzer Einweisung und dem Empfang von Uniform, Ausrüstungsgegenständen und dem berühmten Spaten, dem Symbol des Arbeitsdienstes, bezogen wir Quartier in einer der zahlreichen Baracken. Auf jeder Stube waren zwanzig Mann in zehn Doppelbetten untergebracht. Einen Spind teilten wir uns zu zweit.

Von nun an war täglich morgens um 5 Uhr Wecken angesagt, und dies erfolgte mit lautem Geschrei. Schon am ersten Tag begannen wir mit dem Frühsport. Anschließend ging es im Laufschritt mit freiem Oberkörper über den Appellplatz zu den Waschräumen. Danach stand Stuben- und Revierreinigen auf dem Plan, wobei man uns in kürzester Zeit eindeutig und unmissverständlich vermittelte, was zu tun war. Danach ging es zum Frühstück, das ständig sehr mager ausfiel, was zur Folge hatte, dass der Hunger unser ständiger Begleiter war.

Daran änderte auch die um 9 Uhr anstehende zweite Frühstückspause nichts, denn es gab meist nichts mehr, das wir noch hätten frühstücken können. Nur gelegentlich gab es noch ein paar trockene Brotscheiben, die vom Frühstück übrig waren, und wir verschlangen sie gierig.

Am zweiten Tag stand die medizinische Untersuchung zur Diensttauglichkeit an, und es waren alle tauglich. Auch einige luxemburgische Kameraden meines Jahrganges, die nur wenige Kilometer entfernt auf dem anderen Ufer des Flüsschens Sauer zu Haus waren, leisteten hier mit uns gemeinsam Arbeitsdienst. Diese Jungs waren verständlicherweise noch weniger begeistert als wir, und auch bei uns war die Motivation eher bescheiden. Ich fand allerdings die luxemburgische Sprache mit ihrem singenden Tonfall angenehm. Da wir auch Dialekt, das sogenannte Moselfränkisch, sprachen, konnten wir uns untereinander recht gut verständigen.

Die medizinische Untersuchung führte ein Unterarzt im Range eines Leutnants durch, und sie war schnell vollzogen. Größe, Gewicht, einmal bücken, noch ein paar Eintragungen, fertig.

Anschließend begann der allgemeine Dienst, der über Monate hinweg immer in ähnlicher Form ablief. Frühsport gab es an jedem Tag und bei jedem Wetter. Manchmal stand Sport auch noch ein zweites Mal am Nachmittag oder Abend auf dem Plan. Das spielte mir voll in die Karten, denn ich liebte den Sport und konnte mein Hobby auf diese Weise auch im Reichsarbeitsdienst weitestgehend zufriedenstellend ausüben.

Weiterhin gab es täglichen Unterricht. Dazu gehörten selbstverständlich Mathematik, Deutsch, Erdkunde, Völkerkunde und Musik, aber auch Elemente der nationalsozialistischen Weltanschauung wie Rassenkunde. Wir bekamen aber auch eine Sanitätsausbildung und wurden in

Mit einem Kameraden beim RAD im Gau Moselland in Irrel

theoretischer Waffenkunde und Geländekunde geschult. Dann erfolgte eine Art militärischer Grundausbildung, bei der uns militärische Verhaltensweisen und exaktes Marschieren beigebracht wurden. Nachdem wir einige Lieder eingeübt hatten, marschierten wir auch mit Gesang. Hinzu kam das Exerzieren mit dem Spaten, das sich nicht viel vom späteren Exerzieren mit dem Karabiner 98, dem Standardgewehr der Wehrmacht, unterschied. Dazu mussten wir morgens auf dem Exerzierplatz antreten, den Blick nach Osten gerichtet. Wenn sich die aufgehende Sonne beim Präsentieren in 240 blank geputzten Spaten spiegelte, bot sich ein grandioses Schauspiel. Welche Absicht man mit diesem Drill verband, war auch insoweit unübersehbar, als wir mit dem Spaten tagtäglich an dem in dieser Region zu errichtenden Westwall mit seinem verzweigten Graben- und Bunkersystem zu arbeiten hatten. Schaufeln, graben, pickeln, Erdbewegungen durchführen, betonieren und so weiter. Wir mussten hier eine äußerst anstrengende Arbeit verrichten. Dabei mutete man uns diese körperlichen Strapazen bei permanent durchschnittlicher und, wie bereits erwähnt, nicht immer ausreichender Verpflegung zu.

Sport und Formalausbildung sah ich immer als willkommene Abwechslung an, und auch die extrem harte Ausbildung drückte nicht auf die Stimmung. Ganz im Gegenteil war die Stimmung unter uns gleichaltrigen Jugendlichen den Umständen entsprechend wirklich gut.

Man lernte schnell, kleine Freiheiten zu genießen und sich zu drücken oder gar auszuklinken, wenn sich eine günstige Gelegenheit bot. Wir machten auch die Erfahrung, dass der Zusammenhalt mit der Schwierigkeit der Anforderungen wuchs. Wir lernten rasch, in brenzligen Situationen füreinander einzustehen. Dabei war es unerheblich, aus welcher sozialen Schicht die Kameraden stammten und welchen Berufen sie nachgingen. Ob Bäcker, Metzger, Friseur, Maler oder Schmied, ob Schuster, Schornsteinfeger, Maurer oder Zimmermann, ob Dachdecker, Schreiner, Landwirt, Hilfsarbeiter oder Abiturient – man respektierte einander ohne jegliche Vorurteile. Das war der Garant für unsere Kameradschaft. Das Miteinander schweißte uns zu einer eingeschworenen Mannschaft zusammen, besonders dann, wenn der Ausbildungsdruck und die von uns erwarteten Leistungen hoch waren. Dieser Geist der Kameradschaft sollte sich später auch in den schlimmsten Situationen an der Front immer wieder bewähren.

In der Regel konnte sich jeder auf jeden blind verlassen, bis auf einige ganz wenige Sonderlinge, wie sie mir auch während des Krieges zwar nicht oft, aber immer mal wieder in manchen Lebenslagen begegneten. Komische Käuze, die einfach anders waren als die anderen. Darunter gab es Burschen, die extrem auffielen, die unsauber und wasserscheu waren, beim Stuben- und Revierreinigen durch Drückebergerei glänzten oder die Toiletten in einem fürchterlichen Zustand verließen, beim Spind-Aufräumen oder bei der Anzugskontrolle patzten oder die Kameradschaft in egoistischer Weise unterliefen.

Leidtragende waren dann natürlich in manchen Fällen wir alle. Früheres Wecken um 4 Uhr oder 3 Uhr, längerer Dienst am Abend, Ausgangsverbot am Wochenende und der Verlust sonstiger Vergünstigungen waren die Folge kollektiver Bestrafung. Dementsprechend war es durchaus möglich, dass nach irgendwelchen unliebsamen Gegebenheiten des Nachts bei der betreffenden Person der sogenannte »Heilige Geist« erschien und mit mehr oder weniger drastischen Strafmaßnahmen dazu beitrug, dass die Disziplin besser gewahrt wurde. Das war nicht unbedingt mit großen Schmerzen verbunden, obwohl etwa das Abschrubben der schwarzen Stiefelcreme im Genitalbereich schon eine nicht unerhebliche Rötung verursachte. Aber wie gesagt, diese Kameraden bildeten eine seltene Ausnahme.

Je mehr man uns in den ersten Wochen einer strengen, oft demütigenden Ausbildung unterzog, desto lebensbejahender erhoben wir uns anschließend, gestärkt an Körper, Geist und vor allem Selbstbewusstsein. Unserer Leistungs- oder auch Leidensfähigkeit in dieser eingeschworenen Kameradschaft wohl bewusst, konnten uns auch unangenehme Situationen nicht erschüttern, wie wir sie mit manch einem gehässigen Ausbilder immer wieder erlebten.

Sogenannte »Schweinepriester« gab es immer wieder, aber sie waren nicht die Regel. Im Allgemeinen erfuhren wir im Lager eine disziplinierte, strenge, aber auch menschenwürdige und anständige Behandlung. Ich traf nette Menschen sowohl unter den Ausbildern als auch unter den Kameraden. In Paul Seidenfuß, einem Metzgergesellen aus Koblenz, der am selben Tag mit mir eingezogen worden war, fand ich einen verlässlichen Freund. Wir hatten viel Spaß zusammen und gingen gemeinsam durch dick und dünn.

Nach zwölf Wochen lockerte sich der Dienst insoweit, als wir, wenn nicht kurzfristig wegen irgendwelcher neuen Parolen und Aktionen Ausgangssperre angeordnet wurde, Sonn- und Feiertagsfreigang erhielten. So erkundeten wir Irrel, die nähere Umgebung mit den Irreler Wasserfällen an der Prüm und spazierten schon mal die wenigen Kilometer Richtung Luxemburg. An der ehemaligen Reichsgrenze erreichten wir über die Staatsstraße die alte Grenzbrücke aus Stein, die uns über den Fluss Sauer bis hinein in das beschauliche Städtchen Echternach in Luxemburg führte.

An Tagen ohne Ausgang nutzte ich immer die Gelegenheit, zusätzlich Sport zu treiben. Auch machte es mir Spaß, einigen Kameraden mit einem neuen, frisch erlernten und für diese Zeit äußerst modernen Fassonschnitt die Haare zu stylen. In der Praxis hieß das damals: an der Seite ganz kurz, oben lang und zurückgekämmt. Das galt damals als besonders chic, und jeder wollte natürlich dem Schönheitsideal entsprechen – besonders wenn im Ort eine Tanzveranstaltung stattfand, die wir in Uniform besuchten, wobei wir es genossen, dass uns so manches BDM-Mädel ver-

Paul Seidenfuß und ich in der Gneisenau-Kaserne Koblenz im April 1942.

stohlene Blicke zuwarf und auf ein Auffordern zum Tanz wartete. Niemand von uns wäre damals auf die Idee gekommen, mit Glatze oder einem Millimeter-Haarschnitt herumzulaufen, wie ihn die russischen oder amerikanischen Soldaten trugen. Das sah in unseren Augen unvorteilhaft und hässlich aus. Denn so liefen damals in Deutschland nur Strafgefangene oder alte Männer umher. Doch diese minimalistische Haartracht ereilte viele von uns in späteren Jahren, soweit sie das Glück hatten, den Krieg zu überleben, und das Pech in alliierte Kriegsgefangenschaft zu geraten. Doch an diese Möglichkeit dachte damals, in der ersten Jahreshälfte 1941, niemand von uns. Keiner ahnte, was uns noch bevorstand.

Unser Kamerad Franz Färber nutzte seine freie Zeit in anderer Art und Weise. Er war ein wirklich begnadeter Hobbymaler und wusste Gesichter ausgesprochen naturgetreu wiederzugeben. So zeichnete er einige von uns in Form einfacher Bleistiftskizzen. Das lange Stillhalten musste ich ertragen, und mein Porträt entstand in zwei Sitzungen mit ausgiebiger Zigarettenpause.

Am 22. Juni 1941 begann unter dem Decknamen Unternehmen »Barbarossa«, benannt nach dem deutschen Kaiser Friedrich I. Barbarossa, der Angriff der deutschen Wehrmacht auf Russland. Die Operation erfolgte von Ostpreußen im Norden bis in die Karpaten im Süden mit drei Heeresgruppen, zwei Luftflotten und 2,5 Millionen Soldaten.

Wir erfuhren es durch unsere Ausbilder im Unterrichtsraum und reagierten mit betroffenem Schweigen. Es gab keine Freudenbekundungen und keine »Hurra«-Rufe, hatten wir doch nicht damit gerechnet, dass die militärische Führung den bereits bestehenden zahlreichen Kriegsschauplätzen einen weiteren hinzufügen würde. Was würde das für uns bedeuten? Warum musste das sein? Welchem Zweck sollte dieses waghalsige, gar wahnwitzige Abenteuer dienen? Wir konnten uns keinen Reim darauf machen, nicht mit 17 Jahren hier im RAD Lager unweit der luxemburgischen Grenze. Diese äußerst bedenkliche Neuigkeit konnten wir nur stillschweigend zur Kenntnis nehmen. Aber wir spürten, dass dieser Gegner in einer anderen Liga spielte als wir es bisher kannten, dass etwas sehr Bedrohliches auf uns zukam. Wir verfolgten in den nächsten Tagen und Wochen wie gebannt die von Euphorie und Siegeszuversicht getragenen Meldungen im Rundfunk und in der Presse. Die Siegesmeldungen überschlugen sich.

Als der deutsche Angriff im Herbstschlamm erstmals ins Stocken geriet und durch den besonders frühen und starken Wintereinbruch einige Wochen später kurz vor Moskau schließlich ganz zum Erliegen kam, erhielten wir nach acht Monaten Dienstzeit im RAD kurz vor Weihnachten zehn Tage Urlaub. Auf diesen Tag hatten wir alle seit Langem sehnsüchtig gewartet, und ich kann es gar nicht beschreiben, welche Glücksgefühle in uns aufstiegen, als wir in Irrel den Zug bestiegen, um zum ersten Mal nach so langer Zeit nach Hause zu fahren. Die wenigen Briefe, die ich von Mutter erhielt, konnten mir mein Heimweh nicht nehmen und die Heimat nicht ersetzen. Jetzt war es endlich so weit, endlich!

Paul und ich wollten natürlich zusammen im gleichen Zug fahren und wählten die Verbindung über Trier-Ehrang, anschließend über Wittlich und dann entlang der lieblichen Mosel, vorbei an Cochem bis Koblenz. Der Winter hatte die Landschaft komplett mit Schnee bedeckt, und wir genossen die vorbeiziehende romantische Winterlandschaft des Moseltales in einem beheizten 2. Klasse-Waggon.

Es war bereits die dritte Kriegsweihnacht, und entsprechend mager fielen auch die Geschenke aus. Apfelsinen und andere Südfrüchte gab es schon lange nicht mehr, und Kaffee, Mehl, Zucker und auch Schuhe sowie vieles mehr bezog man bereits rationiert über Lebensmittelmarken. Es ging ruhig zu in unserem tief verschneiten Dorf. Das Leben im Ort schien still zu stehen. Arbeiten im Freien konnten wegen der extrem kalten Witterung und des starken Schneefalls nicht verrichtet werden. Private Autos gab es nicht mehr, und so fuhren auch keine über die Reichsstraße. Kleinere Kinder freuten sich auf das Schlittenfahren. Wir aber waren mit dem 17. Lebensjahr schlagartig keine Kinder mehr.

Wir hatten viel Zeit zum Nachdenken, und meine Gedanken schweiften oft in meine Kinder- und Jugendzeit ab.

Fünf Jahre nach Ende des Ersten Weltkriegs wurde ich als dritter Sohn der Bäuerin Antoinette Sauer (geborene Quirbach, 1883) und des Landwirts und Kartoffelhändlers Josef Sauer, am 22. Dezember 1923 in Bassenheim bei Koblenz im Rheinland geboren und in der katholischen Pfarrkirche St. Martin auf den Namen Friedrich Gottfried getauft.

Der Name Gottfried stammte von meinem Patenonkel, einem Bruder meiner Mutter. Seitdem ich zurückdenken kann, wurde der Name Friedrich eigentlich nie ausgesprochen, sondern ich war ausschließlich der Fritz, oder »dat Fritzje«, wie man hier im moselfränkischen Dialekt sagt.

Mein ältester Bruder Hans, richtig mein Halbbruder, war Jahrgang 1908 und lebte mit meiner Mutter zehn Jahre mehr schlecht als recht allein, einquartiert bei Mutters Bruder Onkel Johann, nachdem ein junger Mann aus dem vier Kilometer entfernten Saffig meine Mutter geschwängert und trotz Eheversprechen hatte sitzen lassen, um in die USA zu gehen.

Als mein Vater Josef Sauer (geb. 1880) nach vier Jahren Krieg an der Westfront 1918 mit drei Orden dekoriert, deren Bedeutung mir später leider nicht mehr bewusst war, unversehrt nach Hause kam, heiratete er alsbald meine Mutter und adoptierte den kleinen Hans. Er gab ihm nicht nur seinen Namen, sondern behandelte ihn stets wie seinen eigenen Sohn. Dabei wurde bereits sehr früh festgelegt, dass Hans als Erstgeborener, wie es im Rheinland, aber auch in den meisten Gegenden Deutschlands üblich war, später einmal unseren landwirtschaftlichen Betrieb weiterführen sollte.

Mein zweiter Bruder Peter wurde im November 1920 geboren, und im Mai 1925 brachte Mutter mit immerhin schon 42 Jahren meinen dritten Bruder Karl zur Welt. In unserem Dorf gab es viele Familien, die den gleichen Familiennamen führten wie wir, und sie alle bekamen bis auf wenige Ausnahmen nur männliche Nachkommen, sodass meine Eltern, die gern auch ein kleines Mädchen gehabt hätten, auch mit Blick auf das fortgeschrittene Alter meiner Mutter, beschlossen, keine weiteren Kinder in die Welt zu setzen. Dabei spielten natürlich auch wirtschaftliche Aspekte eine nicht unerhebliche Rolle. Nach dem verlorenen Krieg war es in den Jahren der Weimarer Republik, die geprägt waren von Inflation und Arbeitslosigkeit, vielen Menschen nicht möglich, eine große Familie auch nur ausreichend zu ernähren, geschweige denn, diese mit den Dingen auszustatten, die für eine normale Lebenshaltung erforderlich sind.

Bestanden die Familien nach der zweiten Reichsgründung 1871 im aufstrebenden Kaiserreich noch aus durchschnittlich sechs bis zwölf Kindern, sank dieser Wert nach dem Ersten Weltkrieg etwa auf die Hälfte, wobei der Geburtenrückgang zum Teil durch die geringere Kindersterblichkeit kompensiert wurde. Denn nicht nur die Medizin, sondern auch das Sozialsystem machten nach der Jahrhundertwende zum Teil revolutionäre Fortschritte. Vor allem besserten sich die hygienischen Verhältnisse, und damit sank auch die Zahl der Sterbefälle durch Infektionen drastisch.

Meine Eltern hatten beide je sieben Geschwister, was mir eine Riesenanzahl von Cousins und Cousinen bescherte, mit denen man natürlich schön spielen konnte. Eine besondere Ausnahme war hier wiederum Onkel Peter Paul, ein Bruder meines Vaters. Die Familie wohnte einige Häuser weiter ebenfalls in unserer Straße. Ihr zur gleichen Zeit und in identischer Größe gebautes Haus Nr. 12 beherbergte allerdings ein paar Seelen mehr. Hier gab es noch eine richtige Großfamilie mit elf Kindern, sechs Jungen und fünf Mädchen. So gab es in unserem Dorf neben Weihnachten, Fastnacht, Ostern und Kirmes auch zahlreiche kleinere Familienfeiern, die sich aber hinsichtlich des finanziellen und kulinarischen Aufwands in sehr bescheidenen Grenzen bewegten.

Überhaupt war in unserem Dorf dank der vielen Kinder auf den zumeist noch unbefestigten Straßen, in Gärten, Wiesen, Feldern oder in unserem schönen Wald immer etwas los. Und so zogen und stromerten wir, wenn Vater uns nicht gerade aufs Feld mitnahm, bereits vor unserer Einschulung in die Volksschule durch Dorf und Gemarkung, immer auf der Suche nach Entdeckungen, einer interessanten Abwechslung, nach Abenteuern oder auch nur nach irgendetwas Essbarem. Von Mai bis Oktober wussten wir stets, wo es die ersten Erdbeeren, Himbeeren und Kirschen bis hin zu den letzten Brombeeren, Pflaumen, Birnen, Nüssen und Äpfeln gab.

Unweit von unserem Haus in der Von-Oppenheim-Straße Nr. 1 befand sich die gut ausgebaute asphaltierte Reichsstraße. Diese führte von Koblenz kommend über Metternich, Rübenach, Bassenheim, Ochtendung, Mayen, vorbei am Nürburgring, der 1927 fertig gestellt wurde, weiter über Blankenheim, Schleiden, Monschau bis nach

Aachen. Hier konnten wir natürlich ab und an durchfahrende Autos bestaunen, welche in späteren Jahren bei den großen Eifelrennen, insbesondere beim Großen Preis von Deutschland, vermehrt durch unseren Ort fuhren. Aber Automobile waren damals noch eher selten.

Die Reichsbahn war das gängige Transportmittel, und so wurde die Reichsstraße in der Regel mehr von Pferde und Ochsengespannen, einigen Lkws und fahrenden Händlern, Kesselflickern und Korbflechtern, fahrendem Volk und sonstigen Gesellen benutzt. In dieser Zeit bewältigte man noch viele Reisen zu Fuß, und so wanderten unsere motorsportbegeisterten Dorfbewohner per pedes die 41 Kilometer zum Großen Preis auf dem Nürburgring, wo sich damals so namhafte Hersteller wie Autounion, Mercedes Benz, Alfa Romeo, Bugatti und Ferrari harte Kämpfe lieferten.

Ich kann mich auch noch sehr gut an ein Ereignis von ganz anderer Art erinnern. Mit gerade mal sechs Jahren, noch vor meiner Einschulung, entdeckte ich Zigeuner, die von Ochtendung her kommend durch unser Dorf zogen. Das war natürlich spannend. Diese Leute sahen anders aus, waren anders gekleidet, sprachen anders, hatten viele Kinder dabei und ein kleines zotteliges Pferd, wie wir es hier im Dorf in dieser Art noch nie gesehen hatten. Wahrscheinlich war es eine Art Pony, das ein kleines, rauchendes Häuschen auf zwei Rädern hinter sich her zog. Meine Neugierde war spontan geweckt, und Sekunden später saß ich schon in diesem Gefährt. Die Leute waren nett und lustig. Eine ältere Frau rauchte eine lange Pfeife und während des Spielens mit deren Kindern vergaß ich über einen längeren Zeitraum das Aussteigen. Zu Beginn unseres Dorfes eingestiegen, sah ich plötzlich, wie unser weit außerhalb vom Ortsrand auf der gegenüberliegenden, östlichen Seite gelegener Bahnhof an mir vorbeizog. Nun verließ mich schlagartig der Mut. Ich sprang schleunigst von dem gemächlich in Richtung Koblenz fahrenden, faszinierenden Gefährt ab. Noch im Weglaufen sah ich, dass die lustige Gesellschaft um ein paar Hühner und eine Gans gewachsen war. Die zwei Kilometer Fußmarsch zurück ins Dorf bis zu unserem Haus bewältigte ich locker und in kürzester Zeit. Zu Fuß gehen oder laufen war für uns kein Problem.

Mittlerweile hatte sich im Dorf herumgesprochen, dass das kleine »Fritzje« von den Zigeunern mitgenommen und verschleppt worden sei. Man suchte mich überall und machte sich große Sorgen. Dass ich aus Neugier selbst in den Wagen geklettert war, verschwieg ich angesichts der Schelte, die über mich hereinbrach, als ich nach Hause kam. Sogleich suchten die Eltern meine kurz geschorenen Haare nach Läusen ab, wurden aber zum Glück nicht fündig. Ich jedenfalls kam durch dieses Abenteuer bereits in sehr jungen Jahren zu meinem ersten größeren und noch dazu kostenlosen Ausflug.

Aufgrund der Tatsache, dass ich spät im Dezember 1923 geboren worden war, erfolgte meine Einschulung in die Volksschule Bassenheim erst Ostern 1930 zum Jahrgang 1923/24. Eingeschult wurde damals immer an Ostern, nicht wie heute nach den großen Sommerferien. Nach den Osterferien begann an gleicher Stelle das neue Schuljahr, sofern man nicht auf eine höhere Schule wechselte oder eine Berufsausbildung begann. Die Volksschule bestand damals aus acht Klassen, reichte also vom ersten bis zum achten Schuljahr. Wer zu leistungsschwach war und den Lernstoff nicht bewältigte, blieb sitzen und musste die Klasse einfach wiederholen.

Unsere Volksschule lag an der Saffiger Straße, unmittelbar oberhalb unseres schönen Schlossparkes. Natürlich gingen alle Schülerinnen und Schüler zu Fuß zur Schule, auch die von den umliegenden Höfen unserer Gemarkung oder den Häusern rund um unseren recht weit außerhalb des Ortes liegenden Bahnhof. Mein Elternhaus stand aber zum Glück nur 500 Meter von unserer Schule entfernt.

Kurzum, wir wohnten in einem wunderschönen, in Natur und Landschaft eingebetteten Dorf, eigentlich wie im Paradies, wäre da nicht das harte, entbehrungs- und arbeitsreiche Leben in einer wirtschaftlich schwierigen Zeit gewesen. Allerdings hatte sich die Infrastruktur dank der 1904 neu erbauten Eisenbahnlinie Koblenz–Mayen–Daun–Gerolstein, an die unser Ort mit einem neuen, großen Bahnhof angebunden war, wesentlich verbessert, was auch einen bescheidenen wirtschaftlichen Aufschwung zur Folge hatte.

Allerdings war unsere landwirtschaftlich geprägte Gemeinde im Vergleich zu ihren Nachbargemeinden Ochtendung, Mülheim, Kärlich, Saffig und Kettig deutlich ärmer, obwohl die Gemarkung erheblich größer war. Neben den klassischen Handwerksberufen Bäcker, Metzger, Friseur, Hufschmied, Schreiner, Schuster, Dachdecker, Klempner oder Zimmermann, gab es im Dorf überdurchschnittlich viele Familien, die überwiegend von der Landwirtschaft lebten, und der Grundbesitz der Bauern war durchweg recht bescheiden. Das hatte einen einfachen Grund: Bassenheim stand seit dem frühen Mittelalter unter der Herrschaft der Ritter Walpot von Bassenheim, einem berühmten, einflussreichen und wohlhabenden Rittergeschlecht, das im 18. Jahrhundert in den Reichsgrafenstand erhoben wurde. Dies hatte eine aufwendige Hofhaltung zur Folge, deren Kosten von den Pächtern der verschiedenen Grundherrschaften, die sich im Besitz des Hauses befanden, getragen werden mussten. Auf diese Weise häuften die adeligen Herrschaften ein im wahrsten Sinn des Wortes fürstliches Vermögen an, während ihren Untertanen kaum das Nötigste zum Leben blieb. Dieser Reichtum ist in Bassenheim auch heute noch sehr gut an dem schönen Schloss zu erkennen, zu dem nicht nur ein großer Park und mehrere Seen, sondern auch 1000 Hektar Wald und 1000 Hektar fruchtbares Ackerland einschließlich dreier Gehöfte mit Försterei gehören.

Der Alltag für die Kinder und Jugendlichen in meinem Alter war durchweg bescheiden und arbeitsreich. Doch nutzten wir ab und an selbst erfundene Abwechslungen, die wir wiederum spannend zu gestalten wussten.

In der Regel gingen wir ganz normal tagein, tagaus in unsere Volksschule. Standen Arbeiten zu Hause oder im Feld an, mussten wir mithelfen. Ob wir dazu Lust hatten oder auch nicht, interessierte niemanden. Meistens hatten wir natürlich keine Lust und wären lieber im Dorf, im Wald, in der Flur oder auf unserem Sportplatz spielen gegangen. Mühselig war besonders die Kartoffelernte. Damals musste man diese Feldfrüchte noch mit den Händen in gebückter Haltung aufheben und die einen Zentner schweren Säcke heben, und das war für uns Kinder schon recht schwer.

Ich höre noch heute meinen Vater sagen, »Fritzje, wenn du fleißig Kartoffel ›raffst‹ (aufhebst), dann bekommst du an Weihnachten eine neue Hose«. Im nächsten Jahr waren es neue Schuhe. Ich hätte sowieso neue Hosen und Schuhe gebraucht, und ich glaube, ich hätte sie von meinen Eltern auch ohne Kartoffeln aufzuraffen bekommen.

Weihnachten war sehr feierlich, die Geschenke hingegen eher bescheiden. Unglücklicherweise hatte ich auch noch am 22. Dezember Geburtstag. So wurden die Geschenke der Einfachheit halber mit den Weihnachtsgaben zusammengelegt, wodurch sich diese leider aber auch nicht vermehrten.

In späteren Jahren wussten wir natürlich, dass nicht das Christkind, sondern die Eltern für die Geschenke sorgten. Trotzdem spielte unser Hans weiter den Knecht Ruprecht und warf draußen vom Hof aus durch das offene Küchenfenster ein paar Hände voll Nüsse, Äpfel und auch Apfelsinen ins Haus. Dazu gab es dann die versprochene Hose oder ein paar neue Schuhe, außerdem von Mutter selbst gestrickte Socken und eine Tafel Schokolade.

Um nochmal auf die Kartoffeln zurückzukommen, möchte ich erwähnen, dass deren Anbau der Haupterwerb unseres Betriebes und somit entscheidend für unseren Lebensunterhalt war. Wie bereits erwähnt, besaßen die Bassenheimer Landwirte, bedingt durch die großen herrschaftlichen Ländereien, wenig eigenen Grund. Von dessen Ertrag mussten oft große Familien mehr schlecht als recht leben. Auch wir hatten acht Morgen eigenes Land. Das waren nur zwei Hektar und eigentlich sehr wenig. Die restlichen Morgen pachteten wir deshalb noch von der katholischen Kirche dazu.

Und weil mein Vater bereits Mitte der Zwanzigerjahre neben dem Kartoffelanbau eine Kuh, Hühner und Schweine hielt und dazu einen Kartoffelgroßhandel aufbaute, konnten wir einigermaßen auskömmlich leben und uns sogar zwei stolze Pferde leisten. Da zu der Zeit noch viele andere Bauern mit nur einem Pferd oder gar mit Ochsen und Kühen ins Feld fuhren, schätzten wir uns glücklich. Die Pferde wurden nicht nur für die übliche Feldarbeit eingesetzt, sondern auch für die Vermarktung und den Transport unserer Kartoffeln an die Kunden. Diese befanden sich überwiegend in Koblenz und Umgebung.

Das lief relativ reibungslos und wie folgt ab: Tagsüber wurden Kartoffeln geerntet und abends auf unserem Leiterwagen im Hof bereitgestellt. Florierte das Geschäft, kauften wir von anderen Bauern Kartoffeln dazu. Nachts zwischen 2 und 3 Uhr stand Vater oder mein Bruder Hans auf, spannte ein Pferd an, und ab ging die Fahrt nach Koblenz, wo man in aller Frühe eintraf. Mitten auf dem Platz »Am Plan« wurde dann an der Pferdetränke Halt gemacht. Das Pferd bekam seinen Hafersack und konnte dort seinen Durst stillen. Anschließend wurden die Kartoffeln bei den Kunden ausgeliefert, die überwiegend in der Altstadt wohnten. Verkauft wurde sowohl an die Gastronomie als auch an Privatleute.

Unser Leiterwagen ließ sich in der Länge variieren. »Kurz gestellt«, konnte man bis zu 25 Zentner transportieren. Wir erlösten für die angelieferten Kartoffeln pro Zentner zwei Reichsmark mehr als die normale Vermarktung einbrachte. Das war für uns ein enormer Verdienst von zusätzlich fünfzig Reichsmark. Nachdem sich Qualität und Zuverlässigkeit herumgesprochen hatten, wurden die Aufträge umfangreicher, und wir konnten größere Mengen liefern. Dazu wurde unser Leiterwagen »lang gestellt«, also wie bei einem Ausziehtisch auseinander gezogen. Das bedeutete, dass wir auf dem Wagen nunmehr vierzig Zentner transportieren konnten, und die zusätzlichen Einnahmen erhöhten sich somit pro Fuhre auf achtzig Reichsmark.

Für die größere und schwerere Ladung mussten jedoch beide Pferde vorgespannt werden, da ein Pferd allein den schweren Wagen nicht über den Anstieg der Koblenzer Straße bis auf die Höhe unseres Bahnhofes ziehen konnte. Von dort aus ging es zwölf Kilometer eben oder sogar leicht abschüssig bis ins Stadtzentrum. Da am nächsten Tag jedoch wieder ein Pferd für die Feldarbeit gebraucht wurde und Vater den Schlaf für die schwere Arbeit benötigte, wurde ich nachts von Hans geweckt. Ich musste ja morgens nur in die Schule!

Also stand ich mit acht Jahren um 2 Uhr in der Früh mit auf, spannte gemeinsam mit meinem Bruder die Pferde an, und ab ging die Fahrt. Nach zwei Kilometern auf der Höhe angekommen, wurde ein Pferd ausgespannt, und ich ritt auf diesem Pferd wieder zurück nach Hause. Es war für mich total spannend, so jung bei tiefster Dunkelheit allein durch die Nacht zu reiten. Außer dem Klappern der Pferdehufe hörte man in dieser einsamen Stille keine weiteren Geräusche. Allein die leuchtenden Sterne und der Mond waren in diesen Nächten unsere Begleiter. Dennoch hatte ich keine Angst. Es überkam mich eher ein erhabenes und stolzes Gefühl, weil man mir ein so kostbares Tier anvertraute. Erst in späteren Jahren wurde mir bewusst, wie konsequent uns unsere Eltern im Geist von Verantwortung und Leistungsbereitschaft erzogen hatten.

Zu Hause angekommen versorgte ich zuerst das Tier und legte mich schnell bis zum Wecken ins Bett. Natürlich musste ich nicht jede Nacht antreten. Mal war mein zwei Jahre älterer Bruder Peter an der Reihe, mal gab es keine Aufträge. Aber wenn ich Schulferien hatte, durfte ich fast immer mit den Kartoffeltransporten in die Stadt fahren. Das war für mich natürlich Spannung pur. Ich kam aus unserem Dorf hinaus in die für mich damals große weite Welt.

Schon in Rübenach und mehr noch in Metternich wurden die Häuser größer und prächtiger. Auf den schönsten und größten Villen in Metternich waren Jahreszahlen von 1908 bis 1913 zu lesen. In dieser letzten Phase vor dem Ersten Weltkrieg hatte die Wirtschaft geblüht, und viele Bürger waren reich geworden. Weiter fuhren wir dann durch den Koblenzer Stadtteil Lützel mit seinen prächtigen Jugendstilhäusern, dann über die aus dem 14. Jahrhundert stammende Balduinbrücke über die Mosel in die Altstadt. Stadteinwärts erblickte man links die alte Burg und gegenüber auf der rechten Seite den Bassenheimer Hof mit der anschließenden Dominikanerkirche.

»Lützel« heißt übrigens im Rheinischen Dialekt wie im Norddeutschen Lütje »klein«, womit die Proportionen zur großen gegenüberliegenden Stadt geklärt waren. Anschließend bogen wir in den alten Graben ein und fuhren bis zum bereits erwähnten Platz, den sogenannten »Plan«, mitten im Herzen der Altstadt. Hier begann die Auslieferung unserer Ware, und ich konnte feststellen, wie schwer die Arbeit für Hans war, der die zentnerschweren Kartoffelsäcke in so viele Keller, aber auch in den vierten oder fünften Stock der großen Häuser zu tragen hatte.

Zwischendurch stärkten wir uns beim nächsten Metzger mit einem Stück Fleischwurst und einigen Scheiben von zu Hause mitgebrachtem Schwarzbrot.

Obwohl meine Aufgabe darin bestand, die Pferde zu versorgen und zusätzliche Handgriffe beim Abladen zu tätigen, schmeckte es mir doppelt und dreifach gut. Mutter aß sehr gerne Trauben und Südfrüchte, die es bei uns im Dorf nur selten gab, und so kauften wir ihr, wenn sich die Gelegenheit bot, Trauben und ein paar Apfelsinen.

Doch kam es häufig vor, dass mein großer Bruder Hans gegen Ende unserer Lieferfahrt bereits am frühen Mittag äußerst vergnügt war. Er fing an zu singen und wurde immer komischer und lustiger. Es war leicht zu erraten, wo seine gute Stimmung herrührte, denn man konnte es schon von Weitem riechen. An den meisten Abladestellen bekam Hans Trinkgeld, das in der armen Zeit oft nicht aus barer Münze bestand, sondern eher aus Naturalien. Diese Naturalien beschränkten sich natürlich wiederum fast immer auf Alkohol in Form von Bier, Schnaps, Tresterschnaps, Cognac und ähnlichem Gebräu, das man ihm als Dank einschenkte, wenn Hans nass geschwitzt und durstig die schwere Last die zahlreichen Treppen hinauf zu den Speichern oder hinab in die tiefen Keller getragen hatte. Höflich und charmant, wie Hans allen Kunden gegenüber war, konnte er den zahlreichen Huldigungen natürlich nicht widerstehen. So gab es ab und an Tage, an denen sich Hans über einen kurzen Zeitraum hinweg schon mal einen beachtlichen Alkoholrausch einhandelte.

Die Heimfahrt gestaltete sich dann sehr beschaulich. Weil die Pferde den Weg nach Hause kannten, legten sie die Strecke wie gewohnt allein zurück. Wenn in Metternich von hinten eine Straßenbahn, »die Elektrische«, wie sie im Volksmund allgemein genannt wurde, kam und bimmelte, trabten die Pferde automatisch und selbstverständlich von den Schienen. Dergleichen blieb von uns oft unbemerkt, denn ich pflegte auf der Fahrt zeitweise zu schlafen und der gute Hans schlief seinen Rausch aus. War die »Elektrisch« vorbei, gingen die Pferde wieder automatisch in die Fahrspur, und die Fahrt führte problemlos wie gehabt Richtung Heimat weiter. Auf der Höhe des Bassenheimer Bahnhofs angekommen, war die Welt wieder in Ordnung. Alle Lasten und Mühen waren vergessen, und wir hatten einen erlebnisreichen Tag gemeinsam gut gemeistert.

An einem anderen Tag konnte es passieren, dass Mutter uns den Auftrag gab, mit dem Leiterwagen in den Wald zu fahren, um Reisig und Holz zu sammeln. Das diente als Anzündholz zum täglichen Kochen oder Heizen der Küche. Der Ofen in unserem kleinen Wohnzimmer wurde im Winter normalerweise nur an Weihnachten oder zu besonderen Feierlichkeiten geheizt. Ein andermal lautete der Auftrag, zu irgendeiner Feldparzelle zu fahren, wo gerade ein Apfel- oder Birnbaum reife Früchte trug. Es war zum Haare raufen, denn wir Kinder wollten doch spielen und eigentlich ganz andere Sachen anstellen.

Aber ganz so schlimm war es für uns Kinder nicht mit der Arbeit. Wir hatten noch genügend Freizeit, da uns ja die Schule mit Hausaufgaben nicht allzu sehr beanspruchte. In der warmen Jahreszeit ging es zum Sportplatz, in der Winterzeit fuhren wir Schlitten oder trugen Schneeballschlachten aus.

Besonders in den Wintern der dreißiger und vierziger Jahre des letzten Jahrhunderts, die äußerst schneereich, lausig kalt und überdies sehr lang waren, fuhren wir tagelang von der Ochtendunger oder Saffiger Höhe mit unseren Schlitten. Es verkehrten auf den Straßen ja so gut wie keine Autos, und gestreut wurde auch nicht. So waren die Rodelbahnen enorm glatt und sehr lang. Alle Kinder des Dorfes, Jungen und Mädchen, waren auf den Beinen, und durch die großen kinderreichen Familien war mächtig was los auf den Rodelbahnen.

Meist wurden mehrere Schlitten zusammengebunden. Vorne saß dann immer ein Steuermann mit angeschnallten Schlittschuhen. Die Fahrten waren trotzdem abenteuerlich. Lifte gab es natürlich nicht. Zum Startpunkt schleppte man die schweren Holzschlitten per Hand, und an manchen Tagen wurden so weit mehr als zwanzig Kilometer im Schnee zurückgelegt.

Schneebälle zu werfen bereitete mir besonders viel Freude, und so trug sich in meinem Übermut ab und an folgende Begebenheit zu: Gegenüber von unserem Haus, an der Ecke der Von-Oppenheim-Straße, Einmündung Karmelenberger Weg, stand das Haus der »Nachtheims«. Hier wohnten zwei kinderlose Jungfern zusammen mit ihrem Bruder, die immer ein wenig komisch und sonderbar waren und uns Kinder im Allgemeinen nicht mochten. Darin lag natürlich ein besonderer Reiz, diese Damen ab und an zu ärgern, insbesondere weil sie so zickig und pedantisch waren. Ich konnte ziemlich zielsicher und kräftig werfen, und um die gewünschte Wirkung zu erzielen, machte ich mir ein paar wasserharte Schneebälle mit jeweils einem dicken Stein als Kern im Inneren. Wenn ich mich auf unsere Außentreppe stellte, konnte ich über unser hohes Holztor hinweg mit »Schmackes« ein paar dieser knüppelharten, vorpräparierten »Vollmantelgeschosse« auf die knapp zehn Meter entfernten geschlossenen Holzfensterläden abfeuern.

Das krachte fürchterlich, und meine Trefferquote lag bei hundert Prozent. Ich konnte mich gerade noch hinter unser großes Holztor ducken, da flogen schon die Fensterläden auf, und die Frauen kreischten und schrien mit schriller Stimme unsere Straße hinunter: »Unten läuft der Kerl, unten läuft der Kerl, Polizei, haltet ihn!«

Ich konnte mich kaum halten vor Lachen, sodass ich diese Prozedur zu meinem größten Vergnügen in den folgenden Tagen ein paarmal wiederholte. Gut, dass Vater nichts davon mitbekam. Das hätte wirklich zu einer schweren Tracht Prügel führen können. Zum Glück kam nie heraus, dass ich es war.

Wenigstens konnte ich mich an diesen Erinnerungen aufheitern, denn seit Ausbruch des Krieges war die Stimmung im Dorf äußerst getrübt. Zahlreiche Männer waren an der Front, und es hatte auch bereits einige Gefallene gegeben. So war die Christmette in unserer Pfarrkirche St. Martin an Heiligabend zum Bersten gefüllt. Es war sehr feierlich, aber auch traurig, denn unser Land befand sich mitten in einem Krieg mit ungewissem Ausgang. Niemand von uns und der Dorfbevölkerung hatte ihn gewollt, und viele fragten sich, wie unser Volk, unser Land nur in diesen unabsehbaren Konflikt hineingeraten sein mochte. Wenige Menschen nur erkannten die Ursache in der verbrecherischen Politik Hitlers, und diese hielten den Mund, hätten sie doch Freiheit und Leben riskiert. Beim Lied

»Stille Nacht, Heilige Nacht« flossen zahlreiche Tränen. Der Friede auf Erden war dahin, und der Sinn dieses Gemetzels offenbarte sich wohl nur den fanatischen Anhängern der NSDAP. Und davon gab es in unserem fast 1700 Seelen großen Dorf nicht viele. Hätte ich in jener Heiligen Nacht in unserer überfüllten Kirche nach Leuten suchen sollen, die Kriegsgelüste oder irgendeinen Hass gegenüber Engländern, Franzosen, Russen oder anderen Völkern hegten – ich hätte wohl niemanden gefunden. Dass dieses Weihnachten 1941 für die nächsten Jahre mein letztes Weihnachtsfest zu Hause bis Kriegsende werden sollte, konnte ich damals noch nicht ahnen.

Die gemütlichen Tage zu Hause vergingen wie im Flug, und direkt zu Jahresbeginn 1942 saß ich schon wieder im Zug Richtung luxemburgische Grenze zum RAD-Lager nach Irrel. Auch hier machten sich die Folgen des Krieges allmählich bemerkbar, und es kam zu diversen Einsparungen und Versorgungsengpässen. Die Verpflegung hatte sich nicht gebessert. Sie war im Allgemeinen nicht schlecht, hätte für uns junge Burschen aber immer ein wenig üppiger sein können.

Aufgrund der Witterung wurden die Bautätigkeiten eingestellt. Neben dem üblichen Unterricht trieben wir Sport in der kleinen Halle, schaufelten Kubikmeter Schnee, exerzierten auf dem Appellplatz, lernten weitere Lieder und nebenbei in Flick- und Nähstunden Knöpfe annähen. Nach dem Frühsport liefen wir nach wie vor mit blankem Oberkörper durchs freie Gelände bis zu den Waschräumen und das bei zwanzig Grad Kälte. Es machte uns nichts aus, waren doch unsere Körper durch das Laufen im ersten Moment noch stark erhitzt. Irgendwie hatte diese Prozedur für uns sogar einen gewissen Reiz, denn sie härtete ab und hielt uns fit. Jedenfalls kamen Erkältungen oder Grippe nicht vor. Bei der klaren Luft und dem strengen Frost war es vermutlich selbst den Viren zu kalt.

Verschiedentlich wurden wir im Ort und in der Umgebung eingesetzt, wenn es darum ging, in Großfamilien, Bauernhöfen und Handwerksbetrieben mitzuhelfen, um Großprojekte tatkräftig zu unterstützen, die mit Eigenmitteln nicht bewältigt werden konnten. Das machten wir mit wachsender Begeisterung zur Abwechslung gerne; denn es gab dadurch doch meistens neben der allgemeinen Anerkennung zusätzlich etwas zu essen und zu trinken.

Ende Februar, als die Tage wieder länger wurden, begannen wir mit dem Bau neuer Unterkünfte, und es folgte zusätzlich der übliche Dienstbetrieb.

Anfang März, einige Wochen vor Beendigung der RAD-Zeit, erschienen eines Morgens zwei stattliche große blonde Männer der Waffen-SS in schneidiger schwarzer Uniform. Da uns allen in naher Zukunft die Musterung für den allgemeinen Wehrdienst, in der Regel bei der Wehrmacht, bevorstand, warben sie im Unterrichtsraum mit verlockenden Angeboten für den Eintritt in ihre Organisation. Der SS gehöre die Zukunft, und wer in ihr diene, gehöre zur Elite des Großdeutschen Reiches und der arischen Rasse. Am Ende der Vorträge fragten sie, wer sich denn nun freiwillig zum Eintritt in die SS melden wolle. Niemand von uns stand auf, niemand hob die Hand und meldete sich. Nach dem allgemeinen Gemurmel und Getuschel herrschte plötzlich eine unangenehme, gespannte Stille.

Der Wortführer schaute in die Runde und zeigte auf drei von uns, die groß gewachsen, blond und sportlich waren und sagte: »Sie melden sich nach dem Unterricht in der Lagerkommandantur zum Eintritt in die Waffen-SS. Wir sehen uns später wieder, dann bis nachher!«

Mir fuhr ein Stich ins Herz. Ausgerechnet ich war gemeint und sollte mich mit den beiden anderen Auserwählten melden. Mir war nicht wohl bei dieser Ehre. Es war nicht das Gefühl von Furcht vor etwas Neuem, sondern eher eine intuitive Ablehnung und das ungute Gefühl, sich einer parteinahen Organisation anzuschließen, was zusätzlich bedeutet hätte, dass ich noch weiter von zu Hause weggekommen wäre.

So entschloss ich mich, die Aufforderung zu ignorieren und nicht zu den Herren in Schwarz zu gehen. Ich hoffte, dass sich die beiden Männer mit der Ausbeute von nur zwei »Freiwilligenmeldungen« zufriedengeben würden. Tatsächlich fuhren sie ab. Ich wurde unmittelbar danach zum Lagerkommandanten befohlen. Befehlsgemäß legte ich den Weg zur Kommandantur im Laufschritt zurück, und noch ganz außer Atem meldete ich mich zackig in der Baracke der Lagerleitung.

»Arbeitsdienstmann Sauer, warum sind Sie der Aufforderung der beiden Herren von der Waffen-SS nicht nachgekommen?«, fragte der Lagerkommandant mit ruhiger Stimme und in höflichem Ton.

»Weil es mein größter Wunsch ist, mich nach Beendigung meiner RAD-Zeit zur Luftwaffe zu melden, um Jagdflieger zu werden. Ich möchte eine Messerschmitt Bf 109 fliegen«, erwiderte ich unverzüglich.

Ich war über mich selbst überrascht, wie flüssig mir diese Ausrede über die Lippen kam. Schließlich wusste ich doch genau, dass die Waffen-SS keine eigene Luftwaffe hatte. Meine ernsthaft und sicher vorgetragene Argumentation zeigte Wirkung. Es gab abschließend noch ein paar allgemeine Fragen, und die Sache schien vorerst aus der Welt. Dem war allerdings nicht so, aber das erfuhr ich erst einige Monate später. Die anderen beiden Kameraden hatten sich verpflichtet. Ob sie den Krieg überlebten, habe ich nie erfahren.

Wenige Tage später ging im Lager das Gerücht um, wir würden vorzeitig aus dem RAD entlassen. Ausnahmsweise stellte es sich als wahr heraus, denn Gerüchte und Parolen gab es viele, und in der Regel steckte dahinter reines Wunschdenken.

Das gesamte Lager war in Hochstimmung, denn Ende März wurden wir zu unserer großen Freude tatsächlich drei Monate früher als vorgesehen nach Hause entlassen. Das geschah natürlich nicht ohne Grund oder aus christlicher Nächstenliebe. Nein, nach dem verheerenden Kriegswinter an der Ostfront und den katastrophalen Verlusten der Wehrmacht liefen die Musterungsstellen auf Hochtouren.

Die Front brauchte Nachschub an Menschen und Material. Die Ausfälle der Deutschen Wehrmacht allein an der Ostfront betrugen nach nur wenigen Monaten Einsatz rund eine Million an Gefallenen, Verwundeten und Vermissten. Viele Ausfälle waren dem unvorstellbar harten russischen Winter geschuldet, auf den die deutsche Führung die Soldaten nicht oder völlig ungenügend vorbereitet hatte. Denn im »Führerhauptquartier« war man davon ausgegangen, die Rote Armee in einem Feldzug von nur wenigen Wochen zur Kapitulation zwingen zu können.

Beim letzten Appell hielt der Lagerkommandant eine knappe Rede, in der auch von der Liebe zum Deutschen Volk und dem Dienst am Vaterland die Rede war. Im Anschluss daran packten wir unsere wenigen Habseligkeiten und verabschiedeten uns von den vielen netten Kameraden, mit denen wir die RAD-Zeit wohlbehalten überstanden hatten. Wie bereits vor Weihnachten fuhren wir die gleiche Strecke zurück nach Hause in eine noch ungewissere Zukunft. Unsere Wege trennten sich, und die meisten Freunde und Kameraden sahen wir nie wieder.

Die Zeit im RAD-Lager hat uns nicht umgebracht und auch nicht geschadet. Wir lernten so nützliche Dinge wie Putzen, Waschen, Flicken und Nähen, wurden erzogen zu Disziplin und Pünktlichkeit, Kameradschaft, Hilfsbereitschaft und Zusammenhalt, lernten Respekt, Achtung, Rücksichtnahme und Selbstbewusstsein. Da wir in der Regel aus Familien mit einem festgefügten christlichen Weltbild stammten, konnte uns die damals unvermeidliche ideologische Indoktrinierung wenig anhaben. Zum Reichsarbeitsdienst wurden Jungen wie Mädchen gleichermaßen zwischen dem 17. und 18. Lebensjahr herangezogen.

Wir waren vorgestern Kinder und gestern Jugendliche gewesen. Nun galten wir schlagartig als gestandene, erwachsene Männer, denen die Härten des Krieges uneingeschränkt zugemutet wurden.

Stellungsbefehl zur Wehrmacht

Nur wenige Tage nach meiner Entlassung vom Arbeitsdienst und wieder gut zu Hause angekommen, erhielt ich einen Brief, in dem ich zur Musterung befohlen wurde.

Ich erhielt diesen Brief in einer Zeit, in der unsere Armeen im Osten in erbitterte Kämpfe verwickelt waren. Die deutsche Führung hatte aus dem Schicksal Napoleons und aus den Erfahrungen des Zweifrontenkrieges von 1914–1918 nichts gelernt. Russland anzugreifen, noch dazu mit einer unzulänglich ausgerüsteten Armee, war ein verantwortungsloses, verbrecherisches Abenteuer, ein russisches Roulette, aber mit fünf Patronen anstelle von einer in der sechsschüssigen Revolvertrommel.

Im Januar 1942 standen auf einer Front von 600 Kilometern den 37 deutschen Divisionen der Heeresgruppe Süd 95 russische Divisionen gegenüber. Bis zum März des Jahres 1942 betrugen die Verluste des gesamten deutschen Ostheeres bereits 1 107 000 Mann. Die Heeresgruppe Mitte konnte in einem 1000 Kilometer breiten Verteidigungsabschnitt den gegenüberstehenden 190 sowjetischen Divisionen nur 67 abgekämpfte deutsche Divisionen entgegenstellen.

Im Bereich der Heeresgruppe Nord kämpften 31 geschwächte deutsche Divisionen auf einer Frontbreite von 600 Kilometern gegen 86 russische. An allen Fronten waren die Russen der Wehrmacht also um das Dreifache überlegen. Aber davon wussten wir nichts. Wir hatten uns an die Erfolgsmeldungen aus dem Rundfunk gewöhnt, die sich im Sommer 1941 förmlich überschlagen hatten, und wunderten uns allenfalls darüber, dass sie nur noch spärlich ausgestrahlt wurden. So fuhr ich termingerecht und guten Mutes zum angegebenen Datum der Musterung nach Koblenz.

Die enorme Anzahl von jungen Rekruten an diesem frühen Morgen war überwältigend. Auf den Gängen drängten sich die Massen, und ich sah in neugierige, erwartungsvolle und euphorische, mitunter aber auch ängstliche und skeptische Gesichter. Auf den Fluren vollzog sich ein hektisches und reges Treiben, gesteuert mit Befehlen in einer lauten, deutlichen und unmissverständlichen militärischen Kommandosprache.

Die ärztlichen Untersuchung erfolgte folgendermaßen: In einer langen Reihe wurden die persönlichen Daten aufgenommen. In einem gegenüberliegenden Raum musste man sich komplett ausziehen. Sobald der eigene Name verlesen wurde, hatte man laut und deutlich »Jawohl« zu rufen, um anschließend in ein großes Untersuchungszimmer zu treten. Das ging ruckzuck, da die Probanden nicht einzeln, wie damals in Irrel, sondern jeweils zu acht von drei Ärzten ebenso gründlich wie schnell untersucht wurden. Das medizinische Personal bestand aus einem Oberstabsarzt im Range eines Majors, einem Assistenzarzt im Rang eines Oberleutnants und einem Unterarzt in Leutnantsuniform als Schreiber. Im Zuge der Untersuchung wurden unter anderem Größe (1,82 Meter) und Gewicht (78 Kilogramm) ermittelt und zwecks Bestimmung der Blutgruppe (ich hatte die Blutgruppe 0) eine Blutprobe genommen. Diese war auch in die Erkennungsmarke aus Aluminium eingeprägt, die jeder Soldat Tag und Nacht um den Hals trug. So konnte man bei einer Verwundung sofort die Blutgruppe erkennen. War ein Soldat gefallen, wurde die eine Hälfte abgebrochen und mitgenommen. Anschließend mit acht Mann in einer Reihe stehend kam das berühmte sogenannte »Husten Sie mal«. Für mich war die Prozedur nicht neu, doch waren auch viele Neulinge dabei: Abiturienten, die ein vorgezogenes Notabitur abgelegt hatten, oder Angehörige des späten Jahrganges 1924, die teilweise vor dem Militärdienst nicht mehr zum Arbeitsdienst mussten. Die Gründe lagen auf der Hand. Alle Frontverbände meldeten immer größere Verluste und hatten einen unstillbaren Bedarf an »Kanonenfutter«.

Bei dieser Untersuchung griff der Assistenzarzt mit der ganzen Hand jedem von vorne unsanft an die Hoden, um eventuelle Hodenbrüche zu ertasten. Bei positivem Befund wurde die Angelegenheit durch eine kurzfristig durchgeführte Operation behoben, um den Kameraden fronttauglich zu machen. Bei dieser Untersuchung war es egal, ob der betreffende Arzt warme oder gar kalte Hände hatte. Es war einfach ein unangenehmes Gefühl, und die neuen unbedarften Kameraden gaben vor Schreck so manche unangemessene komische Töne von sich, was von den anderen mit schallendem Gelächter quittiert und von den Ärzten mit zotigen Sprüchen im Landserjargon kommentiert wurde.

Anschließend erfolgte das Kommando »ganze Abteilung kehrt und bücken« – die Krönung der peinlichen Prozedur. Der Assistenzarzt schaute dann jedem von uns von hinten zwischen die Beine, um Hämorrhoiden zu entdecken, die er bei so jungen Menschen natürlich fast nie fand. Aber was er bei einem neben mir in der Reihe stehenden Knaben fand, ließ ihn lauthals auflachen:

»Hier haben wir einen, den stecken wir gleich zur Kavallerie. Hier ist ja alles grün. Bringt der Kerl doch schon zur Musterung das eigene Pferdefutter mit.«

Es erschallte erneut ein wieherndes Gelächter. Der aus dem Westerwald stammende Junge wurde puterrot, und mir tat er irgendwie leid. Er musste wohl ein menschliches

Bedürfnis verspürt und nach erfolgreicher Verrichtung den Hintern mit Grasbüscheln abgewischt haben.

Die Musterungsprozedur war für mich bereits zur Mittagszeit abgeschlossen. Kurz entschlossen nutzte ich die Gelegenheit, um durch die Stadt zu schlendern, und nahm mir dabei die Zeit, in meinem alten Friseurgeschäft bei der Familie Stillings in der Rheinstraße vorbeizuschauen. Die Freude über meinen Besuch war groß, besonders als sie erfuhren, dass ich in Koblenz stationiert war und in diesen bewegten Zeiten wohlauf war. Frau Stillings wünschte mir Glück und bestellte noch schöne Grüße an meine Mutter.

Obwohl es in Koblenz schon mehrmals Fliegeralarm gegeben hatte, war die Stadt doch bis dato vor Bombenschäden verschont geblieben. Ich erlebte sie also in ihrem originalen, wunderschönen Flair mit dem Schloss, der Festhalle, dem Theater und all den prächtigen Plätzen, Straßen und Häusern im Barock- und Jugendstil. Einzig die Auslagen der Geschäfte waren nicht mehr so üppig dekoriert wie noch vor ein oder zwei Jahren. Es gab auch nicht mehr die große Anzahl an Besuchern, und man bemerkte die kriegsbedingten Einschränkungen an allen Ecken.

Nur sechs Tage nach der Musterung brachte unser Briefträger meinen Gestellungsbefehl zur Infanterieausbildung. Anschließend war ich zur Verwendung beim Infanterieregiment Nr. 437 vorgesehen. Dieses Regiment war Teil der 132. Infanteriedivision und befand sich zu jener Zeit mit der Heeresgruppe Süd an der Ostfront auf dem Vormarsch zur Krim und der Stadt Sewastopol. Dazu hatte ich mich zum angegebenen Zeitpunkt, dem 14. April 1942, in der Gneisenau-Kaserne in Koblenz-Horchheim zu melden.

Es ging also wieder zu Fuß und mit dem üblichen Gepäck zu unserem Bahnhof und mit dem Frühzug zum

Hauptbahnhof nach Koblenz. Von dort brachte mich die Straßenbahn entlang der oberen Löhrstraße bis zum Kaiser-Wilhelm-Ring, (heute der Friedrich-Ebert-Ring) vorbei an prächtigen Bauten, unter anderem der Festhalle (heute Rheinmosel-Halle), weiter zur Pfaffendorfer Brücke über den Rhein zur rechten Rheinseite und durch Pfaffendorf bis Horchheim. An der Endstation »Alte Heerstraße« angekommen, stieg man aus und musste den langen Berg hinaufgehen bis zu den 1937/38 neu gebauten, großen, modernen Augusta- und Gneisenau-Kasernen und der nicht weit entfernten Deines-Bruchmüller-Kaserne in Niederlahnstein. Meine Kaserne trug den Namen des Generalfeldmarschalls Neidhardt von Gneisenau, der 1805 die Stadt Kolberg in Westpommern an der Ostsee gegen Napoleon und seine Verbündeten verteidigt und später als Reformer der preußischen Armee entscheidend zum Erfolg der Befreiungskriege beigetragen hatte. An der Kasernenwache angekommen, wurde ich mit zahlreichen anderen Rekruten vom UvD (Unteroffizier vom Dienst) in Empfang genommen. Jeder erhielt einen Marschzettel für die Einschleusung.

Es erfolgte ein schnelles, unkompliziertes Ritual ähnlich dem Prozedere, das ich im vergangenen Jahr schon im RAD-Lager kennengelernt hatte, allerdings in verschärfter Form: Kompaniegebäude und Stubenzuweisung, Empfang aller Uniformteile und Ausrüstungsgegenstände bis hin zur Bettwäsche und so weiter. Alles erfolgte unter lauten und klaren Kommandos der Ausbilder im Laufschritt ohne Pausen. Im Gegensatz zum RAD-Barackenlager war der gesamte Gebäudekomplex der Gneisenau-Kaserne neu, groß, weitläufig und äußerst modern.

Küche, Speisesaal, Stuben und Sanitäranlagen, bestehend aus WC und Duschen, waren neuwertig und großzügig bemessen. Die Verpflegungsportionen aus der

Mannschaftsküche waren ausreichend und schmackhaft. Trotz des Drills und der rauen Tonart empfand ich den Aufenthalt in der Kaserne angenehmer als im RAD-Lager. Irgendwie fühlten wir uns schon wie Altgediente im Gegensatz zu den Neuen, die unmittelbar von Schule und Lehre zum Militär eingezogen worden waren und außer in der Hitlerjugend keinerlei ideologische Indoktrinierung und paramilitärische Ausbildung erfahren hatten. Darunter gehörten insbesondere auch aktive Landwirte, die nicht zum RAD eingezogen wurden, und Abiturienten, die teilweise schon ein wenig älter waren.

Die ersten Tage und Wochen waren für diese Kameraden besonders hart und ungewohnt. Die Grundausbildung war kein »Zuckerschlecken«, doch nach einer gewissen Zeit gewöhnte man sich an die vielen Neuerungen, Strapazen und Unannehmlichkeiten. Bis auf ganz wenige Ausnahmen waren alle nach kurzer Zeit dem straffen Drill gewachsen.

In den ersten beiden Tagen wurden 250 Mann eingezogen. Als ich in meiner Zwölf-Mann-Stube im ersten Stock eintraf, traute ich meinen Augen kaum. Da stand doch mit dem Rücken zu mir und schon fleißig beim Bettenmachen mein Freund, der Metzgergeselle Paul Seidenfuß aus Koblenz, vor mir.

»Mensch Paul, du alter Pferdemetzger! Das gibt es doch nicht. Sag mir, dass mich keine Halluzinationen reiten. Wie kommst du denn ausgerechnet zur gleichen Zeit in die gleiche Kaserne und auf dieselbe Stube wie ich?«

»Das kann kein Zufall sein und ist gewiss ein gutes Omen«, entgegnete mir Paul und lachte dabei vor Freude, während wir uns herzlich umarmten.

»Jetzt, wo wir nach so kurzer Zeit schon wieder zusammen sind, kann uns in diesem Krieg absolut nichts mehr passieren.«

Nur wenige Augenblicke später trat ein weiterer Kamerad in unsere Stube und hatte dabei wohl unsere Begrüßungszeremonie von vorhin mitbekommen.

»Ich heiße auch Paul, Paul Severin, und komme aus Andernach.« Der nun dritte Kamerad im Bunde war fast noch einen Kopf größer als ich, Abiturient und fand als kompletter Neuling die ersten Tage bei der Wehrmacht weitaus belastender als wir beide. Auch mit diesem netten Gesellen wurden wir schnell Freund. Wir hatten alles in allem Glück mit unserer Einberufung, denn wir konnten den allgemeinen Militärdienst in unserer Heimatstadt Koblenz ableisten.

Dabei verfolgten wir aufmerksam die tagtäglichen Propagandanachrichten und Frontberichte. Danach war die deutsche Wehrmacht seit der Frühjahrsoffensive im Osten in unaufhaltsamem Vormarsch gegen Stalins Rote Armee. Eine russische Armee nach der anderen kapitulierte. Riesige Gebiete in der Ukraine wurden erobert. So verrichteten wir unseren Dienst in der Hoffnung, dass der Krieg bald gewonnen wäre und wir nicht mehr an die Front müssten.

Früh morgens um 5 Uhr weckte uns der UvD mit fürchterlichem Brüllen, das durch die langen Gänge unseres Kompaniegebäudes hallte. Dann kam das übliche Morgenritual, das wir bereits kannten: Frühsport, waschen, Stuben und Revier reinigen, frühstücken und um 7 Uhr antreten. Danach erfolgten Unterricht über alle Aspekte des Militärwesens, Exerzieren auf dem Kasernenhof, Sanitätsausbildung, Instruktionen zur Gasmaske, Schießausbildung mit dem Karabiner 98k, der Pistole 08 und dem neuen MG 42. Wir waren schließlich bei der deutschen Infanterie, der »Königin der Waffen«, wie es im Landserjargon hieß. Ich allerdings vermochte den Vergleich mit einer Königin nicht nachzuvollziehen, sondern hatte eher den Eindruck, dass wir die ärmsten Schweine der Wehrmacht seien – und ehrlich gesagt, wir waren es bereits jetzt und wurden es an der Front erst richtig.

Die Tage waren oft sehr lang, und wir fielen abends todmüde ins Bett. Wir versuchten, in den wenigen zur Verfügung stehenden Stunden so viel Schlaf wie nur möglich zu erhalten.

Durch die kurzen Nachtzeiten und das ständige Schlafdefizit schienen manche auch psychisch Schaden zu nehmen: Wir hatten einen furchtbar langsamen, ängstlichen und stotternden Jungen auf der Stube, der vor lauter Angst bereits morgens um 4 Uhr, eine Stunde vor dem Wecken, damit begann, seine Uniform anzuziehen, sein Bett zu bauen und alles zurecht zu legen, nur damit er rechtzeitig fertig war und um beim UvD nicht negativ aufzufallen. Zum Unmut von uns anderen elf Stubenkameraden raubte er uns damit eine Stunde kostbaren Schlafs. Wir halfen ihm in den nächsten Tagen um des lieben Friedens willen, wo wir konnten. Bereits in der zweiten Woche war der Kamerad schnell und selbstsicher geworden, und alle zwölf Soldaten auf unserer Stube fanden wieder zum gewohnten Schlafrhythmus.

Nur das Stottern konnte sich Jakob lange nicht abgewöhnen. Besonders schlimm war es für ihn an den Tagen, an denen er abends an der Reihe war, beim Eintreten des diensthabenden Unteroffiziers die Stube abzumelden. Vor Aufregung verhaspelte er sich dann beim Sprechen noch mehr und brachte kaum einen richtigen Satz hervor. Wir konnten oft das Lachen nicht mehr unterdrücken und pressten unsere Gesichter in die Wäsche unserer Feldbetten. Auch der jeweilige UvD machte keinen Hehl aus seinem Spott. Das war natürlich noch gemeiner und schlimm für Jakob, und so beschlossen wir alle, dem armen Kerl beizubringen, langsam und ruhig zu sprechen. Wir übten mit Jakob wie auf einer Theaterbühne, die Stube abzumelden, und gaben ihm auf diese Weise immer mehr Sicherheit und Selbstvertrauen. Es funktionierte, und nach kurzer Zeit hatte er seinen Sprachfehler abgelegt. Er war mächtig stolz auf seine treuen Freunde und wir auf ihn. Denn deutliche Aussprache und klare, kurze Kommandos waren nicht nur im Gelände bei unseren Schießübungen wichtig, sondern auch im Feuergefecht, wo sie je nach Situation und Feindbeschuss lebensrettend sein konnten.

Neben Paul Seidenfuß, Paul Severin und Jakob Schmitz soll hier auch der Rest unserer Stubenbelegung vorgestellt werden. Zwei Jungs kamen aus Bayern und hießen Markus Heinrich und Toni Grad. Klaus Baulig stammte aus meinem Nachbardorf Mülheim, Georg Bauder aus Mannheim, Ulrich Schmidt aus Siegen, Herbert Niederländer aus Saarbrücken, Robert Kleinz aus Rüsselsheim und Heinz Luft aus Düsseldorf. Letzterer wurde bereits nach kurzer Zeit für uns alle zum Problem.

Heinz war einer jener Sonderlinge, wie ich sie bereits beim Arbeitsdienst kennengelernt hatte, war jedoch irgendwie wiederum ganz anders. Er gebärdete sich noch extremer, litt scheinbar unter einer krankhaften Profilneurose und passte nicht in unsere Stube, auf unseren Flur, in unseren Kameradenkreis. Sein Mundwerk oder seine »Schnüss«, wie man hier im Rheinland zu sagen pflegt, war ätzend, laut und stand niemals still. Obwohl er auch in der Lage war, in normaler Zimmerlautstärke zu sprechen, wie man gelegentlich vernehmen konnte, musste er sich permanent aufspielen, krakeelte herum und erzählte neben irgendwelchen Halbwahrheiten allerlei haltlosen Unsinn. Er war ein »Schwätzer vor dem Herrn«, setzte sich ständig in Szene, wollte mit Gewalt auffallen, war jedoch wegen seiner mäßigen Intelligenz für nichts zu gebrauchen. Nie konnte er sich zurücknehmen, suchte ständig ein Opfer, das er belabern wollte, und ging durch seine penetrante Art jedem, der sich in seiner Nähe aufhielt, massiv auf den Geist.

Sein durchdringendes Organ hallte durch alle Gänge und Treppenhäuser. Unentwegt sang er obszöne Lieder, erzählte primitive, vulgäre Witze und gab ansonsten nur Quatsch von sich. Er mischte sich in alle Gespräche ein, ohne deren Sinn zu erfassen, nichts konnte er für sich behalten, alles musste er sofort ausposaunen, wobei er sich zwischen Halbwissen und purer Märchenerzählerei bewegte. Morgens grüßte er mit »guten Abend«, abends mit »guten Morgen«. Am Osterfeiertag begegnete er uns mit »frohe Weihnachten« oder »frohes neues Jahr«, wie es ihm gerade passte.

Seiner Aufschneiderei und seines Sprachschatzes wegen vermuteten wir, dass er aus dem Rotlichtmilieu kam. Jedenfalls war dieser Mann stressig und unzuverlässig und sorgte dafür, dass unsere Stube immer wieder negativ auffiel. Dazu war er dem Alkohol sehr zugetan, und es schien, als konzentriere sich sein ganzes Interesse auf Fressen und Saufen.

Bei der militärischen Ausbildung in der Kaserne wie im Gelände stellte er ein unwägbares Risiko dar, insbesondere bei Übungen an der Waffe. Hieß es beim morgendlichen Antreten »linksum« und alle 52 Mann unseres Zuges folgten dem Kommando, so machte Heinz »rechtsum«. Er brachte mit seinen Faxen unseren netten Zugführer Feldwebel Engelbert Haymann, der ebenfalls wie unser Stubenkamerad Klaus Baulig aus meinem Nachbarort Mülheim stammte – beide waren übrigens Cousins – damit an den Rand des Wahnsinns.

Haymann brüllte in solchen Fällen: »Sie selten dämliches Rindvieh, Sie Riesenidiot, links ist da, wo der Daumen rechts ist«, womit die Verwirrung noch größer wurde. Beim Marschieren trällerte Heinz für sich immer wieder seine frivolen Lieder und brachte damit die marschierende Truppe aus dem Tritt. Natürlich wurde ihm dann Strafexerzieren verordnet, aber auch das nutzte nichts. Die härtesten Ausbilder bissen sich an diesem Trottel die Zähne aus.

Normalerweise wäre einem solchen Querulanten eine zünftige Abreibung in Gestalt des »Heiligen Geistes« sicher gewesen, aber wegen der zu erwartenden Aussichtslosigkeit verzichteten wir auf diese Art pädagogischer Maßnahmen.

Eines Morgens beim Antreten vor den Stuben in unserem langen Gang, alle standen bereits in Uniform im »Stillgestanden«, kam Heinz im Schlafanzug vor den Unteroffizieren und uns Mannschaften vorbeispaziert, guckte blöd aus der Wäsche und zog dabei eine lange Schnur hinter sich her. Am Ende der Schnur hatte er seine Zahnbürste festgebunden, sprach mit ihr wie mit einem Hund und rief ständig: »Fiffi, komm, Fiffi, komm bei Fuß«. Wir brüllten vor Lachen. Heinz machte sichtlich auf »bekloppt« und hatte allerdings mit diesem Auftritt den Bogen endgültig überspannt.

Als wir abends nach Dienstende auf unsere Stube einrückten, waren Bett und Spind von Heinz Luft geräumt. Ob er nach Andernach in das damalige Irrenhaus, später Landesnervenklinik genannt, eingeliefert wurde oder in einem Gefängnis oder gar einem Strafbataillon landete, haben wir nie erfahren. Wir waren nur froh, dass dieser dämliche Kerl endlich weg war. Ich persönlich glaubte nicht, dass er geisteskrank war. Vielmehr hielt ich ihn für einen Drückeberger und Simulanten. Doch diese Masche hatte in der damaligen Zeit wenig Aussicht auf Erfolg.

Die Aufteilung der Stuben erfolgte nach Größe. Ich befand mich mit meinen Kameraden unter den Größten in der ersten Stube. Bereits in der zweiten Stube waren die Kameraden kleiner, wobei mit wachsender Nummerierung der Stuben die Größe der Soldaten umgekehrt proportional abnahm. Bereits am zweiten Tag freundete ich mich mit dem nur 1,67 Meter großen und kräftigen Landwirt Josef Reif aus Dieblich-Berg an der Mosel an, der in der letzten Stube untergebracht war, sowie mit dem Landwirt Paul Wagner aus Nörtershausen. Da ich selbst aus einem landwirtschaftlichen Betrieb kam, hatten wir ausreichend Gesprächsstoff für unsere knapp bemessene Freizeit. Auch hatte ich als bereits erfahrener Arbeitsdienstler die Möglichkeit, Josef, Paul und weiteren Kameraden in der schwierigen Anfangsphase der Grundausbildung mit Rat und Tat beizustehen. Das führte einmal zu folgender Aktion, die mir gründlich misslang, aber für uns alle zum Glück glimpflich ausging:

Bereits in den ersten Tagen ertönten in jeder Nacht die Luftschutzsirenen über Koblenz und unserer Kaserne. Wir hatten Anweisung, in diesem Fall die Kellerräume aufzusuchen und nach der Entwarnung in die Stuben zurückzukehren. Josef allerdings hatte als erfahrener Landwirt nach dem Entwarnungssignal der Sirenen die Pferdeställe aufzusuchen, um die Tiere zu beruhigen, gegebenenfalls aus den Hallen zu führen und anschließend erst seine Stube aufzusuchen.

Spätestens nach der vierten Alarmnacht mit permanentem Schlafentzug überredete ich Josef, einfach mit mir im Keller liegen zu bleiben und bis zum Dienstbeginn auszuschlafen. Ich hatte nämlich am Vortag einen Raum mit Betten entdeckt, in dem sich tagsüber einige Feldwebel und Unteroffiziere ein kleines »Nickerchen« erlaubten. Was diesen tagsüber vergönnt war, probierten wir in der kommenden Alarmnacht selbst aus. Dabei legten wir uns jedoch nicht auf, sondern unter die Feldbetten und schliefen nach dem beendeten Alarm so tief ein, dass wir erst am späten Morgen, als die Sonnenstrahlen bereits durch ein kleines Kellerfenster in den Raum schienen, gegen 10 Uhr unsanft geweckt wurden. Unser korpulenter Spieß, Hauptfeldwebel Groß, hatte uns wie Nadeln im Heuhaufen gesucht und schließlich im Keller unter den Betten gefunden. Wutentbrannt brüllte er uns an:

»Ihr verdammten Drückeberger, seid ihr des Wahnsinns? Wir suchen euch schon seit Stunden im ganzen Kasernenbereich und ihr verpisst euch hier unten im tiefsten Keller. Ich lasse euch strafexerzieren! Arrest und Ausgangssperre für unabsehbare Zeit sind auch angesagt. Wir sind doch hier nicht im Zirkus, wo jeder Affe machen kann, was ihm gerade einfällt!«

Zum großen Glück hatte ich mir wegen der niedrigen Temperaturen im Keller noch in der Nacht einen Schal um den Hals gebunden und erklärte mit simulierter, heiserer und kaum wahrnehmbarer Stimme: »Bin krank, habe Rachenentzündung Herr Hauptfeldwebel. Kann nicht mehr sprechen.«

Mein Kamerad Josef Reif hatte spontan keine Ausrede parat. Beide befürchteten wir eine drakonische Strafe. Nur weil wir in den ersten Ausbildungstagen noch nicht vereidigt waren, kamen wir mit einem blauen Auge und einer scharfen Ermahnung davon. Der Hauptgrund für diese unerwartete Milde lag jedoch in dem Umstand, dass alle geschlossen bei der nur sechs Tage nach unserer Einberufung anstehenden Vereidigung auf Adolf Hitler am 20. April – »Führers« Geburtstag –, in der nebenan liegenden Augusta-Kaserne antreten sollten. Nur Josef, der die ihm anvertrauten Pferde gröblich vernachlässigt hatte, erhielt von Hauptfeldwebel Groß eine eher spektakuläre als strenge Strafe. Er musste sich einen dicken, langen Holzknüppel zwischen die Beine stecken und auf diesem wie auf einem Holzpferd sitzend mehrfach wiehernd an uns vorbeireiten, wobei ihm Groß mit einer Reitpeitsche leicht auf den Hintern klopfte. Das Gelächter war unbeschreiblich, und am meisten lachte Josef selbst. Nur mir blieb das Lachen im Hals stecken, denn diese Angelegenheit hätte weiß Gott auch deutlich schlimmere Konsequenzen nach sich ziehen können.

Zur Gelände- oder Schießausbildung mussten wir morgens um 7 Uhr antreten. Mit voller Ausrüstung marschierten wir anschließend den steilen Berg zur »Schmittenhöhe«hinauf, dem örtlichen Truppenübungsplatz. Unteroffizier Kleinschmitt und Unteroffizier Josef Bauer aus Miesenheim hatten die Angewohnheit, im steilsten Wegeabschnitt das Anlegen der Gasmasken zu befehlen, wobei auch noch drei Lieder gesungen werden mussten. Was uns das stupide Marschieren oft kurzweiliger machte, wurde unter der Gasmaske beim Berganstieg zur Qual. Wir hatten kaum Luft zum Atmen und das zusätzliche Singen fiel uns schwer. Vielleicht sollte die Prozedur die Lungen stärken oder uns auf Schlimmeres vorbereiten. Da aber Unteroffizier Kleinschmitt im Gegensatz zu Unteroffizier Bauer diese Prozedur jedes Mal zu befehlen pflegte, wandte ich einen Trick an, indem ich meinen Unterkiefer leicht bewegte, tief Luft holte, aber nicht mitsang. Nachdem das auch andere Kameraden nachmachten und die Lautstärke der marschierenden Kolonne abnahm, trat Kleinschmitt zum Lauschen dicht an uns heran. Immer dann, wenn wir im Augenwinkel sahen, dass er sich näherte, grölten wir unter der Gasmaske heraus mit dumpfer Stimme das entsprechende Lied, bis er wieder aus dem Hörbereich verschwand. Unser Lachen unter der Maske konnte er nicht sehen, aber es kostete uns noch mehr Luft. Trotzdem lachten wir gerne, denn der Schalk saß uns im Nacken, und wir hatten das Lachen noch nicht verlernt.

In der vierten Woche erfolgte ein Bataillonsappell. Gestriegelt und geschniegelt standen wir um 14 Uhr in herausgeputzter Uniform auf dem Appellplatz. Angekündigt war eine Inspektion durch unseren Regimentskommandeur Oberstleutnant Kindsmüller. Auf ein Kommando unseres Spießes »erstes Glied fünf Schritt, zweites Glied drei Schritt nach vorne treten«, setzte sich das ganze Bataillon in Bewegung und bildete zwei Gassen. Kindsmüller schritt die Front von allen drei Reihen ab und schaute jedem Einzelnen von uns ins Gesicht. Er begann in der hintersten Reihe, und da ich wegen meiner Größe zu Beginn der ersten Reihe neben Klaus Baulig und Paul Severin stand, kam er erst zum Schluss an uns vorbei. Genau vor mir blieb er stehen und schaute mir intensiv ins Gesicht:

»Sie heißen?«

»Schütze Sauer, Herr Oberstleutnant.«

Daraufhin kam eine weitere Frage: »Möchten Sie mein Bursche werden?«

Ich antwortete mit einem lauten »Jawohl, Herr Oberstleutnant!«

»Schütze Sauer, Sie melden sich nach dem Appell bei mir im Kommandeursbüro!«

Ich machte ordnungsgemäß im Stillgestanden meine Meldung und begab mich unmittelbar im Anschluss wie befohlen zu Oberstleutnant Kindsmüller. Dieser Mann strahlte eine souveräne Ruhe aus und wirkte auf mich wie eine Art fürsorgliche Vaterfigur. Er bot mir sofort eine Zigarette an und erklärte in wenigen Sätzen höflich meine zusätzlichen Aufgaben. Diese bestanden überwiegend darin, Schuhe und Stiefel zu putzen, die Uniform ordentlich herzurichten, gegebenenfalls Essen zu holen sowie Botendienste, Postdienste und sonstige Kleinigkeiten zu leisten. Diese Tätigkeiten entbanden mich allerdings in keiner Weise vom täglichen Dienstalltag, sondern gingen zusätzlich auf das Konto meines sowieso schon knapp bemessenen Freiraumes.

Er fragte mich nach meinem Alter, Herkunft, Elternhaus und Beruf. Als ich ihm vom allzu frühen Tod meines Vaters erzählte, wurde der Mann, der vom Alter her genauso hätte mein Vater sein können, plötzlich sehr ruhig und nachdenklich.

»Auch meiner Frau und mir ist vor Kurzem ein sehr grausames Schicksal widerfahren.« Während er sprach, schaute er regungslos und starr aus dem Fenster. »Unser geliebter Sohn ist bei der Frühjahrsoffensive unserer Wehrmacht an der Ostfront im Alter von 19 Jahren gefallen. Unser Fritz war ein wundervoller Mensch und wurde nur ein Jahr älter als du.«

Als ich daraufhin erwähnte, dass ich den gleichen Vornamen trug, herrschte im Raum eine bedrückende Stille, und ich spürte die Betroffenheit des älteren Mannes. In diesem Augenblick konnte ich deutlich spüren, wie nahe ihm der Tod seines Sohnes ging. Erst später an der Front wurde mir klar, dass Oberstleutnant Kindsmüller mich als eine Art Sohnersatz betrachtete und ich in ihm einen Ersatz als Vater gefunden hatte.

In der darauffolgenden Woche wurden in unserem Bataillon einige Wettkämpfe abgehalten, um die besten Sportler zu ermittelt. Diese fanden nicht nur in unserer Gneisenau-Kaserne statt, sondern in allen anderen Kasernen und militärischen Einrichtungen im weiteren Umkreis. In der Stadt und im Großraum Koblenz lagen damals fast 20 000 Soldaten. Der Grund für die Sportlerauswahl lag darin, dass die Gauhauptstadt Koblenz 14 Tage später im Stadion

Oberwerth ein großes Leichtathletik-Sportfest plante und akribisch durchorganisierte. Wegen meiner bereits erkannten sportlichen Leistungen erhielt ich neben dem allgemeinen Kasernendienst und Burschendienst für unseren Kommandeur täglich zwei Stunden dienstfrei, um für dieses Ereignis entsprechende Trainingseinheiten zu absolvieren. Ich hatte allerdings nur nach dem Abendessen nach 18 Uhr Gelegenheit, gemeinsam mit einigen anderen ausgewählten Kameraden zu trainieren.

Hier war ich natürlich wieder in meinem Metier und freute mich auf die Abende, egal, wie mühsam und schwer sich der Dienst tagsüber auch gestaltet hatte. Ich war schließlich ein leidenschaftlicher Sportler. Bereits in früheren Jahren war ich immer vorne mit dabei gewesen. Einige interessante Begebenheiten kamen mir in diesem Zusammenhang wieder in den Sinn:

Unsere Jugendzeit bestand natürlich nicht nur aus Arbeit oder daraus, dass wir andere Leute durch Jungenstreiche ärgerten. Unsympathische Leute, die wir nicht leiden konnten, welche uns auch schon mal negativ aufgefallen waren oder uns zu Recht oder auch zu Unrecht geärgert oder verdroschen hatten, wurden trotzdem ab und an Opfer unserer Streiche. Jedoch waren diese eher harmlos, und es kam nie vor, dass wir etwas kaputt machten oder zerstörten. Wurde aber zum Beispiel ein Tür- oder Hoftorgriff mit Wagenfett eingeschmiert, erschien so mancher Kandidat verspätet mit schwarzer Hand in der Sonntagsmesse. Wir schauten dann genau hin, ob es bei dem auserwählten Opfer funktioniert hatte.

Erfuhr jedoch Vater von so einem Schabernack, gab es für den Streich eine deftige Schelte oder ein paar auf den Hosenboden. Meistens aber kam er mir nicht nach, da ich schneller laufen konnte als er. An zwei derartige Situationen kann ich mich gut erinnern:

Zum einen, als herauskam, dass meine besten Freunde Edgar Weiber und Arnold Lohner mit mir zusammen einem hässlichen, streunenden und ewig kläffenden, doofen Dorfköter eine Blechdose an den Schwanz gebunden hatten, worauf der arme Kerl jaulend den Altengärtenweg Richtung Bur entlangraste, während die Dose hinter ihm auf dem Pflaster schepperte.

»Ja, es tut mir aufrichtig leid und es wird nie wieder vorkommen«, rief ich Vater zu, als ich nach Hause kam.

Der örtliche Dorftratsch hatte uns bereits verraten, und Vater lief mir mit dem Stock bis in die Scheune nach. Atemlos blieb er unten an der Leiter stehen, während ich so hoch wie es nur irgend ging, fast bis unters Scheunendach, ins Stroh kletterte. Der Hunger trieb mich nach einer Stunde zurück in die Küche. Vater war zum Glück um die Ecke im Lindenhof auf einen Schoppen Wein eingekehrt, und so geriet die prekäre Angelegenheit unter Mutters Vermittlung schnell in Vergessenheit.

Ein anderes Mal wurden wir zusammen mit einigen Jungs beim heimlichen Rauchen erwischt und bereits in der Schule mit Nachsitzen und Strafarbeiten bedacht. Irgendwie erfuhr es Vater, bevor ich aus der Schule nach Hause kam. Als ich bei der Rückkehr hinter unserem Hoftor seine Schuhe erkannte, wusste ich sofort, was die Stunde geschlagen hatte.

Es blieb mir nur die Flucht nach vorne. Ich stieß das Tor auf und rannte an meinem verdutzten Vater vorbei in die Küche. Er lief mir sofort nach, und als er mich in der Küche im Kopfstand, den Hintern an der Wand vorfand, war die Situation entschärft, da Vater herzhaft lachen musste. Sein »Fritzje« kam wieder einmal durch einen neuen Trick mit einem blauen Auge davon. Irgendwie spürte ich, dass Vater auf meinen Einfallsreichtum, meine Schnelligkeit und sportlichen Fähigkeiten insgeheim mächtig stolz war.

Mein knabenhafter Mut reichte zwar zum heimlichen Rauchen mit Klassenkameraden, aber er verließ mich schnell, wenn einmal im Jahr der mobile Zahnarzt mit seinem Auto voller schrecklicher Instrumente an unserer Schule vorfuhr, wie dies ab 1933 alljährlich geschah. Sämtliche Schulkinder einschließlich der Lehrkräfte mussten sich einer vorsorglichen Zahnuntersuchung unterziehen. Aus Angst vor dieser Zeremonie verschwand ich regelmäßig und lief zu Mutter nach Hause. Sie brachte mich jedoch zurück zur Schule, und ich konnte dem netten Zahnarzt mit seinem mechanischen Zahnbohrer nicht mehr entkommen. Dass es zur Belohnung anschließend etwas Süßes gab, brachte nicht den gewünschten Erfolg, und im folgenden Jahr unternahm ich den nächsten Fluchtversuch. Leider gehörte ich zu den Schülern, bei denen es nie ohne Bohren abging.

In meiner Kindheit wurde ich nicht nur durch die Erziehung meiner Eltern geprägt, sondern auch durch die damals noch recht strenge katholische Kirche. Nicht nur an jedem Sonn- und Feiertag, sondern auch bei zahlreichen anderen Anlässen mussten wir die Messe besuchen. Das beanspruchte natürlich auch wieder einen Teil unserer kostbaren Zeit. Als guter Christ erzogen, glaubte ich natürlich an Gott, und das Beten habe ich insbesondere später im Krieg in Russland und bis ins Alter nie verlernt. Trotzdem hatte ich keine Lust, das Angebot unseres Pfarrers, mich zum Messdiener zu ernennen, anzunehmen.

Für unseren fürsorglichen Vater war es natürlich selbstverständlich, dass seine Kinder regelmäßig und ordentlich gekleidet jeden Sonntag zum Hochamt erschienen. So stand er jeden Sonntagmorgen in unserer Waschküche neben der Scheune, putzte für uns vier Jungs die hohen genagelten Schuhe und klopfte den einen oder anderen fehlenden Nagel in die Ledersohlen.

Ich hingegen verbrachte meine freie Zeit lieber auf unserem Sportplatz unten am Bach. Dorthin zog es mich in jeder freien Minute, und früh erkannte ich, dass der Sport meine größte Leidenschaft war. Hier konnte ich meinem Bewegungsdrang freien Lauf lassen. Wir spielten jeden Tag Handball und ab und an auch Fußball, soweit es das Wetter zuließ. Hier fanden die spannenden Spiele unserer 1. Mannschaft im Feldhandball statt. Der TV Bassenheim 1911 e. V. spielte in der Oberliga Rheinland, der damals höchsten Spielklasse im Deutschen Reich. Anpfiff war immer sonntags um 14 Uhr. Wenn die starken Mannschaften von Grün-Weiß Mendig, Welling, Weibern, Mülheim, Kärlich oder Urmitz antraten, war unser Dorf wie ausgestorben, und alle standen rund ums Spielfeld. Manchmal, bei hochkarätigen Spielpaarungen, waren es mit den angereisten Gästen, die überwiegend zu Fuß kamen oder auf offenen Lkw mitfuhren, annähernd 2000 Zuschauer.

Zu meiner ersten Heiligen Kommunion am Weißen Sonntag 1932 schenkten mir meine Eltern einen echten Lederhandball. Das war damals mein kostbarster Besitz. Nun waren dem täglichen Training keinerlei Grenzen mehr gesetzt, und ich war überglücklich.

Neben dem Handball war die Leichtathletik mit den Disziplinen Werfen, Laufen und Springen mein Favorit. So sprang ich gerne und oft in die alte Weitsprunggrube neben unserem Sportplatz, deren Inhalt nur aus einer dünnen Sandschicht bestand, die noch dazu oft mit Steinen und manchmal auch mit Hundekot angereichert war. Das Werfen übte ich mit allem, was mir in die Finger kam, vom Schotterstein bis zum selbst geschnitzten Speer aus Haselnussholz.

Den alljährlichen Sportfesten fieberte ich schon Wochen vorher entgegen, und das Training wurde noch intensiviert. Kam dann der große Tag, war die Spannung riesengroß. In den Schuljahren sechs bis acht erhielt ich die höchste Punktzahl, und es gab als Siegespreis immerhin einen Lorbeerkranz. Ich kann mich gut erinnern, dass ich die achtzig Gramm schweren Lederbällchen fast von einem Tor bis zum anderen warf. Allerdings war der Sportplatz nicht wie üblich 100 Meter, sondern nur knapp neunzig Meter lang. Trotzdem war es enorm weit.

Beim Weitsprung hörte ich oft einige rufen: »Der Fritz springt! Der Fritz springt!« Und so standen um die Sprunggrube oft mehr als zwei Dutzend Zuschauer, die mich anfeuerten. Durch das viele Sprungwurftraining als Rechtshänder im Handball war meine Sprungkraft im linken Bein stark ausgeprägt. Die drei Sprungversuche, die jedem Teilnehmer zur Verfügung standen, erreichten ab der siebten Klasse immer Weiten von deutlich über sechs Meter. Ohne spezielles Training und angesichts der schweren und minderwertigen Sportschuhe sowie der mangelhaften Anlaufbahn war das eine beachtliche Leistung.

Im Feldhandball hatte ich in der ersten Mannschaft einige Vorbilder, denen ich vieles an Technik und Tricks abschauen konnte. Ich selbst spielte seit den Jugendmannschaften aufgrund meiner Schnelligkeit auf der Position des Mittelläufers. Dazu muss man wissen, dass eine Mannschaft im damals beliebten Großfeld-Handball wie beim Fußball aus elf Spielern bestand. Neben dem Torwart befanden sich vier Spieler in der Abwehr, die sich nur in der eigenen Spielfeldhälfte bis zur Mittellinie aufhalten durften. Vier Spieler waren im Sturm und blieben nur in der gegnerischen Hälfte. Die beiden Mittelläufer dagegen konnten sowohl im Sturm als auch in der eigenen Abwehr spielen. Diese beiden Spieler hatten daher über die volle Distanz ein enormes Laufpensum zu bewältigen. Neben der Verstärkung von Abwehr und Sturm bestand die Hauptaufgabe darin, Bälle abzufangen und diese so schnell wie möglich dem eigenen Sturm zuzuspielen, noch ehe die beiden gegnerischen Mittelläufer sich in der Abwehr positionieren konnten. Einige ältere Zuschauer nannten mich »das Reh«, wahrscheinlich wegen meiner Spurtstärke und Sprungkraft. Wenn ich ehrlich sein soll, war ich ziemlich stolz darauf.

Zwei meiner sportlichen Vorbilder möchte ich nicht unerwähnt lassen. Das war zum einen der hervorragende Torwart Paul Theisen, der später im Krieg gefallen ist, und zum anderen Josef Ringel, Jahrgang 1914. Er überlebte den Krieg und betrieb später ein Textil- und Lebensmittelgeschäft in der Mayener Straße. Josef war 1936 im Kader der Deutschen Feldhandball-Olympia-Mannschaft in Berlin, und das war für uns schon etwas ganz Besonderes. Josef erhielt den Spitznahmen »I«. Einfach »I« wie Ida. Das rührte daher, dass er beim Abwurf des Handballes während eines Sprungwurfes ganz laut die Luft ausstieß, um dem Ball eine hohe Abwurfgeschwindigkeit mitzugeben. Dabei erzeugte er ein Geräusch, das wie ein gepresstes »Ihhhhhjehhhh« klang, und damit war der Spitzname geboren.

Besonders fasziniert war ich damals von dem von Leni Riefenstahl mit modernsten Mitteln gedrehten Film über die Olympiade 1936 in Berlin. Seit ich ihn zum ersten Mal in der Kinowochenschau gesehen hatte, träumte ich davon, einmal als Zehnkämpfer an einer Olympiade teilnehmen zu dürfen. Vielleicht 1944, dachte ich, 1948 oder 1952. Dass es 16 Jahre dauern würde, ehe eine deutsche Mannschaft wieder an einer Olympiade teilnehmen durfte –

1952 in Helsinki – hätte ich damals nicht für möglich gehalten. In meinen Gedanken drehte sich damals alles um den Sport. Wann und wo ich nur irgendwie Gelegenheit fand, trainierte ich in allen möglichen Disziplinen, vor allem Werfen, Laufen und Springen. Sogar am Training der erfolgreichen Bassenheimer Ringermannschaft, das mangels Turnhalle in den beiden Sälen der Dorfgaststätten Koch und Poll stattfand, nahm ich öfter teil und lernte dabei so manchen Trick.

Am Tag des Sportfestes marschierten wir mit unserer Abordnung zu Fuß die Alte Heerstraße hinab, gingen über die Horchheimer Eisenbahnbrücke zur anderen Rheinseite und gelangten auf diesem Wege unmittelbar zu den Sportstätten. Das Stadion Oberwerth füllte sich mit einer großen Anzahl von Sportlern und Zuschauern. Ich schätzte die Anzahl der Aktiven auf weit über 300. Obwohl von allen umliegenden Sportvereinen kleine Abordnungen zugegen waren, bestand doch der überwiegende Teil der Akteure aus Soldaten, Arbeitsdienstleistenden und Hitlerjugend. Wie sollten die Sportvereine auch große Mannschaften aufstellen, da doch die infrage kommenden Jahrgänge seit nun schon fast drei Jahren an allen Fronten kämpften?

Man meldete mich für den Mehrkampf, und so genoss ich den freien Tag in vollen Zügen. Körperlich und mental absolut fit, konnte ich meine Leistungen im Laufen, Springen und Werfen punktgenau abrufen. Am späten Nachmittag erfolgte die Siegerehrung, und ich war unendlich stolz darauf, dass ich im Mehrkampf die höchste Punktzahl erreicht hatte. Zur Siegerehrung musste ich aufs Podest klettern, und man drückte mir einen Lorbeerkranz aufs Haar. Dazu erhielt ich ein Sammelalbum mit Einklebe-Bildern von allen damaligen Handwerksberufen und obendrein zusätzlich einen Tag Sonderurlaub.

Meine Träume von der Teilnahme an einer Olympiade erhielten durch diesen Erfolg neue Nahrung, doch die politischen und militärischen Ereignisse der folgenden Jahre sorgten dafür, dass es Träume blieben. Schon am nächsten Tag war nach einer lobenden Erwähnung durch den Kommandeur der tägliche Militärdrill wieder allgegenwärtig. Die Zeit der Ausbildung näherte sich dem Ende, denn an der Ostfront wurden neue Soldaten gebraucht. Die Kaserne wurde bereits für die nächste Generation von Rekruten benötigt.

In der letzten Woche fand am Zusammenfluss von Rhein und Mosel, am heutigen Deutschen Eck, eine Parade unserer Truppen statt. Es war eine riesige abendliche Inszenierung mit Marschmusik, gespielt von einem großen Musikkorps der Wehrmacht. Unter den Klängen von »Des Großen Kurfürsten Reitermarsch« zogen wir in Sechserreihen am Denkmal von Kaiser Wilhelm I. vorbei, und weiter ging es im Stechschritt zum »Badenweiler« und »Yorckschen Marsch«. Während dieser Zeremonie fühlten wir uns als Teil einer großen Volksgemeinschaft und kamen uns stark, mächtig und unbezwingbar vor – ein Eindruck, der sich bald ändern sollte.

Abgesehen von dieser beeindruckenden Zeremonie hielt sich meine Begeisterung für das Militärwesen jedoch in Grenzen. Ich konnte dem Kriegshandwerk und besonders der zweijährigen allgemeinen Wehrpflicht, die durch den nicht enden wollenden Krieg später unbegrenzt verlängert wurde, keine allzu große Begeisterung abgewinnen. Die Ausbildung hatte uns zu schneidigen und hervorragend durchtrainierten Soldaten gemacht, aber in den Krieg zu ziehen, stand nicht auf unserer persönlichen Agenda, und das galt für alle meine engsten Kameraden. Aber uns blieb nichts anderes übrig – nicht in diesem Krieg und nicht in diesem politischen System.

An einem der letzten Unterrichtsvormittage im Hörsaal unserer Kaserne erfuhren wir, dass bereits am 31. Mai 1942 durch den ersten 1000-Bomber-Angriff der britischen Royal Air Force Köln in Schutt und Asche gelegt worden war. Von der schönen Altstadt und Tausenden Wohnhäusern standen nur noch Ruinen umher, überragt von dem durch die Feuersbrunst geschwärzten gotischen Dom. Dieser erste Großangriff hatte vor allem der Zivilbevölkerung gegolten. Industrieanlagen wurden kaum getroffen. Es gab Tausende tote Frauen, Kinder und alte Menschen. Wir waren sehr betroffen und sprachen unserem Kölner Kameraden Jakob Schmitz unser Mitgefühl aus. Seine sorgenvolle Miene hellte sich erst nach Tagen wieder auf, als er erfuhr, dass zwar das Haus durch Bomben zerstört worden war, seine Familienangehörigen aber den Angriff unversehrt in einem Bunker überlebt hatten.

Am übernächsten Tag, kurz vor unserer Verlegung zum Truppenübungsplatz Baumholder, wurden wir im Sanitätsbereich unserer Kaserne gegen alle möglichen Krankheiten geimpft, die uns an der Front bedrohen konnten, wie zum Beispiel Typhus, Wundstarrkrampf und so weiter. Es war ein schnelles und kurzes Antreten. Die Rekruten standen mit freiem Oberkörper in einer Schlange, die bis nach draußen vor den Haupteingang des Gebäudes reichte, und die Impfungen erfolgten wie am Fließband.

Nur zwei Meter vor mir stand der hünenhafte Paul Severin in der Schlange. Über die Schultern der Vorderleute sahen wir unseren Stabsarzt mit einer riesengroßen Spritze hantieren. Damit stach er zügig und professionell einem nach dem anderen in die Brust – immer mit derselben Nadel wohlgemerkt. Je näher wir zum Impfen aufrückten, desto weißer wurde Pauls Gesicht. Als der Doktor die Nadel der großen Spritze dem letzten Vordermann in die

Brust drückte, rollte Paul plötzlich ganz komisch die Augen, schnappte nach Luft und wedelte mit den Armen. Ich rief nur noch: »Paul, wo willst du denn hin?«, und schon lag der lange Kerl bewusstlos vor den Füßen des verdutzt dreinschauenden Militärarztes. Paul erhielt wohl auch noch alle Impfungen, aber als Letzter unseres Bataillons, nachdem er sich auf einer Pritsche von seiner Spritzenangst erholt hatte.

An die Ostfront zur 132. Infanteriedivision

Es war nur ein kurzer Weg von Koblenz durch das malerische Rheintal mit der Loreley und all den herrlichen Burgen bis nach Bingerbrück und weiter durch das Nahetal bis nach Baumholder in der Westpfalz und dem dortigen großen Truppenübungsplatz.

Den einen Tag Sonderurlaub, der mir zugestanden worden war, nutzte ich, um drei Tage vor der Truppenverlegung noch einmal nach Hause zu fahren. Dort erledigte ich noch einige wichtige Angelegenheiten und verabschiedete mich schweren Herzens von Mutter, meinen Brüdern Hans und Karl sowie Freunden und Verwandten.

Mit den besten Kameraden in einem Abteil sitzend fuhr ich in knapp vier Stunden, Wartezeiten eingerechnet, mit dem Zug in das neue Domizil des Bataillons. Während die romantische Landschaft des Rheintales an uns vorüberzog, waren die meisten von uns entweder mit den Gedanken zu Hause, oder sie grübelten darüber, was uns an Gefahren wohl erwartete.

Auf dem riesigen Truppenübungsplatz waren wir wieder wie beim Reichsarbeitsdienst in Baracken untergebracht. Unsere Stubengemeinschaft blieb fast komplett erhalten und wurde durch vier neue Kameraden ergänzt. Sie waren alle nett, und wir bildeten bald wieder eine eingeschworene Gemeinschaft.

Klaus Baulig, unser Bürokrat von der Verbandsgemeindeverwaltung Weißenthurm, meldete sich zur Luftwaffe, wo er der Wachmannschaft eines Bombergeschwaders von Heinkel He 111 Bombern zugeteilt wurde. Auch Feldwebel Engelbert Haymann, unser netter Zugführer mit dem warmen Herzen und vorbildlichen Führungseigenschaften, hatte uns verlassen. Der große und kräftige Mann, der im zivilen Leben Schmied war, meldete sich freiwillig zur Division »Großdeutschland« an die Front. Wir waren darüber alle sehr traurig. Nur wenige Jahre älter als wir, war er uns durch seine herzliche, aufrechte Art fast wie ein Vater geworden.

Der tägliche Dienst konzentrierte sich auf Gelände-, Gefechts- und Schießausbildung, wobei der Formaldienst in den Hintergrund trat. Wer bei den Schießübungen mit dem Karabiner 98k mit zehn Schuss auf die Zehner-Ringscheiben mehr als neunzig Ringe erzielte, durfte nicht nur nachmittags früher zu den Baracken zurückmarschieren, sondern hatte nach dem Waffenreinigen dienstfrei. Diese kleine Freiheit schöpften wir dank unserer guten Schießtechnik mehrmals aus. Schießen hatten wir bereits vor unserer militärischen Ausbildung recht gut gelernt. Denn bei unserer Bassenheimer Kirmes auf dem damaligen Dorfplatz (heute Walpotplatz) gab es eine Schießbude, die mit einem markigen Spruch aus Kaisers Zeiten zum Schießen und Geldausgeben einlud. »Üb Aug und Hand fürs Vaterland!« Dort schossen wir mit Luftgewehren, aber nicht, um uns für den Krieg zu üben, sondern um eine billige Kunstblume, eine Ansichtskarte oder Ähnliches zu ergattern.

In Baumholder erfolgte die Vorbereitung auf die bevorstehende Frontverwendung. Die Wehrmacht war eine offensive Armee. Den Sturmangriff auf das Kommando »Sprung auf, marsch, marsch!« und mit »Hurra-Geschrei« wurde täglich trainiert. Defensive Taktiken dagegen waren für die Ausbilder ein Fremdwort. Später würden wir diese fehlende Ausbildung in der Defensive noch bitter bereuen. In den verlustreichen Rückzuggefechten an der zusammenbrechenden Ostfront mussten wir diese Taktiken schnell lernen, um zu überleben. Doch damals hofften wir noch immer insgeheim auf ein baldiges Kriegsende, wie es uns mit den anhaltenden Erfolgsmeldungen der Wehrmacht im Radio und den markigen Reden von Propagandaminister Goebbels verheißen wurde. Als dann bekannt wurde, dass wir nach der vierten Woche die Ausbildung beenden und per Bahn an die Ostfront verlegt werden sollten, war unsere Stimmung alles andere als berauschend.

Kurz vor der Abreise erhielten Eltern und Verwandte Gelegenheit, sich von uns in unserem Lager in Baumholder zu verabschieden. Nach Hause durften wir nicht. Ich teilte es meiner Mutter in einem kurzen Brief mit. Daraufhin besuchte sie mich gemeinsam mit Tante Anna, ihrer Schwägerin, zusammen mit zahlreichen anderen Müttern, Vätern und Ehefrauen. Für viele wurde es ein Abschied für immer.

Die beiden älteren Damen waren bis dahin noch nie über Mayen und Koblenz hinausgekommen, und die Bahnfahrt war für sie ein Abenteuer. Dabei war Baumholder in der Westpfalz für heutige Begriffe nicht weit entfernt. Wir konnten zwei Stunden miteinander plaudern. Mutter berichtete von Haus und Hof, von meinen Brüdern und dem örtlichen Geschehen. Ein französischer und ein polnischer Kriegsgefangener würden, wie das auch bei anderen Bauern im Dorf üblich war, in unserer Landwirtschaft mithelfen. Sie wohnten in unserem Haus und würden auch gemeinsam mit der Familie am Tisch sitzen.

Über das große Essenspaket von Mutter freute ich mich besonders, doch war diese Freude getrübt von Sorgen über die weitere Zukunft.

Nach einer kurzen, herzlichen Verabschiedung machten sich die beiden Frauen auf die beschwerliche Heimfahrt in überfüllten Zügen.

Unsere Reise ins Ungewisse begann wenige Tage später. Nachdem der bereitstehende Truppentransportzug mit Waffen, Munition und Lebensmitteln beladen worden war, bestiegen wir am 5. Juli 1942 mit der Hälfte unseres Bataillons die Waggons. Ein weiterer Zug folgte einen Tag später mit dem Rest unserer Einheit. Ich hatte das Glück, als Bursche des Kommandeurs im ersten Zug mitfahren zu dürfen – in einem Waggon zweiter Klasse, besetzt mit vielen unserer Offiziere und Feldwebel. Der Eisenbahntransport startete um die Mittagszeit und führte zuerst über Frankfurt/Main Ostbahnhof. Während eines kurzen Aufenthaltes erhielten wir hier noch Gelegenheit, etwas für den persönlichen Bedarf zu kaufen. Von dort ging es weiter über Fulda, Dresden, Breslau, Krakau, Lemberg und Charkow in Richtung Front auf der Halbinsel Krim. Es war ein wunderschöner Sommer, und in Friedenszeiten hätte man die Reise genießen können, aber auf uns wartete das Grauen.

Aus dem 2. Klasse-Abteil konnte ich bezaubernde Landschaften, Seen, Wälder, Wiesen, Felder, Dörfer, Burgen, Schlösser, Klöster und Städte mit prächtigen Bauten bewundern. Deutschland kam mir vor, als entstamme es einem romantischen Märchenbuch. Nichts deutete darauf hin, dass es sich mitten in einem mörderischen Krieg befand. In schrecklichem Gegensatz zu dieser Idylle standen die Zerstörungen, die unsere Truppen während des Vormarsches gegen Osten angerichtet hatten und die wir wenige Tage später selbst zu sehen bekamen. Noch konnten wir uns ein letztes Mal am Anblick all dieser Schönheiten erfreuen, ahnten wir doch nicht, was uns in naher Zukunft erwartete.

Ich kann nicht verhehlen, dass ich in diesen Stunden stolz auf unser Land war. Mir fiel hierzu die erste Strophe unserer Nationalhymne ein, »Deutschland, Deutschland, über alles, über alles in der Welt«. Das Lied, das Hoffmann von Fallersleben 1841 dichtete und das später zur Nationalhymne wurde, entstand zu Zeiten der deutschen Kleinstaaterei, Jahrzehnte vor der nationalen Einigung. Der aggressiv nationalistische Sinn, mit dem es in der Zeit der Weltkriege unterlegt wurde, wäre dem Dichter fremd gewesen. Auch ich habe den Text eher als Bekenntnis zum Wert der Heimat aufgefasst. Schließlich ließen wir ein noch weitestgehend intaktes Land zurück, in dem Ordnung, Pünktlichkeit, Regelmäßigkeit und Sauberkeit herrschte. Auf der anderen Seite grübelten wir ununterbrochen darüber nach, was uns wohl in diesem fremden, Tausende von Kilometern entfernten Land erwartete, gegen das wir einen Krieg von nicht gekannter Grausamkeit führten. Nicht dass wir uns gefürchtet hätten. Wir glaubten uns gut vorbereitet und waren durch die nationalsozialistische Propaganda hochmotiviert und siegessicher. Inmitten so vieler treuer Kameraden und geführt von vertrauenswürdigen Offizieren, Feldwebeln und Unteroffizieren wähnten wir uns als Soldaten einer hochmodernen, hervorragend ausgebildeten Armee in relativer Sicherheit.

Bereits am dritten Tag unserer monotonen, aber von zahlreichen Zwischenaufenthalten unterbrochenen Reise Richtung Front konnte man die endlosen Weiten eines riesigen Landes spüren. Nie in meinem Leben war ich jemals so weit von zu Hause entfernt gewesen. Die Fahrt ging in südöstlicher Richtung und führte immer tiefer in die Ukraine und nach Russland hinein. Die damit verbundene Zeitverschiebung brauchten wir nicht zu berücksichtigen. In Deutschland wie in allen besetzten Gebieten galt deutsche Sommerzeit. Diese Maßnahme diente nicht nur der in Kriegszeiten besonders wichtigen Energieeinsparung, sondern erleichterte auch die Kommunikation zwischen dem militärischen Oberkommando und den über ganz Europa verstreuten Einheiten.

An diesem dritten Reisetag sprach mein Kommandeur Oberstleutnant Kindsmüller mit mir im Vertrauen über den Sinn, besser den wahnwitzigen Unsinn dieses Krieges und über seine Befürchtungen hinsichtlich dessen weiteren Verlaufes. Er sagte mir bereits in diesem Sommer 1942, als alle anderen aus unserem Zugabteil draußen auf dem Gang standen und rauchten, unter dem monotonen Rattern der Räder im Vieraugengespräch:

»Fritz, diesen gottverdammten Krieg gegen das riesige Russland kann das kleine Deutschland niemals gewinnen, auch wenn wir uns mittlerweile Großdeutsches Reich nennen und unser wahnwitziger Führer unsere Fähigkeiten über Gebühr strapaziert, unsere Unterlegenheit an Mensch und Material nicht akzeptiert, sondern glaubt, sie durch soldatische Tapferkeit sowie die taktische und technische Überlegenheit unserer Wehrmacht und Luftwaffe wettmachen zu können. Die Front zieht sich immer weiter auseinander und erstreckt sich mittlerweile von Leningrad im Norden bis zur Halbinsel Krim am Schwarzen Meer. Das sind weit über 3000 Kilometer. Wir brauchen immer mehr Soldaten, die Transportwege für den Nachschub werden immer länger. Die Verluste an Material, besonders jedoch an Gefallenen und Verwundeten, sind immens. Außerdem verzetteln wir unsere Kräfte in anderen Ländern, besonders auf dem Balkan und in Nordafrika, nur weil dieser größenwahnsinnige Mussolini das alte römische Reich wieder errichten möchte und sich dabei eine Niederlage nach der anderen einfängt. Ich möchte dir das Herz nicht schwer machen, mein Junge, aber ich bin der festen Meinung, dass die Sache nicht gut ausgeht. Verrate es niemandem, sonst werden wir beide gehängt oder erschossen.«

Er riet mir noch, sobald wir an die Front kämen, wachsam zu sein und gut auf mich aufzupassen. Wie verzweifelt musste dieser feine Stabsoffizier gewesen sein, dass er mir, seinem Burschen, einem einfachen Soldaten, sein Herz ausschüttete? Zuletzt sagte er mir weiter im Vertrauen:

»Im RAD-Lager in Irrel wurde ein negativer Vermerk wegen deiner Ablehnung des freiwilligen Eintritts in die Waffen-SS eingetragen, wovon du sicher bis heute nichts wusstest. Ich habe diesen Vermerk beseitigt und vernichtet.«

Ich war gerührt und sprachlos über das mir entgegengebrachte Vertrauen. »Vielen herzlichen Dank, Herr Oberstleutnant«, waren die einzigen Worte, die ich über meine Lippen brachte. Seine aufklärenden, bewegenden Worte habe ich nie vergessen, und zum ersten Mal begann ich daran zu zweifeln, dass ich meine Heimat jemals wiedersehen würde.

Am Ende dieser relativ komfortablen Reise erreichten wir nach einer Woche Bahnfahrt mit vielen Wartestunden auf verschiedenen Bahnhöfen, besonders in Kiew und Charkow, die Halbinsel Krim. Die direkte Zuführung zur 132. ID wurde eingeleitet.

Wegen des andauernden, schnellen Vormarsches der Heeresgruppe Süd wurden wir ein gutes Stück entfernt von unserem Marschziel, der Stadt Feodosia am Schwarzen Meer, ausgeladen. Rollbahnen, Brücken und Eisenbahnschienen waren durch die Organisation Todt und unsere Pioniereinheiten im Bau, konnten aber dem zügigen Vorstoß der deutschen Einheiten nicht Schritt halten. Also marschierten wir in gewaltigen Tagesmärschen unserer Einheit entgegen. In den Marschpausen suchte man Halt, Sicherheit und Zuversicht bei seinen engsten Kameraden: Herbert Niederländer, Markus Heinrich, Toni Grad, Robert Kleinz, Ulrich Schmidt und Georg Bauder. Gesprochen wurde nur das Nötigste. Die mulmige Stimmung und das unbehagliche Gefühl wollte wohl niemand kommentieren.

Die Temperaturen im Süden Russlands waren bereits enorm hoch, und wir litten schon nach kurzer Zeit erheblich unter Durst. Täglich mussten wir mit Marschgepäck zwischen vierzig und fünfzig Kilometer zurücklegen. Da es sich bei uns um keine voll motorisierte Einheit handelte, wurden die wenigen Fahrzeuge für Treibstoff-, Munitions- und Verpflegungstransporte benötigt. Wir konnten nur deren Staub und Dieselgestank einatmen. Tatsächlich waren von den 220 deutschen Divisionen, die im Zweiten Weltkrieg eingesetzt waren, nur zwanzig voll motorisiert. Alle anderen Einheiten hatten natürlich auch einen Fuhrpark, aber dieser war zusammengeschustert aus Beutefahrzeugen und sonstigen Wagen. Im Übrigen war die Wehrmacht auf Bahn, Millionen von Pferden und nach wie vor auf die Stiefel der Soldaten angewiesen.

Während unserer wenigen Rastpausen übermannte mich in der sengenden Hitze fortwährend eine große Müdigkeit, sodass ich im Graben der Rollbahn innerhalb von ein bis zwei Minuten in Tiefschlaf fiel. Jedes Mal schärfte ich mehreren Kameraden kurz zuvor ein, dass sie mich beim nächsten Aufbruch unbedingt wecken sollten, und zum Glück war auf sie stets Verlass.

Unterwegs marschierten wir durch typische russische Dörfer, welche zum Teil unzerstört, meist aber durch vorangegangene Kampfhandlungen mehr oder weniger stark in Mitleidenschaft gezogen waren. Immer wieder konnte ich beobachten, dass Frauen, Kinder und ältere Männer uns mit herzlicher Freundlichkeit, offener Freude und ohne Argwohn begegneten, obwohl wir uns bereits im zweiten Jahr des Krieges mit der Sowjetunion befanden. Sie winkten uns freundlich zu, empfingen uns teilweise mit Blumen und gaben uns vor allem frisches Wasser aus ihren Brunnen und Zisternen. Mir begegneten liebenswerte hilfsbereite und herzliche ukrainische und russische Menschen, mit denen wir hätten Freundschaft schließen können – wäre nur der verdammte, gottverbotene Krieg nicht gewesen!

Die einheimische Bevölkerung betrachtete uns anscheinend immer noch als Befreier von Stalins Joch. Schließlich waren unzählige Menschen – Schätzungen sprechen von Opferzahlen von bis zu zwanzig Millionen – seinen unzähligen Säuberungen zum Opfer gefallen, waren in den Gulags zugrunde gegangen oder in den Kellern des NKWD gefoltert und erschossen worden, und die Ukraine hatte unter der Kulakenverfolgung, die sich gegen die wohlhabendere Landbevölkerung gerichtet hatte, besonders zu leiden gehabt.

Erst später erfuhren wir, dass auch unsere Sicherheitsdienste, Polizei- und SS-Kommandos, angeblich auch teilweise unterstützt durch Wehrmachtseinheiten, Menschen verschleppten und ermordeten, insbesondere Menschen jüdischen Glaubens. Hinzu kamen Repressalien gegen die Partisanen, welche Anschläge auf deutsche Soldaten verübten. Auch wurden blonde Kinder nach Deutschland deportiert und gelangten dort in Heime oder teilweise zu Pflegeeltern, die keine Kinder hatten.

Eine zuerst scheinbar vom Kommunismus befreite Bevölkerung, ob in der Ukraine, Weißrussland und im Baltikum in Estland, Lettland und Litauen, geriet alsbald wieder unter die nächste Schreckensherrschaft in Gestalt der Besatzungsverwaltung und der mörderischen Einsatzgruppen. Im nationalsozialistischen Rassenwahn befangen, verspielte man die Chance, die Menschen zu gewinnen. Anhand zahlreicher persönlicher Gespräche, die ich im Laufe der nächsten Tage, Wochen und Monate mit einheimischen Menschen führen konnte, gewann ich den Eindruck, dass, entsprechende Behandlung vorausgesetzt, viele Freiwillige mit uns gegen Stalin in den Kampf gezogen wären.

Während der stundenlangen Märsche in brütender Hitze durch den Süden Russlands verfluchten wir diejenigen, denen wir dieses Elend zu verdanken hatten. Nachts legten wir uns zum Schlafen einfach neben den staubigen Straßen unter freiem Himmel auf die Erde. Während dem monotonen Marschieren in der Marschkolonne konnte man über Sinn oder Unsinn dieses wahnwitzigen Unternehmens grübeln. Gesprochen wurde nicht viel, und das Absingen von Soldatenliedern ist uns schnell vergangen. Zu schwer war die mitgeschleppte Last von Gepäck, Karabiner 98k, Munition, Gasmaske, Koppeltragegestell, Stahlhelm, Tornister, Verpflegung, Wasserflasche, Seitengewehr und Uniformteilen. Mitten in der Kolonne war man mit seinen Gedanken allein.

Natürlich dachte man jeden Tag an zu Hause. Aber einmal, daran kann ich mich gut erinnern, dachte ich darüber nach, welche Menschen man sich als 18-jähriger Jugendlicher zum Vorbild nehmen sollte. Es waren keine Politiker, die mir dazu einfielen, und schon gar nicht unser »Führer« Adolf Hitler, der fette Reichsmarschall Hermann Göring oder gar der keifende Giftzwerg Josef Goebbels. Gerade die führenden Repräsentanten der NSDAP waren mir und den meisten Kameraden durchweg unsympathisch. So jung wir waren, fühlten wir doch instinktiv, dass diese Demagogen uns und unserer Heimat Unheil brachten. Aber sie hatten zu jener Zeit das Sagen und führten unser Land, unser Volk und unsere Jugend und mit uns zusammen zahlreiche andere Nationen in eine bis dahin nicht gekannte Katastrophe. Unter den Repräsentanten der Partei erschien uns allenfalls Reichsjugendführer Baldur von

Schirach als menschlich, gemäßigt und vielleicht sogar sympathisch. Besonders bei den Jugendlichen aus HJ und BDM war er sehr beliebt.

Unsere Vorbilder kamen eher aus der Welt des Sports wie der Boxweltmeister Max Schmeling oder die Rennfahrer Rudolf Caracciola und Bernd Rosemeyer, der bei dem Versuch, mit seinem Auto-Union-Rennwagen den Geschwindigkeitsweltrekord zu brechen, tödlich verunglückt war. Verehrt wurden auch Kulturschaffende wie Leni Riefenstahl, die uns mit ihren Filmen begeisterte, oder die Flugpionierin Elly Beinhorn, die mit ihrer Klemm KL 26 einmal um die Erde flog. Von den Sängerinnen und Sängern waren beliebt Zarah Leander, Lale Andersen und Hans Albers, als Filmschauspieler die Komödianten Heinz Rühmann, Theo Lingen und Hans Moser, außerdem Heinrich George und Willy Fritsch. Im Krieg wurden natürlich auch besonders erfolgreiche Soldaten zu Vorbildern gemacht, darunter die Jagdfliegerasse Mölders, Galland, Wick und Marseille, der »Stern von Afrika«. Außer Galland sind sie alle gefallen. Hans-Joachim Marseille stürzte nach 158 Abschüssen als junger Hauptmann mit 23 Jahren über der nordafrikanischen Wüste ab. Hinzu kamen einige in den Augen der Soldaten erfolgreiche und bewährte Generäle wie Generalfeldmarschall Erwin Rommel, der »Wüstenfuchs«, Generaloberst Heinz Guderian und Generalfeldmarschall Erich von Manstein.

Vielleicht mögen die Genannten auch eher Idole als wirkliche Vorbilder gewesen sein, wurden sie doch von der NS-Propaganda instrumentalisiert, um unseren Kampfgeist zu stärken. Doch spätestens nach dem ersten Einsatz an der russischen Front verloren sie angesichts der grausamen Realität des Krieges ihre Bedeutung.

Doch bis dahin waren wir guten Mutes. Mit mir gemeinsam marschierten 400 Mann, besser gesagt halbe Kinder oder Jugendliche, gegen Osten. Wir waren durchtrainiert, sportlich, schlank, kerngesund und überzeugt, die uns auferlegte Pflicht für eine gerechte Sache zu erfüllen. Keiner von uns konnte sich vorstellen, dass die meisten von uns bereits nach wenigen Tagen, Wochen und Monaten krank, verwundet oder gefallen sein würden. Nur verschwindend wenige hatten das Glück, den Fronteinsatz über einen längeren Zeitraum unversehrt zu überstehen.

Mitte Juli 1942 erreichten wir endlich unser Ziel, die Stadt Feodosia, und ich erblickte mit Erstaunen zum ersten Mal in meinem Leben das Schwarze Meer. Hier erfuhren wir, dass die Halbinsel Krim wenige Tage zuvor von der deutschen Wehrmacht nahezu vollständig erobert worden war und dass nur noch in wenigen Abschnitten schwache Gefechte stattfänden. Diese Nachricht erfreute uns umso mehr, als wir durch den langen Bahntransport und die anschließenden Fußmärsche ziemlich erschöpft waren.

Die 132. Infanteriedivision wurde am 5. Oktober 1940 in Landshut in Bayern, Wehrkreis VII, als Division der 11. Aufstellungswelle aufgestellt. Das Personal wurde zu Anteilen aus der 263. und 268. Infanteriedivision gestellt. Die Gliederung der Division bestand aus den drei Infanterieregimentern 436, 437 und 438, aus dem Artillerieregiment 132, dem Pionierbataillon 132, der Panzerjägerabteilung 132, der Aufklärungsabteilung 132, der Nachrichtenabteilung 132 und Nachschubtruppen. Sie hatte eine Sollstärke von insgesamt 15 000 Mann. Der erste Kriegseinsatz der 132. ID fand während des Balkanfeldzuges statt. Im Juni 1941 nahm sie im Rahmen der Operation Barbarossa am Überfall auf die Sowjetunion teil. Mit der Heeresgruppe Süd marschierte sie von Lemberg über Ostrog und Schitomir bis nach Kiew.

Im November 1941 operierte sie auf der Krim und gehörte zu den Angriffsverbänden, die Sewastopol erobern sollten. Zusammen mit dem LIV.-Armeekorps griff sie aus nördlicher Richtung von den Berghängen des Belbek-Tales die Hafenstadt Sewastopol an und stieß auf erbitterten Widerstand, der sich in den Verteidigungsgürteln um die Stadt versteifte. Im Dezember 1941 konzentrierten sich die Kämpfe um die Kamyschki-Schlucht und die Höhe 192. Sturmbataillone und Pionierbataillone der 132. ID erzielten in den ersten Tagen der Kämpfe nur noch einen Geländegewinn von sechs Kilometern.

Ab Januar 1942 übernahm General Fritz Lindemann die Divisionsführung vor Ort. Am 30. März 1942 wurde die Division nur noch als für begrenzte Angriffsaufgaben geeignet eingestuft. Zu diesem Zeitpunkt hatte eine durchschnittliche Infanteriekompanie nur noch eine Grabenstärke (Gefechtsstärke) von sechzig bis siebzig Mann, also maximal rund ein Drittel der Sollstärke.

Am 7. Mai 1942 begann die Division eine Offensive mit Artillerieangriffen und Landungen mit Sturmbooten gegen die 44. Sowjetische Armee östlich von Feodossija an der schwer befestigten Landenge von Parpatsch (das heutige Prymorskyj). Im Juni 1942 wurde der finale Angriff auf Sewastopol unternommen. Dabei bildete die 132. ID zusammen mit dem LIV.-Armeekorps den Schwerpunkt.

Hatte die 132. ID vor der Eroberung der Halbinsel Krim bereits rund ein Drittel ihres Personals verloren, so musste die Division nur wenige Tage vor der Eroberung der Krim durch das LIV.-Armeekorps wegen der immensen Verluste von weiteren 3167 Mann komplett aus der Front genommen werden. Insgesamt verloren die deutschen und rumänischen Verbände während der achtmonatigen Schlacht rund 35 500 Mann.

In Feodosia und Umgebung lagen deshalb sämtliche Truppenteile der zusammengeschmolzenen 132. ID zur Auffrischung und warteten auf die dringend benötigte Verstärkung. Diese bestand unter anderem aus unserem Bataillon.

Nach der ersten unruhigen und heißen Nacht in Feodosia erfolgte frühmorgens nach dem Wecken und einem hastigen Frühstück die Lageausgabe. Ich richtete mich auf meinen allgemeinen Dienst und zusätzlich die Bedienung meines Regimentskommandeurs ein – eine Aufgabe, die mir erhalten blieb.

Der Weg ins Ungewisse

Wir wurden zügig in die für uns vorgesehenen Einheiten integriert und genossen die Zeit der Auffrischung im heißen russischen Sommer. Der allgemeine militärische Dienst war angesichts der Hitze auf das Notwendigste reduziert, und so blieb mir wieder mehr Zeit, für das Wohl unseres inzwischen zum Oberst beförderten Regimentskommandeurs zu sorgen. Doch die geforderten Dienste beschränkten sich auf Stiefel putzen, die Uniform in Ordnung bringen, Essen holen, Post besorgen und sonstige kleinere Handreichungen, und so konnte ich vielen meiner Kameraden einen der Saison angemessenen kurzen Haarschnitt verpassen. Für meine zahlreiche Kundschaft war dieser Dienst natürlich kostenlos, auch wenn ich zugesteckte Zigaretten gerne entgegennahm.

Meine sportlichen Ambitionen konnte ich in unserer dienstfreien Zeit mit Strandläufen am Schwarzen Meer befriedigen – eine Absurdität mitten in einem grauenvollen, an Erbitterung und Grausamkeit zunehmenden Krieg, in dem auf Tausenden Kilometern Front tagein tagaus zahllose Soldaten starben. Diese Erholungsphase im subtropischen Klima war auf der einen Seite eine willkommene Abwechslung für uns. Auf der anderen Seite blickten wir mit großer Sorge auf die ungewisse Zukunft dieses Unternehmens. Es schien gerade so, als wollte der Krieg eine kurze Verschnaufpause einlegen, bevor er uns verschlang. Während andere verbluteten, machte ich, der 18-jährige Schütze Fritz Sauer aus dem kleinen Dorf Bassenheim aus der Vordereifel, Urlaub am Schwarzen Meer. Meine Kameraden und ich konnten unser kurzes Glück in einem trügerischen Frieden gar nicht richtig fassen, und wir genossen die herrlichen Tage, so gut es irgendwie ging und unsere freie Zeit es erlaubte.

Viele Sportarten beherrschte ich gut, doch zum Schwimmen lernen hatte ich als Kind leider nie die Gelegenheit erhalten. Also tastete ich mich bei nächster Gelegenheit nur mit der Unterhose bekleidet ins angenehm warme Wasser des Schwarzen Meeres. Durch den hohen Salzgehalt und den dadurch verursachten starken Auftrieb lernte ich innerhalb weniger Stunden schwimmen. Bei jeder Gelegenheit, die sich mir bot, lag ich im Wasser des Schwarzen Meeres und übte mich begeistert im Kraulen, Brust- und Rückenschwimmen. Ich wähnte mich für kurze Zeit im Paradies und fand mich doch alsbald mitten in der Hölle wieder.

Zum Glück waren die krankheitsbedingten Ausfälle in unserem Bataillon gering – im Gegensatz zur Division. Täglich gab es Krankmeldungen durch die grassierende Ruhr und den bei der großen Hitze quälenden Trinkwassermangel. Es war so schlimm, dass es fast täglich nicht nur zu zahlreichen Erkrankungen, sondern zunehmend auch zu Todesfällen kam. Ältere Landser rieten uns, Zwiebeln zu essen, die es hier zuhauf gab. Ich aß diese dicken Zwiebeln wie Äpfel aus der Hand, und zwar so viele ich auftreiben konnte. Glücklicherweise blieb ich von der Ruhr verschont, wobei nie klar geworden ist, ob und inwieweit es an der Zwiebeldiät lag.

In dieser eher beschaulichen kurzen Atempause unserer Einheit kam es zu einem schlimmen Vorfall: Ein Soldat der 132. Infanteriedivision hatte ein russisches Mädchen vergewaltigt, das als freiwillige Hilfskraft bei der Wehrmacht diente. Er war der Tat zweifelsfrei überführt worden, und in solchen Fällen kannte die Militärgerichtsbarkeit kein Pardon. Binnen Stunden stand der Mann vor dem Kriegsgericht, wurde zum Tod verurteilt und standrechtlich erschossen. Das machte in der gesamten Division wie ein Lauffeuer die Runde und bewirkte, dass niemand von uns auf die Idee kam, sich an einem russischen Mädchen zu vergreifen.

Nach wenigen Wochen Auffrischung stand der Division der nächste Kampfeinsatz bevor. Zusammen mit anderen nach Eroberung der Krim freigewordenen Einheiten wurde sie in die 6. Armee unter dem Kommando von Generaloberst Friedrich Paulus eingegliedert. Dieser war es bestimmt, jene Stadt an der Wolga zu erobern, die Stalins Namen trug – einer der verhängnisvollsten Befehle des »böhmischen Gefreiten«, der sich »Führer« nannte. Wäre es bei dieser Maßnahme geblieben, hätten wir wohl alle die Heimat nicht mehr gesehen. Doch wenig später wurde die 132. ID der 11. Armee unterstellt und zur Heeresgruppe Nord verlegt. Dort sollte sie dann im Bereich Leningrad wiederum in einem bestimmten Abschnitt der Ladoga- und Wolchowfront eingesetzt werden, landete aber wenig später im Befehlsbereich der 18. Armee. All dies wussten wir zu Beginn des Bahntransportes nicht. Unser Kommandeur war ständig wegen verschiedener Lagebesprechungen zum Divisionsstab unterwegs. Ich sah ihn tagelang nicht mehr, weshalb auch ich keine genauen Informationen erhalten konnte.

In der Zeit vom 28. August bis 10. September 1942 wurde die komplette Division von Kertsch, Feodosia und Simferopol aus mit mehreren Güterzügen auf die Reise geschickt. Unser Bataillon wurde am 1. September in Simferopol verladen. Anstelle der endlosen Märsche gab es immerhin einen engen Platz in einem Güterwagen. Gemeinsam mit meinen engsten Kameraden pferchte man uns so in einen Waggon, dass wir gerade noch auf dem Boden sitzen konnten. Die Reise führte mit mehreren Unterbrechungen über Cherson, Nikolajew, Berditschew, Rowno, Kowel, Brest, Byalistock, Lyck und weiter Richtung Insterburg.

Die Gerüchteküche brodelte auf Hochtouren. Bei jeder Gelegenheit, etwa bei der Verpflegungsaufnahme oder beim Bunkern von Wasser und Kohle für die Dampflokomotive jagte eine »Scheißhausparole« die andere. Als wir ostpreußischen Boden erreichten, wurden wir alle guten Mutes. Denn beim Lesen der deutschen Ortsnamen an den Tafeln der niedlichen Bahnstationen schien es fast so, als wären wir für kurze Zeit dem Krieg entronnen. Oder vielleicht gar für immer? War etwa der Krieg für uns vorbei, noch ehe er richtig begonnen hatte? Aufgeheizt durch unterschiedlichste Prophezeiungen unserer Schlaumeier glaubten die meisten von uns tatsächlich, der Krieg werde nicht mehr lange dauern und wir würden alle bald nach Hause kommen. Von Insterburg bis Königsberg war es doch nur ein Katzensprung.

Diese frohe Erwartung sollte sich bald als fataler Trugschluss erweisen. Doch einstweilen ahnten wir davon nichts und waren alle in Hochstimmung, trotz des strapaziösen Bahntransportes, der uns relativ wenig ausmachte.

Die Lokomotive der Baureihe 52 zog unseren überlangen und voll beladenen Truppentransportzug mit mäßiger Geschwindigkeit durch eine liebliche, leicht hügelige Landschaft. Ostpreußen zeigte sich Anfang September 1942 von seiner schönsten Seite. Wir erlebten im Vorbeifahren ein Land so schön, wie mir bis dahin selten eines begegnet war. Unzählige große, dunkle Seen und Wälder wechselten sich ab mit gepflegten Bauern- und Gutshöfen, deren Felder und Ländereien schier unvorstellbar groß waren, ein einmaliges Naturparadies, reich an Tieren, besonders an Großwild, Fischen und Pferden. Ich betrachtete dieses herrliche Land mit erstaunten Augen durch die weit aufgeschobene Waggontür und genoss den Gegensatz zu den erst vor Kurzem auf unserem Marsch durch Russland erlebten hässlichen Bildern von Tod, Chaos, Leid und Zerstörung.

Wir fuhren weiterhin gemächlich durch zahlreiche verträumt gelegene Ortschaften Ostpreußens, und wieder einmal ergriff mich ein Gefühl des Stolzes auf unsere schöne Heimat, die geformt worden war von vielen Generationen fleißiger Menschen. Gleichzeitig überfielen mich erste ernste Zweifel an der politischen Führung, die dies alles in einem irrsinnigen Krieg aufs Spiel setzte, anstatt es sorgsam zu bewahren.

Die Propaganda, mit der wir tagtäglich berieselt wurden, vermittelte den Eindruck, die Alliierten seien von den Juden zum Vernichtungskrieg gegen Deutschland getrieben worden. Aber wenn es sich bei diesem Krieg wirklich nur um die Abwehr eines ungerechtfertigten Angriffs von außen handelte – warum nur kämpfte die Wehrmacht dann in ganz Europa, dazu auch noch in Nordafrika? Und warum versuchte man uns einzureden, wir seien ein »Volk ohne Raum«, da allein die Weiten Ostpreußens ein Vielfaches an Bevölkerung hätten aufnehmen können? Diese Fragen beschäftigten uns in den langen Stunden der Untätigkeit, aber natürlich wagten wir es nicht, sie laut zu äußern. Wir wussten schließlich, wie mit »Defätisten« und »Wehrkraftzersetzern« umgesprungen wurde.

Tatsache war, dass zu dieser Zeit die Welt beherrscht war von Machtgier, Größenwahn und zynischem politischem Kalkül – auf Kosten der Jugend aller kriegführenden Nationen. Ob Nationalismus, Imperialismus oder Kommunismus, alle missbrauchten uns zur rücksichtslosen Wahrung der verschiedensten Machtinteressen. Man machte uns zu Handlangern des Todes und der Zerstörung im guten Glauben, insbesondere gegen den Kommunismus für eine gerechte Sache zu kämpfen. Diese kritische Haltung gegenüber der politischen und militärischen Führung spürte ich auch bei meinen Kameraden während der endlosen Gespräche im gemächlich dahinpolternden Waggon. Nur zu gerne wären wir alle auf der Stelle nach Hause gefahren zu unseren Eltern, Familien, Freunden, und unserem Alltagsleben, unseren Berufen nachgegangen. Aber dieser Wunsch blieb für uns leider noch lange unerfüllt, für viele von uns für immer.

Unser Zug stand mehr als vier Stunden auf einem Nebengleis im Bahnhof von Insterburg. Wir erhielten alle eine ausreichende, deftige, warme Mahlzeit und konnten unsere Wasservorräte ergänzen. Währenddessen entbrannte ein geschäftiges, hektisches Treiben seitens der begleitenden Offiziere und Unteroffiziere. Kommandos hallten den Zug entlang. Große Mengen an Proviant und Verpflegung wurden verladen und ein zusätzlicher Waggon angekoppelt, wahrscheinlich beladen mit Munition. Der Kohletender wurde neu beschickt und die Wasserkessel der Lokomotive aufgefüllt. Mehrere Züge passierten mit kurzem Stopp unseren Zug und den Bahnhof. Am schnellsten wurde ein mit Verwundeten vollbeladener Lazarettzug Richtung Berlin abgefertigt. Zahlreiche Rotkreuzschwestern verursachten eine dramatische Hektik, als sie lautstark Proviant und Verbandsmaterial forderten. Ich sah, wie einige anscheinend während des Transportes gestorbene Soldaten aus den Waggons getragen wurden, und dieser Anblick war für uns alles andere als motivierend.

Nach diesem längeren Zwischenstopp setzte sich die Lokomotive zischend und fauchend in Bewegung und fuhr in Richtung Norden. Wir erreichten Tilsit, überquerten die Memel und fuhren durch das frühere Memelgebiet, das infolge des Versailler Vertrags 1918 von Deutschland abgetrennt und nun wieder zurückerobert worden war.

Wo das deutsche Schienennetz endete und das russische Breitspurnetz begann, wurden wir in einen wartenden Zug umgeladen, und weiter ging die Fahrt durch das Baltikum. Litauen, Lettland und Estland waren in der Folge des absurden deutsch-sowjetischen Nichtangriffspakts 1940 von der Sowjetunion annektiert, nach dem Überfall der Wehrmacht auf Russland aber von dieser besetzt worden. Die kurze Zeit unter kommunistischer Herrschaft hatte ausgereicht, um die nichtrussische Bevölkerung so gegen den Stalinismus aufzubringen, dass sich Tausende von Balten zum Dienst in der Wehrmacht, vor allem aber in der 15., 19. oder 20. Grenadierdivision der Waffen-SS meldeten. Demgegenüber kämpfte die russischstämmige Bevölkerung meist aufseiten der Roten Armee gegen die deutsche Besatzung.

Langsam und monoton rollten wir durch eine überwiegend flache Landschaft. Bei langsamer Fahrt durch eine Baustelle konnten wir mindestens vierzig Gefangene wahrnehmen, die im Gleisbereich arbeiteten. Wir konnten nicht erkennen, ob es Sträflinge, Kriegsgefangene oder Juden waren. Die Menschen taten mir leid, jedoch niemand von uns wusste, warum das alles so war. Niemand von uns hätte es ändern oder verhindern können, niemand hätte die Menschen befreien, unseren Zug anhalten und nach Hause lenken können. Nein, wir saßen in einem Truppentransportzug, der nach Passieren der Baustelle mit Volldampf weiter gegen Norden fuhr, einem ungewissen Ziel und einem noch ungewisseren Schicksal entgegen.

Als wir nach schneller Fahrt durch das Baltikum, vorbei an den Städten Schaulen, Mitau, Riga, Walk und Pleskau unter dem monotonen Rattern der Güterwagen immer weiter in Richtung Norden rollten, wusste jeder Schlaumeier, was die Stunde geschlagen hatte. Wir fuhren seit Insterburg schnurstracks einer neuen Front, neuen Gefahren und möglicherweise dem Tod entgegen. Die Stimmung fiel in den Keller, und betroffenes Schweigen begleitete uns den Rest dieser Fahrt. Durch die russischen Städte Luga, Lissina und später unterhalb von Leningrad und dem bereits geschlossenen Ring um die Stadt durch Einheiten unserer Heeresgruppe Nord fahrend, gelangten wir in das südöstlich unweit der belagerten Stadt gelegene Städtchen Mga.

Keine Hoffnung auf Wiederkehr

Im mit weit mehr als tausend Soldaten völlig überfüllten Bahnhof von Mga angekommen, hatten wir die der Front am nächsten gelegene Station erreicht, die noch mit der Bahn erreichbar war. Auf dem Nachbargleis stand bereits ein kurz vor uns eingefahrener Truppentransportzug. Ein trostloses Nest am Ende der Welt, waren meine ersten Gedanken trotz des emsigen Treibens. Während mich und meine Kameraden ein zunehmendes Unbehagen überkam, schallten schon die ersten Kommandos, brüllten Offiziere und Feldwebel ihre Befehle entlang der beiden Züge. In kürzester Zeit waren sämtliche Waggons von Mensch und Material geräumt. Man teilte uns mit, dass wir uns bereits relativ nahe der Front befänden und jederzeit mit Luftangriffen russischer Bomber und Schlachtflieger zu rechnen war.

In einem halben Tagesmarsch erreichten wir den für uns bestimmten Frontabschnitt und die bereits von unseren Vorgängern errichteten Stellungen, Grabensysteme, Unterstände und provisorischen Bunker, bestehend aus dicken, übereinandergelegten Holzstämmen mit Erdabdeckung.

Wir lösten im Bereich vor Gaitolowo eine ausgeblutete und abgekämpfte Infanterieeinheit ab, die schon seit Tagen sehnsüchtig auf uns gewartet und tapfer ausgehalten hatte. Beim Anblick der Männer konnte man unschwer erahnen, was uns bevorstand. Sie waren ausgemergelt und man sah die Entbehrungen der letzten Wochen nicht nur an ihren Uniformen und ihrem Äußeren, sondern besonders an ihrer Haltung und ihren Mienen. Das waren keine stolzen und schneidigen Paradesoldaten mehr. Hier tickten die Uhren anders. Und dieses Einsatzgebiet hatte auch nichts mehr zu tun mit dem warmen Süden Russlands und den Stränden des Schwarzen Meers. Hier, weit oben im Norden, befanden wir uns, man möge mir den vulgären Ausdruck im Landser-Jargon verzeihen, am »Arsch der Welt«.

Was um Gottes willen hatten wir hier in dieser endlosen Einöde, mehr als 2300 Kilometer von unserer schönen Heimat entfernt, nur zu suchen? Nichts, aber auch rein gar nichts! Wir alle waren hier in diesem Land völlig fehl am Platz. Aber an der augenblicklichen Lage konnten wir nichts ändern, und Jammern half uns wenig weiter. Wir mussten uns, wie so oft in dieser Zeit, mit den gegebenen Umständen arrangieren, so gut wir konnten. Unsere eingeschworene Kameradschaft half uns, Schwermut, Heimweh und Angst zu überwinden. Nach nur wenigen Tagen hatten wir wegen der mangelhaften Hygiene alle Läuse, die wir nicht mehr loswerden sollten.

Das Donnern unserer eigenen Artillerie war jetzt aus nicht allzu großer Entfernung zu hören. Die 10,5-cm-Geschütze schossen in monotoner Abfolge permanent Störfeuer. Die Einweisung in unsere Stellungen und Unterkünfte vollzog sich in zügiger Abfolge nach Gruppen, Zug und Kompanien. Wir befanden uns nun mit der 132. Infanteriedivision im Dunstkreis der 11. und 18. Armee inmitten der Front der Heeresgruppe Nord.

Als wir am späten Vormittag erfuhren, dass wir bereits am frühen Morgen des nächsten Tages zum Angriff antreten sollten, fiel die Stimmung in den Keller. Zum Mittagessen wurde eine ausreichende Menge an gutem Kesselgulasch aus Pferdefleisch ausgegeben, aber ich brachte kaum einen Bissen hinunter. Die Ratschläge der erfahrenen, älteren Landser gingen mir nicht aus dem Sinn, wonach man besser mit leerem Bauch zum Angriff antrat, weil man so bei Bauchschüssen bessere Überlebenschancen hatte – vorausgesetzt die Verletzung war begrenzt, eine rechtzeitige Bergung möglich und kurzfristige ärztliche Versorgung gewährleistet.

So vergingen der Nachmittag und auch der Abend mit trüben Gedanken zum bevorstehenden Einsatz, und es war keine Vorsichtsmaßnahme wegen eines eventuellen Bauchschusses, dass mir auch die Abendration buchstäblich im Hals stecken blieb.

Morgens um 3.30 Uhr war Wecken angesagt und Fertigmachen zum Sturmangriff. Unteroffizier Kleinschmidt erschien in unserem dürftigen Unterstand und verteilte mehrere Flaschen Schnaps, jeweils eine für vier Mann. Auf meine Frage, wofür das gut wäre, antwortete er mir, dass ein wenig Alkohol die Nerven beruhigen und die Angst dämpfen würde. Da ich in meinem Leben bis dato kaum konzentrierten Alkohol getrunken hatte, verzichtete ich wie viele andere meiner Kameraden auf diesen Mutmacher.

Im Morgengrauen erfolgte unser erster Angriff nach halbstündigem Artilleriebeschuss der russischen Stellungen. Mit »Sprung auf, marsch, marsch« und lautem »Hurra«, sprangen wir gemeinsam mit mehreren hundert Kameraden gleichzeitig aus der Deckung und stürmten wild schießend dem Feind entgegen.

Wir erhielten relativ wenig Feuer und konnten in kürzester Zeit größere Geländegewinne erzielen. Unsere damals noch starke Artillerie hatte durch ihren präzisen Beschuss gute Arbeit geleistet und die feindliche erste Linie erheblich geschwächt. Doch noch während des schnellen

Vormarschs erhielten wir plötzlich starkes Granatwerferfeuer aus den rückwärtigen russischen Linien. Von allen Seiten hörte man »volle Deckung« und vernahm die gebrüllten Befehle zum Eingraben.

Ein weiteres Vorgehen unter diesem Beschuss war ausgeschlossen, unser Angriff geriet ins Stocken und blieb liegen. Jeder suchte sich, soweit möglich, einen Graben oder einen Granattrichter oder begann sich mit dem Klappspaten einzugraben, den jeder von uns mitführte. Ich suchte Deckung in einer vielleicht dreißig Zentimeter tiefen Mulde und presste mich so dicht wie nur möglich an die aufgewühlte, nach Pulverdampf riechende Erde. Körper und Beine waren langgestreckt und gespreizt, die Hacken abgeklappt, um so wenig Zielfläche gegen Beschuss und Splitterwirkung wie möglich zu bieten – genauso, wie wir es im Zuge unserer Ausbildung unzählige Male auf der Schmittenhöhe und in Baumholder geübt hatten. Links neben mir befanden sich Markus, Herbert und Uli. Aus dem Augenwinkel sah ich rechts neben mir einen Kameraden vom Nachbarzug in etwa acht bis zehn Meter Entfernung genau wie ich in Deckung liegen. Während des Infernos des Gefechtslärmes murmelte ich ständig zu mir selbst, »Gott, hilf mir, lass mich nicht sterben, Gott, hilf mir, lass mich nicht sterben.«

Die Mörsergranaten schlugen zwar unplatziert, jedoch verdammt nahe ein, mal vor uns, mal hinter uns. Die Luft war erfüllt von Dreck, Staub, Steinen und beißendem Pulverdampf. Wir hörten Splitter und Geschosse laut in der Morgendämmerung über uns hinwegsurren. Es ist ein elendes Gefühl, hilflos im Geschützfeuer zu liegen, nichts unternehmen zu können und auf weitere Befehle warten zu müssen.

Inzwischen hatten unsere Artilleriebeobachter die meisten Granatwerferstellungen der Russen erkannt und nahmen sie unter präzises Feuer. Während dieses Kreuzfeuers schlug eine russische Mörsergranate zwischen den gespreizten Beinen des rechts neben mir in Deckung liegenden Kameraden ein und explodierter in Höhe der Knie. Mir erstarrte das Blut. Erst einige Sekunden nach der Detonation schrie der Junge wie von Sinnen »meine Beine, meine Beine« und ich sah, wie er die zerfetzten und teilweise abgerissenen Beinstümpfe halb sitzend, halb liegend mit beiden Händen rieb. Das Blut spritzte pulsierend aus den Stümpfen. Die Schreie waren animalisch. Es kam mir vor wie eine Ewigkeit.

Ich hatte das Gefühl, in die Hosen zu machen, aber da war nichts, was ich hätte machen können, denn ich hatte schon seit gestern Mittag vor lauter Anspannung nichts gegessen. In diesem Moment bereute ich es, nicht von dem verdammten Schnaps getrunken zu haben – am besten eine halbe Flasche allein –, um dieses Grauen um mich herum nur im Rausch ertragen zu müssen und um diese schrecklichen Bilder vergessen zu können. Aber ich war absolut nüchtern, hellwach und voller Adrenalin.

Es dauerte gefühlte acht oder zehn Minuten, bis der Kamerad neben mir verstummte. Vermutlich war er verblutet. Es war schrecklich: diese Schreie, dieser Gefechtslärm, das Aufblitzen von Granaten und Geschossgarben. Wo waren wir hier hingeraten? Was hatte man mit uns gemacht? Die Schindereien im RAD und in der Gneisenau-Kaserne erschienen in diesem Augenblick größter Verzweiflung geradezu paradiesisch. Warum nur führte uns unser Weg in diese Hölle?

Das Artillerieduell unserer Kanonen gegen die Granatwerfer der Sowjets war schnell entschieden. Unser Angriff wurde fortgesetzt, und am frühen Vormittag war das gesteckte Ziel erreicht. Alle meine früheren Stubenkameraden und Freunde waren, Gott sei Dank, unverletzt geblieben.

Bereits am folgenden Tag wurde der nächste Angriff befohlen. Unser treusorgender Unteroffizier Kleinschmidt erschien am Vorabend zur Lagebesprechung in unserem am Nachmittag notdürftig errichteten Unterstand. Dieses Mal schleppte er in einem alten Rucksack zwei dicke Dauerwürste, ein frisches Kommissbrot von der Divisionsbäckerei und zwei Flaschen Wodka an, die er für unsere Gruppe von unserem Spieß, Hauptfeldwebel Groß, der sogenannten Mutter der Kompanie, ergattert hatte. Mit großem Appetit aßen wir alle gemeinsam von der guten Wurst und dem frischen Brot, ohne an die Möglichkeit einer Verwundung beim nächsten Einsatz zu denken, hatten wir doch den ersten scharfen Einsatz heil und unversehrt überstanden. In der Nacht jedoch holten mich die schrecklichen Bilder des sterbenden Jungen wieder ein und raubten mir den wenigen Schlaf, der uns bis zum Morgengrauen verblieb.

Nach dem Wecken brachten die meisten meiner Kameraden wegen der Anspannung keinen Bissen hinunter. Mir ging es ebenso. Vor dem Fertigmachen zum Angriff versuchte ich es mit Wodka und in Erinnerung an den Vortag nahm ich kurz hintereinander zwei kräftige Schlucke. Noch niemals hatte ich so ein scharfes Zeugs getrunken, und so blieb mir die Luft weg. Ich rang nach Luft und erbrach den größten Teil sofort wieder. Folglich startete dieser zweite Angriff für mich wieder absolut nüchtern und mit klarem Verstand. Das Zudröhnen mit Alkohol wurde von unserer gesamten Gruppe künftig vermieden, während sich die Rotarmisten mit Wodka geradezu zuschütteten.

Wir stürmten im Feuerschutz unserer MG 42, in der Armbeuge den alten Karabiner K 98 und mit zwei Stielhandgranaten am Gürtel. Wir waren dabei nicht todesmutig, hatten nicht die Absicht, den Heldentod zu sterben.

Nein, ganz im Gegenteil! Überleben und nach Hause kommen war unser oberstes Ziel. Vor diesem und allen folgenden Einsätzen standen wir alle Todesängste aus, und wir sprachen uns gegenseitig Mut zu. Einer war für den anderen da, war die Situation auch noch so gefährlich. Fürsorge, Umsicht und eine unglaublich zuverlässige Kameradschaft halfen uns, das Grauen zu ertragen. Aus dieser eingeschworenen Gemeinschaft schöpften wir die Zuversicht und Hoffnung zum Überleben. Hier und jetzt bewährte sich auch die harte Ausbildung bei der Wehrmacht.

Auch den zweiten Angriff hatte unsere Gruppe unversehrt überstanden, obwohl Zug und Kompanie einige Ausfälle zu verbuchen hatten. Dann erfolgte nach einem Tag Pause dieselbe Prozedur, und das Ganze wiederholte sich in ähnlicher Weise.

Fast täglich wurden wir Infanteristen mit dem Tod konfrontiert, und der grausige Anblick von Leichen und schrecklich verstümmelten Körpern machte uns allen schwer zu schaffen.

Es muss wohl mein fünfter oder sechster Sturmangriff gewesen sein, als mitten im feindlichen Feuer ein heftiges Gewitter niederging. Nach tagelanger Hitze war die Atmosphäre so stark aufgeladen, dass der Donner ebenso unentwegt grollte wie die Geschütze der russischen Artillerie. Völlig durchnässt warf ich mich zusammen mit Ulrich Schmidt auf der Suche nach der nächsten Deckung zirka drei Meter entfernt von einem mächtigen Baum in den Dreck. Wir wähnten uns für kurze Zeit in Sicherheit, als mit fürchterlichem Krachen in eben diesen Baum ein Blitz einschlug. Der Baum stand sofort in hellen Flammen und brannte lichterloh. Uns war nichts geschehen, aber wir sprangen zu Tode erschrocken auf und suchten uns ein anderes Deckungsloch.

Auch diesen Tag haben wir unbeschadet überstanden, wobei das Sterben rings umher allgegenwärtig war. Kam man spät abends in der Enge der Stellungen neben seinen Kameraden einigermaßen zur Ruhe, wusste man nie, ob man den nächsten Morgen noch erleben würde, und ich betete, wann immer ich konnte, zu Gott, er möge mich beschützen und vor dem Tod bewahren. Wir waren doch alle noch so jung und hatten eigentlich das ganze Leben mit all unseren Träumen vor uns. Noch gefährlicher waren die Tage. Würde ein neuer Angriff befohlen werden? Oder musste man mit einem russischen Gegenangriff rechnen? Schwer und verlustreich waren die andauernden, harten Kämpfe.

Während wir Anfang September 1942 im nördlichsten Abschnitt der Heeresgruppe Nord unter der Führung von Generalfeldmarschall Wilhelm Ritter von Leeb und später im Verband der 18. Armee unter Generaloberst von Küchler vor Leningrad festlagen, kam der deutsche Angriff bei der Heeresgruppe Süd nach wie vor gut voran. Bei weitgehend unveränderter Lage in den Bereichen der Heeresgruppen Mitte und Nord stieß die 250 000 Mann starke 6. Armee mit 22 Divisionen unaufhaltsam tief in die russische Steppe vor in Richtung Stalingrad. Trotz der geringen Geländegewinne der Heeresgruppen Mitte und Nord lief die deutsche Kriegsmaschinerie noch immer reibungslos. Unsere Verbände kamen jedenfalls gerade recht, um russische Gegenoffensiven abzufangen.

Der logistische Aufwand für die Versorgung von mehr als drei Millionen Soldaten in den unendlichen Weiten Russlands war beispiellos. Verpflegung, Munition, Verbandsmaterial, Fahrzeuge, Geräte, Waffen und vieles mehr waren zwar den Umständen entsprechend knapp, aber ausreichend vorhanden. Noch funktionierte der Nachschub reibungslos – trotz der enormen Entfernungen und der zunehmenden Partisanentätigkeiten im Hinterland. Aber der Personalaufwand war enorm. Auf jeden Frontsoldaten kamen neun bis zehn Soldaten in der Etappe, die den Nachschub und die Versorgung gewährleisteten.

Sogar die Feldpost funktionierte einwandfrei. In wenigen Tagen erreichten uns Päckchen und Feldpostbriefe von zu Hause. Diese wurden den Einheiten an der Front mit preußischer Pünktlichkeit nachgeschickt.

In unserem Frontabschnitt traf ich Oberst Kindsmüller wieder. Ich versuchte erneut, meinen beiden Aufgaben so gut es ging gerecht zu werden. Ich war immer nur kurz in seiner Nähe, aber bei jeder Gelegenheit steckte er mir Zigaretten zu. Das Rauchen stillte meinen ständigen Hunger und beruhigte meine Nerven.

Nur zwei Wochen, nachdem wir unsere Stellungen bezogen und zu einem Labyrinth von Gräben, Erdlöchern und Erdbunkern ausgebaut hatten, stand uns nach anhaltendem Artilleriefeuer auf unsere Stellungen der erste Großangriff der Russen bevor. Sie wollten wohl die Kampfkraft der in diesem Frontabschnitt neuen 132. Infanteriedivision testen und stürmten mit unvorstellbaren Massen auf uns zu.

Wir warteten in sicherer Deckung und sahen mit Entsetzen, was dort in der Ferne auf uns zukam. Es war schauderhaft! Der ganze Horizont, so weit das Auge reichte, war schwarz von Menschen. Es mussten Tausende sein, die in den Kampf geworfen wurden. Ein Großteil der Soldaten trug keine Waffen und wurde von den nachfolgenden politischen Kommissaren mit der Pistole in unser Abwehrfeuer getrieben. Fiel ein Russe, der ein Gewehr trug, so nahm sich ein Unbewaffneter dessen Waffe und stürmte weiter. Dass ein Soldat ohne Waffe in den Kampf geschickt wurde, war in der Wehrmacht eigentlich undenkbar. Nur bei den sogenannten Bewährungsbataillonen, kurz Strafbataillone genannt, soll dergleichen vorgekommen sein.

Als die angreifenden Massen in Schussweite waren, erfolgte auf Kommando unser Abwehrfeuer aus allen Waffen. Mit unseren altmodischen, aber hochwertigen und präzisen Karabinern 98K mit nur sechs Schuss hätten wir diese Massen nie aufhalten können. Dass wir uns erfolgreich verteidigen konnten, war den modernen neuen Maschinengewehren MG 42 zu verdanken. Sie waren relativ leicht, einfach zu bedienen und hatten eine enorm hohe Kadenz von 1500 Schuss pro Minute. Die Waffe verbrauchte aber auch ungeheure Mengen an Munition, die von den MG-Schützen II und III bereitgestellt oder während des Gefechts herangeschleppt werden mussten. Ein großer Vorteil bestand darin, dass man heiß geschossene Läufe binnen weniger Sekunden mit Asbesthandschuhen wechseln konnte.

Unser Verteidigungsabschnitt wurde von MG 42 flankiert, und in deren Kreuzfeuer brach der Angriff zusammen. Die wenigen Überlebenden fluteten in Panik zurück in ihre Ausgangsstellungen, und zurück blieben zahllose Tote und viele schreiende Verwundete, die langsam verbluteten. Es war grausam, dieses Schauspiel mit ansehen und noch schlimmer mit anhören zu müssen. Mit Schrecken betrachteten wir das Geschehen. Auch auf unserer Seite waren einige Kameraden gefallen oder verwundet, doch alle meine Freunde waren unversehrt: Markus, Toni, Walter, Robert, Georg, Uli, Herbert – alle waren wir noch zusammen.

Diese Angriffe wiederholten sich im Laufe der nächsten Tage immer wieder in ähnlicher Art und Weise mit unterschiedlicher Intensität. Mal gab es mehr Artilleriefeuer, mal mehr angreifende Infanterie. Wenn sich uns die Möglichkeit bot, bei ausreichender Deckung in unser Vorfeld vorzudringen, bargen wir rufende oder schreiende Rotarmisten, leisteten ihnen Erste Hilfe und brachten diese armen Kerle zur Erstversorgung zu unserem Truppenverbandplatz. Bei diesen nicht ungefährlichen Erkundungsgängen konnten wir oft feststellen, dass ein und dieselbe Leiche mal auf dem Rücken und dann wieder auf dem Bauch lag – ein Zeichen, dass auch andere immer wieder die Taschen der Toten nach Brauchbarem, insbesondere aber nach Essbarem und Zigaretten untersuchten.

Alle diese gefallenen jungen Menschen, ob Russen oder eigene Kameraden, taten uns leid. Wir hegten keinen Hass auf den Feind, und immer war der Gedanke präsent, dass auch diese jungen Männer alle Mütter, Väter und Familien hatten, die ihre gefallenen Angehörigen nie mehr wiedersehen würden. Hier zeigte der Krieg seine grässlichste Fratze, und wir hätten gerne diese schrecklichen Ereignisse ungeschehen gemacht. Der Heldentod begegnet dem Soldaten auf dem Schlachtfeld nur selten in Gestalt eines schmerzlosen Herz- oder Kopfschusses. Die Regel war eher ein grauenhaftes Gemetzel und Morden durch Verstümmelungen, Zerreißen von Gliedmaßen und Zerfetzen von Körpern. Der süßliche Verwesungsgeruch der vielen nicht geborgenen Leichen hing ständig in der Luft und wurde bei Ostwind unerträglich.

Die eigenen Verluste hatten mittlerweile beachtlich zugenommen, hielten sich jedoch noch in überschaubaren Grenzen. Doch die Russen wurden immer stärker und vor allem immer mehr.

Anfang der dritten Einsatzwoche zerrissen Granatsplitter Paul Severins Bein. Kurz darauf erhielt Jakob Schmitz einen Lungenschuss. Nach schneller Bergung und guter ärztlicher Versorgung konnten beide gerettet werden. In einem Lazarettzug transportierte man Paul und Jakob zurück in die Heimat. Für beide war der Krieg vorbei, aber um welchen Preis?

In der vierten Woche lag Robert mit mir im vordersten Graben zur Wache. Er war sehr unruhig und starrte immer wieder aus unserem Schützengraben über den aufgeschütteten Erd- und Schutzwall hinüber zu den feindlichen Stellungen. Ich sagte mehrmals zu ihm:

»Bleib doch endlich mal hier unten in Deckung. Wenn der ›Iwan‹ (so nannten wir unseren russischen Gegner) angreift, merken und erfahren wir das noch früh genug.«

Doch Robert ignorierte meine Warnungen. Plötzlich vernahm ich einen dumpfen Aufschlag. Als er wiederum den Kopf über den Schutzwall gehoben hatte, traf ihn ein Schuss von vorne durch den Stahlhelm in die Stirn. Der russische Scharfschütze oder die Scharfschützin hatte perfekte Arbeit geleistet. Robert war sofort tot. Ich war vor Entsetzen wie gelähmt. Verzweiflung, Wut, Trauer und Ohnmacht wollten mich schier überwältigen.

Ich zog an der langen Alarmschnur, die bis in die rückwärtigen Stellungen führte. Sie endete an einer mit wenigen Steinen gefüllten Blechdose, die nun laut schepperte. So konnte ich bei akuter Gefahr meine Kameraden benachrichtigen. Dann drückte ich Robert die Augen zu, die mich aus dem blutverschmiertem Gesicht verwundert anzustarren schienen.

Kauernd wartete ich neben seiner Leiche, bis Markus, Walter, Toni und Ulrich, angeführt von Unteroffizier Kleinschmidt, bei mir eintrafen. Die wenigen Minuten kamen mir wie eine Stunde vor. Wir trugen den Leichnam zurück und beerdigten ihn hinter unseren Linien auf einem mittlerweile erschreckend gefüllten Soldatenfriedhof. Ein schlichtes Holzkreuz aus Birke zierte neben unzähligen anderen Gräbern seine letzte Ruhestätte. Beim späteren Vormarsch der Roten Armee wurde sie verwüstet und dem Erdboden gleichgemacht. Robert war wie ich erst 18 Jahre alt.

Von Tag zu Tag wurde nicht nur die Stimmung, sondern auch das Wetter schlechter. Die Temperaturen fielen, Regen, Schlamm und Matsch nahmen zu. Angriffe von russischen Flugzeugen im Nachbarabschnitt sorgten für Chaos und Aufregung. Aus meiner Deckung heraus konnte ich beobachten, wie die russischen Maschinen in mehreren Anflügen unsere Stellungen mit MG-Feuer eindeckten. Doch plötzlich erschien ein Schwarm deutscher Messerschmitt Bf 109 Jagdflugzeuge, die die russischen Jagdmaschinen angriffen und reihenweise abschossen. Es waren sicher unerfahrene russische Piloten, die mit den Maschinen noch nicht vertraut waren. Denn was uns allen auffiel: Es waren keine russischen, sondern amerikanische Flugzeugtypen. Die Sowjets hatten nicht einmal den weißen Stern auf den Tragflächen rot lackiert.

Später bestätigten sich unsere Beobachtungen, und wir erfuhren, dass die Vereinigten Staaten von Amerika bereits seit 1940, lange bevor Hitler in seinem Größenwahn am 11. Dezember 1941 den USA den Krieg erklärte, den Alliierten Waffen und Material lieferten. Vom Sommer 1942 an erfolgten enorme Waffenlieferungen im Wert von 12 Milliarden Dollar in die Sowjetunion, zum einen in großen Geleitzügen über den Nordatlantik in den russischen Nordhafen Murmansk, darüber hinaus über Teheran und Persien im Süden. Im Rahmen des Lend-Lease-Gesetzes schickten die USA und Großbritannien insgesamt über 21 000 Panzerfahrzeuge, 220 000 Lkw und fast 18 000 Flugzeuge, dazu eine Vielzahl an ungepanzerten Fahrzeugen.

Im fortwährenden Kampf um das tägliche Überleben und ohne Aussicht auf eine Wendung zu unseren Gunsten schwanden unser Glaube an die politische und militärische Führung und die Hoffnung auf ein gutes Ende dieses ganzen Unternehmens dahin. Dafür wuchs der Glaube an Gott von Tag zu Tag, von Nacht zu Nacht. Gebete begleiteten mich in stillen Minuten und stärkten meine Hoffnung auf ein Überleben dieser Apokalypse.

In unseren Träumen versuchten wir, das leibhaftig gesehene Grauen auszublenden, soweit so etwas angesichts der fürchterlichen Realität überhaupt noch möglich war. Wir dachten an unsere schöne Heimat und besonders an unsere Lieben zu Hause. Die Gewissheit, dass unsere Familien und ein großer Teil der Bevölkerung in der Heimat trotz mannigfacher Entbehrungen und der permanenten Bedrohung durch Bombenangriffe fest hinter uns Soldaten standen, hielt uns aufrecht. In den Träumen durchlebten wir immer wieder die kurze Jugendzeit und unsere zwar karge, aber sorglose, glückliche und fröhliche Kindheit. Ich dachte oft an Mutter und meine Brüder Hans, Peter und Karl und versuchte mir vorzustellen, wo sie sich wohl gerade befanden und wie es ihnen derzeit ergehen mochte.

Und da die ausgegebene Verpflegung nie ausreichte, um unseren Hunger zu stillen, träumten wir ständig von Essen und irgendwelchen Schlemmereien. Dabei waren wir schon zufrieden, wenn wir das Glück hatten, einmal täglich eine ausreichende warme Mahlzeit zu erhalten.

Die Tage wurden immer kälter, und die Dunkelheit setzte immer früher ein. Es dauerte nicht lange, und die ersten Schneeflocken kündeten den bevorstehenden Winter an. Wir zogen uns über, was wir an Kleidungsstücken besaßen, um uns halbwegs vor der besonders in den Nächten quälenden Kälte zu schützen. Die Läuse fühlten sich noch wohler, bissen fleißig, und das Jucken und Kratzen nahm kein Ende. Alle Tricks und Ratschläge älterer Landser halfen nichts. An Waschen, Körperpflege, Zähneputzen und allgemeine Hygiene war fast nicht mehr zu denken, zumindest nicht regelmäßig und in ausreichendem Maß. Unsere durch die ständigen Angriffe zum Teil zerstörten Unterstände konnten auf die Schnelle nicht ausgebessert werden. Folglich standen für die Masse unserer Soldaten nur unzureichende Unterkünfte zur Verfügung.

Meine Tätigkeiten als Bursche bei Oberst Kindsmüller wurden auf ein Minimum begrenzt. Zu gefährlich war es, ohne Deckung zwischen den Gräben und Bunkern hin und herzulaufen. Um bei der inzwischen herrschenden eisigen Kälte nicht im Freien übernachten zu müssen, buddelten wir uns zahlreiche Erdlöcher, die uns auch vor dem ständigen Artilleriebeschuss etwas mehr Schutz boten.

Ich teilte mir mit Herbert Niederländer ein Erdloch von circa 1,80 Meter Tiefe, über das wir nachts als Kälteschutz eine dünne Zeltplane spannten. Wir froren trotzdem wie die Schneider. Alles, was mir zur Verfügung stand, trug ich bereits am Leib: ein Unterhemd, ein privates dickes Flanellhemd, einen dicken grauen Strickpullover, die Uniformjacke und den langen, aber nicht besonders warmen Wintermantel. Dazu zwei lange Unterhosen, ein Paar Stricksocken und die wenig wärmenden Lederstiefel. Zum Glück hatte ich neben den Fußlappen noch ein Paar Ersatzsocken. Die Fußlappen wickelte man sich einfach um die Füße und stieg dann in die von Feuchtigkeit hart gewordenen, unbequemen Stiefel. Die von der Wehrmacht ausgegebene Bekleidung war für dieses Wetter ungeeignet, und die angekündigten Lieferungen neuer Winterbekleidung hatten die meisten kämpfenden deutschen Einheiten nicht mehr rechtzeitig erreicht. Hinzu kam die wegen der permanenten feindlichen Aktivitäten durch Artilleriefeuer, Tiefflieger, Stoßtrupps und Frontalangriffe völlig unzureichende Verpflegungssituation. Mehrmals erlebte ich, dass uns in dieser

»Erdlochphase« nur ein- bis zweimal pro Woche eine warme Mahlzeit in vorderster Front erreichte. Ich erinnere mich sehr gut, wie wir an einem Tag bis an die Knie im Wasser unseres Erdloches saßen und ein sechsstündiges russisches Trommelfeuer über uns ergehen lassen mussten. Man dachte in dieser abscheulichen Lage ständig an einen Volltreffer, und so beteten wir während dieser stundenlangen Leidenszeit in Gedanken Hunderte Vaterunser.

Es war ein trostloses Dasein über Wochen hinweg in diesem Kriegswinter, gefüllt mit Ausharren, Erdulden, Hunger, Entbehrungen, Kämpfen und Tod. Trotzdem dachten wir nicht ans Aufgeben. Inzwischen fronterfahren, umsichtig und wachsam wollten wir alle unsere Heimat wiedersehen und zurück nach Hause kommen. Das schweißte uns zusammen, gab uns Hoffnung und Halt. Die große und innige Kameradschaft auf Gedeih und Verderb wuchs mit den immer schlimmer werdenden Zuständen.

Jeder von uns hatte inzwischen heimlich einen jener Passierscheine der Sowjets in der Tasche, welche von russischen Flugzeugen nachts über unseren Stellungen abgeworfen wurden. Darauf wurden jedem deutschen Soldaten, der zu den russischen Truppen überlief, gute Behandlung bei ausreichender Verpflegung garantiert. Die Aktion hatte allerdings kaum Erfolg. Denn bis auf wenige Ausnahmen gab es in unserer 132. ID keine Deserteure, und in meinem Kameradenkreis wäre es niemandem in den Sinn gekommen, seine Freunde im Stich zu lassen und einfach zum Feind abzuhauen. Ein solches Verhalten entsprach nicht unseren Vorstellungen von Ehre und Treue, und es hätte keiner Drohungen mit der Todesstrafe oder einer Gegenpropaganda bedurft, um uns bei der Fahne zu halten. Das bedeutete aber nicht, dass wir uns mit diesem Leben in der Hölle zufriedengegeben hätten. Wir alle hofften auf ein rasches Kriegsende und eine glückliche Heimkehr – aber unter den gegebenen Umständen bestand für meine Kameraden und mich keine Aussicht auf eine Erfüllung unserer Wünsche.

Mein bester Freund

Anfang Oktober erhielt ich den zweiten Brief von meiner Mutter. Ich freute mich wie ein Schneekönig, dass mein Name endlich auch einmal bei der Postausgabe durch unseren Spieß Hauptfeldwebel Groß aufgerufen wurde. Die erste Post aus der Heimat hatte mich noch damals in Feodosia am Schwarzen Meer erreicht. Durch meinen letzten Brief, den ich kurz nach unserer Ankunft in Mga nach Hause abgeschickt hatte, wusste Mutter über meinen jetzigen ungefähren Verbleib Bescheid. Weil sie weder eine Karte noch einen Atlas besaß, wo sie hätte nachsehen können, in welcher Gegend ich mich befand, machte sie sich erhebliche Sorgen über meine Gesundheit. Russland war für die einfachen Menschen vom Land weit weg und unvorstellbar groß. Und wer bei den täglichen Propagandameldungen zwischen den Zeilen lesen konnte, dem schwante nichts Gutes. Von Woche zu Woche machten neue Gerüchte im Dorf die Runde. Die Verlustmeldungen in Bassenheim und den umliegenden Dörfern mehrten sich. Jede Todesmeldung wurde diskutiert, und mit jeder schwand das Vertrauen auf ein gutes Ende des Krieges.

Im Juli 1942 war unser direkter Nachbar aus dem Haus Nr. 2, Georg Schnack, im Alter von 33 Jahren gefallen. Das war besonders schlimm, denn sein kleiner Sohn Dieter war damals erst vier Jahre alt und konnte sich später kaum mehr an seinen Vater erinnern.

Mutter berichtete mir in ihrem Brief knapp und sachlich die üblichen Neuigkeiten aus der Nachbarschaft. Ich erfuhr, dass unser Hans kurzfristig zu einer 8,8-cm-Flakeinheit eingezogen worden sei und sich bereits irgendwo in Frankreich befinden würde. Peter wäre ebenfalls in Frankreich. Von einer Feldartillerieeinheit hatte man ihn in die Bretagne versetzt und der Geschützbedienung einer schweren Küstenbatterie zugeteilt.

Dass man unseren ältesten Bruder Hans noch eingezogen hatte, kam mir wunderlich vor, führte er doch mit unserem Kartoffelgroßhandel einen sogenannten kriegswichtigen Betrieb und war deswegen eigentlich UK (unabkömmlich) gestellt. Die Landwirtschaft führte jetzt mein jüngster Bruder Karl allein mit einem französischen und einem polnischen Kriegsgefangenen. In den Dörfern würden mittlerweile zahlreiche Kriegsgefangenen zur Arbeit bei den Bauern oder anderen wichtigen Betrieben eingeteilt. Sie wären meist in die Familien integriert und säßen teilweise zusammen mit diesen an einem Tisch.

Obwohl die Briefe aus der Heimat im Allgemeinen keine guten Nachrichten enthielten, las man sie doch unzählige Male. Sie waren ein kleiner Trost, eine Brücke zur Heimat, und sie ließen uns glauben, dass wir nicht vergessen waren.

Am kommenden Tag wehte der scharfe Ostwind laute Motorengeräusche von der russischen Seite zu uns herüber, die sich im Laufe des Tages verstärkten. Dem dumpfen Klang nach konnten das nur Panzermotoren sein, und zwar viele. Das ließ nichts Gutes erahnen. Am frühen Abend wurde unsere Vermutung durch eine Meldung des vorgeschobenen Artilleriebeobachters bestätigt.

Wir waren gegen Panzerangriffe in keiner Weise gerüstet, denn neben unseren üblichen Infanteriewaffen einschließlich der MG 42 hatten wir nur zwei 3,7-cm-Panzerabwehrkanonen, die wegen ihrer bescheidenen Durchschlagskraft als »Heeresanklopfgerät« verspottet wurden. Gegen die neuen russischen T-34-Panzer konnten sie nur bei Treffern im Kettenbereich Wirkung erzielen.

Am Vorabend des zu erwartenden Angriffes erging eine kurze Weisung der Divisionsführung an die Einheitsführer der vordersten Linien: »Mit russischem Großangriff, unterstützt durch eine größere Anzahl von mitgeführten Panzern, ist in den frühen Morgenstunden des kommenden Tages zu rechnen. Bei Panzereinbruch eigene Stellungen überrollen lassen und aus Deckung Feindpanzer mit geballten Ladungen infanteriemäßig bekämpfen und vernichten.«

Das waren keine beruhigenden Meldungen. Wir buddelten uns noch tiefer in die Stellungen ein, erstellten mit zahlreichen Stielhandgranaten geballte Ladungen und sahen angstvoll dem kommenden Tag entgegen.

In der Morgendämmerung deckte die russische Artillerie unsere Stellungen mit zahlreichen Salven ein. Die eigene Artillerie antwortete aus der Ferne mit Störfeuer, sodass das feindliche Feuer zum Glück sehr ungenau war und bis auf wenige Granaten zu kurz oder zu weit lag.

Nach etwa zwanzig Minuten schwiegen die Kanonen mit einem Schlag. Eine plötzlich eintretende, bedrückende Stille legte sich über unsere Schützengräben. Aber nur für einen kurzen Augenblick, denn schon hörten wir aus der Ferne den dumpf dröhnenden Motorenlärm der russischen Panzer. Der Anblick, der sich meinen Kameraden Markus und Herbert, die neben mir kauerten, nach wenigen Minuten bot, ließ uns das Blut gefrieren. Mindestens 12 T-34-Panzer rollten mit begleitender Infanterie direkt auf unsere Stellungen und die der Nachbarabschnitte zu. Die Panzer wurde immer mehr, und die ersten Salven ihrer Kanonen lagen beängstigend nahe an unseren Stellungen. Ich zählte am Ende mehr als 25 Panzer. Unsere beiden

3,7-cm-Pak erwiderten das Feuer, aber erwartungsgemäß ohne große Wirkung.

Dank der disziplinierten Führung in unseren vordersten Gräben durch Leutnant Königsfeld und Unteroffizier Kleinschmidt kam es trotz der ernsten Situation nicht zu Panikattacken unter uns Soldaten. Unsere Karabiner und Maschinengewehre konnten auf diese Entfernung noch nicht zur Bekämpfung der anstürmenden Infanterie eingesetzt werden, und so wurden die wenigen Minuten des Wartens zur unerträglichen Nervenbelastung. Ich betete nur noch in mich hinein: »Lieber Gott, hilf mir, lieber Gott, lass mich nicht sterben.«

Angesichts der fast dreißig T-34-Panzer mit einer riesigen Anzahl begleitender Infanterie schien unser Schicksal besiegelt. Wir harrten weiter in Deckung aus, während die Entfernung immer geringer wurde. Es war ein schauderhaftes Gefühl, sich vorzustellen, wie man von den Panzerketten überrollt und zerquetscht wurde, ohne etwas dagegen tun zu können. Eine furchtbare, lähmende Todesangst befiel uns.

Plötzlich setzte aus nicht allzu großer Entfernung massiertes Feuer von großkalibrigen Kanonen ein. Der Gefechtslärm steigerte sich, und was wir sahen, glich einem geübten Manöverschießen.

Im direkten Beschuss aus zwei Richtungen wurden die wie auf dem Präsentierteller heranrollenden russischen Panzer der Reihe nach abgeschossen. Im ergänzenden Feuer unserer Infanteriewaffen brach der russische Angriff in kurzer Zeit völlig zusammen. Ein Aufatmen ging durch unsere Reihen, und die Verluste waren zum Glück gering.

Was war jedoch passiert? Im Nachhinein erfuhren wir, dass die Divisionsführung zur Abwehr des erwarteten Feindangriffes auf beiden Flanken unseres Verteidigungsabschnittes jeweils eine Batterie von vier 8,8-cm-Geschützen hatte in Stellung gehen lassen. Diese acht Kanonen standen in gut getarnten Stellungen und waren von der feindlichen Aufklärung nicht entdeckt worden. So konnten sie aus nicht allzu großer Entfernung und in direktem Beschuss ihre überragende Durchschlagskraft zum Tragen bringen. Am Ende waren alle Panzer zerstört, fahruntüchtig oder brannten. Ich konnte keinen Panzer wahrnehmen, der unbeschadet davonkam. Unzählige gefallene, bis zur Unkenntlichkeit verbrannte, verstümmelte und verwundete Rotarmisten lagen im Vorfeld. Wieder einmal starrte uns die schreckliche Fratze dieses unseligen Krieges an und hielt uns das Schicksal vor Augen, das vielen von uns bevorstand.

Mit Glück und dank der Tatkraft unserer Kommandeure hatten wir wieder einmal überlebt. Doch das Entsetzen wich nur langsam aus unseren Köpfen. Wie lange würde uns das Glück noch treu bleiben? Immer wieder stellten sich erneut die Fragen: Wie lange würden wir unter diesen Umständen wohl noch überleben?

Nur einige Tage später erfolgte wieder ein ähnlicher Angriff, dieses Mal zwar mit weniger Panzern, aber dafür mit doppelt so starker Infanterie. Ein Einbruch in unseren Linien konnte in unserem Verteidigungsabschnitt im letzten Augenblick vermieden werden, indem Kameraden einer Waffen-SS-Einheit zur Hilfe eilten. Ohne deren unerschrockenen Einsatz wären wir in vorderster Linie wohl alle verloren gewesen. Im linken Abschnitt zur Nachbardivision gelang den Russen allerdings ein größerer Einbruch, der nur durch den aufopfernden Einsatz der SS-Einheiten und der dort verteidigenden Wehrmachtssoldaten bereinigt werden konnte. Die Verluste auf beiden Seiten waren immens.

Kurz vor Mittag, nachdem wir bereits einige tote Kameraden geborgen und zurückgebracht hatten, erschien bei uns im vordersten Graben Leutnant Engelmann. Er hatte Herbert Niederländer und mich für einen besonderen Auftrag auserkoren.

»Männer aufgepasst! Nach dem frühmorgendlichen Artilleriebeschuss und teilweisen Einbruch der Russen in unsere Linien sind die Fernsprechverbindungen unterbrochen. Eine direkte Kommunikation unserer Einheiten untereinander ist zurzeit nicht möglich. Ihr müsst diese Unterlagen dringend zum Regimentsgefechtsstand bringen und kommt danach sofort wieder hierher zurück.«

Mit diesen Worten überreichte uns Engelmann einen großen verschlossenen Umschlag und erklärte uns auf einer handskizzierten Karte die Lage des Gefechtsstandes.

»Verstanden Herr Leutnant, wird umgehend erledigt«, bestätigten wir diensteifrig, denn wir waren über diesen Auftrag beide nicht unglücklich, löste er uns doch für einige Zeit aus der vordersten Linie heraus. Sofort machten wir uns auf den Weg. Wir liefen, den Karabiner in der rechten Hand, durch mehrere karge, nicht immer zusammenhängende Wäldchen mit sumpfigem Gebiet, überquerten einige kleine bereits teilweise zugefrorene Bäche und erreichten unser Ziel nach einer guten Stunde. Mit vorschriftsmäßiger Meldung übergaben wir dort einem uns unbekannten Oberleutnant ordnungsgemäß die mitgeführten Unterlagen. Ohne weiteren Auftrag erfolgte eine kurze Abmeldung, und schon befanden wir uns auf unserem Rückweg.

Wir bewegten uns geländebedingt schnellen Schrittes und teilweise im leichten Laufschritt. Die Gegend, aus der wir eben kamen, war nicht ganz geheuer. Partisanentätigkeiten in rückwärtigen Frontabschnitten waren an der Tagesordnung. Es muss wohl auf halber Strecke gewesen sein, als wir in einem dieser Kusel-Wäldchen von vorne rechts zweimal beschossen wurden. Jedenfalls hörten wir zwei laute, unmittelbar aufeinander folgende Gewehrschüsse. Ich sah noch schemenhaft weglaufende Gestalten, als mich ein lauter Aufschrei von Herbert bis ins Mark erschreckte. Herbert fiel sofort auf die Knie, bückte sich nach vorne und presste die Hände auf den Bauch.

Stöhnend und bleich vor Angst stammelte er: »Fritz, ich bin getroffen, Fritz, mein Bauch, au mein Bauch, auuu mein Bauch.«

Ich warf mich sofort in Deckung und kniend kümmerte ich mich um Herbert ungeachtet der Tatsache, dass eventuell weitere Heckenschützen auf uns lauerten. Ich drehte meinen tapferen Herbert auf den Rücken und versuchte festzustellen, wo und wie schwer es ihn erwischt hatte.

»Fritz, es tut so weh. Schau schnell nach, was es ist, hilf mir, Fritz, so hilf mir doch«, presste Herbert panisch heraus, krallte sich an meinen Händen fest und zitterte dabei am ganzen Körper.

Was hatte der gute Kerl bei dem nur mäßig kalten Wetter nicht alles an? Es dauerte eine gefühlte Ewigkeit, ehe ich seinen langen Mantel und die darunter getragene Uniformjacke aufgeknöpft hatte.

»Au, au, au, Fritz, oje, Fritz, das ist bestimmt was Schlimmes. Ich habe Angst, Fritz, so hilf mir doch, es tut so weh!«

Beim Anblick der beiden unter der Uniformjacke getragenen blutdurchtränkten Flanellhemden durchfuhr mich ein fürchterlicher Schreck. Ich streifte die Hemden einschließlich des Unterhemdes vorsichtig hoch bis zur Brust und entdeckte mit Entsetzen ein großes Einschussloch auf Herberts rechter Bauchseite im Bereich der Leber.

»Ist es schlimm, Fritz? Sag doch was! Ich will heim! Ich will nach Hause, Fritz! Ich will zu meinen Eltern. Du hilfst mir doch, Fritz«, stammelte Herbert. Kalter Schweiß stand auf seiner Stirn.

Es war furchtbar. Was konnte ich denn hier alleine noch ausrichten? Mit meinem und Herberts kleinem Verbandspäckchen konnte ich die starke Blutung nicht stillen. Die gute Sanitätsausbildung während unserer Grundausbildung in Koblenz war in dieser Situation nutzlos. Zu weit entfernt von der nächsten deutschen Einheit waren wir hier abgeschnitten von jeder ärztlichen Versorgung. Rufen und nach Hilfe schreien war ebenfalls aussichtslos. Wir hätten damit den Partisanen nur unseren Standort verraten. Ich ging jedenfalls davon aus, dass es Partisanen waren, die uns aufgelauert hatten. Nach dem problemlosen Hinweg hatten wir auf dem Rückweg wohl die nötige Vorsicht vermissen lassen.

Ich versuchte Herbert aufzuhelfen und ihn zu tragen.

»Auuuu, auuuu, ich kann nicht«, schrie Herbert vor Schmerzen und zog seine Beine an den Bauch.

»Fritz, ich muss mal, hilf mir«, stammelte er, »sonst mache ich in die Hose.« Es war ihm sichtlich peinlich.

Ich half ihm bei der Verrichtung seiner Notdurft. Dabei spürte ich an seinem verzerrten Gesichtsausdruck und der immer fahler werdenden Haut, dass wir es nicht schaffen würden, dass ich ihn nicht würde retten können. An einem der trostlosesten Orte dieser Erde hielt ich den stöhnenden Herbert, meinen guten Freund, fest in meinen Armen.

»Herbert, lieber Herbert, sei ganz ruhig, wir probieren es gleich noch mal mit Tragen«, versuchte ich beruhigend auf ihn einzuwirken.

Tränen der Wut und der Verzweiflung liefen mir über das Gesicht. Alles um uns herum schien so unwirklich und gleichzeitig so grauenvoll gewiss.

»Herbert, du musst durchhalten. Lass dich tragen! Komm, lass mich dich tragen und zurückbringen«, beschwor ich ihn, während ich den verdammten Krieg zum wiederholten Mal verfluchte.

»Ich muss nach Hause, Fritz, ich will wieder heimkommen zu meinen Eltern«, stammelte er leise. In der darauffolgenden Stunde, die mir wie eine Ewigkeit vorkam, kam außer schwachen, stöhnenden und unverständlichen Lauten nichts mehr über seine bleichen Lippen. Herbert, mein bester Freund, verblutete innerlich und starb in meinen Armen.

Seit Wochen teilten wir unser Schicksal, erzählten uns alles, träumten die gleichen Träume von zu Hause, von Musik, vom Tanzen, von Mädchen und vom Frieden. Wir waren als gute Kameraden immer füreinander da. Und jetzt hielt ich seinen leblosen, warmen, eben noch atmenden Körper in den Armen. Ein verzweifeltes Gefühl der Ohnmacht stieg in mir auf. Er war doch wie ich erst 18 Jahre alt und hätte noch sein ganzes Leben vor sich gehabt. Ja, in diesem Augenblick hasste ich sie alle, die die Jugend so vieler Völker in diesen irrwitzigen Krieg getrieben hatten.

Ich legte Herbert ganz behutsam auf den Rücken, drückte seine mich groß anstarrenden Augen zu, brach seine Erkennungsmarke ab und bedeckte ihn mit seinem langen Mantel. Sein Gewehr hängte ich mir auf den Rücken, lud meinen Karabiner durch, entsicherte ihn und schlich vorsichtig zu meiner Einheit zurück.

Im bunkerähnlichen, an der Decke mit dicken Rundhölzern verstärkten Unterstand von Leutnant Engelmann erstattete ich atemlos Meldung.

»Auftrag ausgeführt, Herr Leutnant! Aber wir wurden auf dem Rückweg beschossen, und Schütze Niederländer ist gefallen. Er erhielt einen tödlichen Bauchschuss und liegt eine knappe halbe Stunde von hier in einem kleinen Birkenwald. Ich kann Sie dorthin führen, Herr Leutnant.«

Ohne lange zu fragen, wer auf uns geschossen hatte, stellte er sofort einen Stoßtrupp zusammen.

»Freiwillige vortreten«, brüllte Engelmann nach draußen in den angrenzenden Schützengraben. »Wir müssen Kamerad Niederländer bergen.«

Alle sechs Teilnehmer meldeten sich sofort freiwillig, um Herbert zurückzuholen. Dabei war völlig ungewiss, ob wir von Partisanen oder einem eingesickerten russischen Spähtrupp beschossen worden waren. Unteroffizier Kleinschmidt begleitete uns und hängte sich vorsichtshalber eine Maschinenpistole über die Schulter.

Ich führte meine Kameraden mit größter Vorsicht zu der Stelle, an der ich Herbert zurückgelassen hatte. Nachdem wir das Gelände vergebens auf irgendwelche Spuren der Heckenschützen abgesucht hatten, bargen wir unseren toten Kameraden und trugen ihn auf der mitgeführten Trage zurück.

Beim Ausheben seines Grabes konnte ich nicht mithelfen. Meine Nerven versagten, nachdem mir bewusst wurde, was geschehen war. Ich rauchte eine halbe Schachtel Overstolz-Zigaretten und kam gerade noch rechtzeitig zur Beerdigungszeremonie. Es wurden einige markige, aber wenig tröstliche Worte gesprochen, und zum Schluss krachte eine Ehrensalve aus acht Karabinern. Ein schlichtes Birkenkreuz markierte die Grabstelle. Das war alles.

Wie wenig doch ein Menschenleben wert ist, dachte ich. Wir waren alle dem Tod näher als dem Leben. Mir wurde erst jetzt richtig bewusst, dass der zweite Schuss mit großer Wahrscheinlichkeit mir gegolten und dass der Schütze sein Ziel wohl nur knapp verfehlt hatte. Markus Heinrich, der von nun an mein treuer und ständiger Partner in meinem schützenden Erdloch wurde, versuchte mich zu beruhigen, aber es gelang ihm lange nicht.

Mein Traum zerplatzt

Der nahende Winter ließ die Temperaturen in mancher Nacht bereits in den zweistelligen Minusbereich klettern. Wir froren erbärmlich, und dabei fanden wir bei den tiefen Temperaturen, wenn überhaupt, nur wenige Stunden Schlaf. Unser Regiment hatte bereits zahlreiche Ausfälle durch Erfrierungen. Besonders Finger, Hände, Füße und Zehen waren stark gefährdet. Unsere Handschuhe, Strümpfe oder Fußlappen und unsere Lederstiefel waren für diese Temperaturen absolut ungeeignet. Das führte häufig zu Amputationen von Fingern und Zehen, manchmal auch darüber hinaus von Händen und Füßen.

Beide Seiten, sowohl wir als auch die Russen, richteten sich mittlerweile im Frontbereich auf den bevorstehenden Winter ein. Die Angriffstätigkeiten ließen stark nach. Bis auf ein paar feindliche Spähtrupps und halbherzige Scheinangriffe waren die nächsten Tage einigermaßen ruhig. Wir hatten in den größeren Kampfpausen nach langer Zeit wieder einmal die Möglichkeit zur Körperpflege.

Hatte man uns in unseren deutschen Kasernen in Sachen Ordnung und Reinlichkeit mit Vorschriften und Kontrollen geradezu schikaniert, so spielten all diese Dinge an der Front eine untergeordnete Rolle. Doch trotz mangelnder Gelegenheiten zur Körperpflege war die Truppe nach wie vor keineswegs verwahrlost oder gar heruntergekommen. In den Freiräumen, die wir in diesem trostlosen Dasein immer wieder hatten, konnten wir uns notdürftig waschen, Zähne putzen, Finger-, Zehennägel und Haare schneiden. Mit einer irgendwo aufgetriebenen Schere und meinem Kamm, den ich immer bei mir trug, verpasste ich vielen Kameraden einen ordentlichen Haarschnitt und bei Bedarf auch eine glatte Rasur.

Auch blieb uns genügend Zeit zum Briefe schreiben. In einsamen Nächten mit geringer Feindtätigkeit sprachen wir viel über zu Hause und träumten uns dorthin zurück.

»Mensch Markus, was gäbe ich jetzt für ein gutes Kartoffelgericht oder noch besser, Kartoffelknödel mit einem großen Stück Rheinischem Sauerbraten und Rotkraut.«

»Deine Gelüste sind ja nicht schlecht«, erwiderte Markus. »Ich würde Semmelknödel, Kasspätzle, einen deftigen Wurstsalat mit anschließendem Kaiserschmarren bevorzugen.«

»Deine bayerische Küche hört sich auch klasse an. Was hältst du davon, als Nachtisch noch ein großes Stück Käsekuchen mit Sahne oder eine Schwarzwälder Kirschtorte nachzuschieben? Zur Not würde ich mich mit einer ganzen Tafel Schokolade auch schon zufrieden geben.«

»Mann, hör auf, Fritz, deine Fantasie geht wieder mit dir durch. Mir läuft schon das Wasser im Munde zusammen. Und was gibt es hier außer hartem Kommissbrot mit dünnem kaltem Kaffee? Nur Läuse, Hunger, Kälte und Tod.«

Auch das Thema Mädchen geriet keineswegs in Vergessenheit. Uli, Georg, Markus und ich erzählten oft von unseren Sehnsüchten und Wünschen, hatten wir doch bisher nie die Gelegenheit dazu gehabt, unsere große Liebe zu suchen und zu finden, geschweige denn einem Mädchen körperlich näherzukommen.

»Was würde ich gerne bei Tanzveranstaltungen, etwa beim Tanz in den Mai, an Fastnacht oder an unserer Kirmes die wunderschönen Mädchen zum Tanz auffordern, um eine Passende kennenzulernen«, klagte Uli wütend.

»Aber wir sitzen hier 2500 Kilometer von zu Hause entfernt am ›Arsch der Welt‹ und bangen jeden Tag um unser Leben. Stellt euch vor, uns erwischt schon morgen eine Kugel oder eine Granate reißt uns in Stücke. Das war's dann wohl. Unser junges Leben ist ausgelöscht, futsch, aus, Ende, finito.«

Dieser Gedanke beschäftigte uns alle und wurde immer wieder thematisiert. Sterben zu müssen, ohne jemals eine Frau geliebt zu haben, das schien uns der Gipfel der Grausamkeit. Nein, wir wollten alle leben, zurück nach Hause kommen und nicht sterben. Dieser eiserne Wille zum Überleben hielt uns aufrecht, half uns, nicht aufzugeben, nicht zu resignieren und ungeachtet der schrecklichen Gegenwart mit einem gewissen Optimismus nach vorne zu schauen. Unsere Jugend half uns, die extremen Strapazen von Kälte und Hunger, die Entbehrungen und die ständigen Kämpfe zu ertragen. Hinzu kam der Zusammenhalt in einer eingeschworenen Kameradschaft.

Immer wieder sprachen wir bei Gelegenheit über den Sinn, besser gesagt, den Wahnsinn dieses Krieges und hinterfragten vor allem unsere Rolle in diesem aberwitzigen Unternehmen.

»Wir befinden uns in einem von uns überfallenen und in großen Teilen besetzten Land, wo niemand von uns jemals hinwollte. Wir bringen unsagbares Leid über dieses Volk, auch über die Zivilbevölkerung. Ist es nicht logisch und ganz normal, dass uns die Russen mit brachialer Gewalt bekämpfen, um uns aus ihrem Land zu vertreiben?«, sagte Georg Bauder eines Abends zu uns im engsten Kameradenkreis. In unserem engen, bunkerähnlichen Unterstand bei nur spärlichem Kerzenlicht waren wir zum Glück unter uns. Sonst hätten solche Äußerungen gravierende Folgen haben können.

Die Russen erwiesen sich als zähe und unnachgiebige Gegner. Nach den Anfangserfolgen der Wehrmacht und den unvorstellbaren Verlusten der Roten Armee hätten sämtliche westlichen Staaten längst kapituliert, um weiteres Blutvergießen zu vermeiden. Aber eine Kapitulation war für Stalins Schreckensregime ebenso undenkbar wie wenige Jahre später für die Hitlerdiktatur. Um ihre Haut zu retten, opferten die Diktatoren bedenkenlos ganze Generationen ihrer eigenen Völker. Um sie zu besiegen, musste man ihre Staaten in den vollständigen Zusammenbruch treiben, wie es 1945 mit Deutschland geschah. Aber Stalins Russland brach trotz der vielen Niederlagen nicht zusammen.

Ungeachtet des grausamen Geschehens und der schrecklichen Bilder, die uns unentwegt vor Augen standen, fühlten wir keinen Hass auf den Feind. Im Gegenteil hat sich die russische Zivilbevölkerung uns gegenüber immer freundlich verhalten. So waren wir auch keineswegs bereit, den von der politischen Führung befohlenen Vernichtungskrieg gegen die russischen »Untermenschen« oder »asiatischen Horden« zu führen. Außerdem erreichte uns Frontsoldaten die politische Propaganda ohnehin meist nur in abgeschwächter Form.

Eines Nachmittags verlas Leutnant Engelmann vor angetretener Mannschaft den folgenden Befehl des Divisionskommandos: »Beim nächsten Abfangen eines feindlichen Scheinangriffes vor unserem Verteidigungsabschnitt hat unmittelbar ein Gegenangriff zwecks Bekämpfung des Feindes über dessen eigene Stellungen hinaus zu erfolgen. Ziel ist die Vernichtung der uns vorgelagerten feindlichen Einheiten. Der Angriff erfolgt geschlossen vom ganzen Regiment 437 auf entsprechenden Befehl.«

Schon am übernächsten Morgen wurden wir mit dieser Situation konfrontiert. Es begann mit der üblichen Artillerievorbereitung durch die russischen 7,6-cm-Divisionskanonen SiS 3, die im Landserjargon »Ratschbumm« genannt wurden, weil Abschuss und Einschlag akustisch kaum auseinanderzuhalten waren. Erneut wurden zahlreiche Soldaten, wenn auch nicht in jenen Mengen wie Tage und Wochen zuvor, von ihren Kommissaren unbewaffnet in den Tod getrieben – in unseren Augen unvorstellbar.

Immer häufiger fiel mir auf, dass die unbewaffnet gefallenen Soldaten asiatische Züge trugen. Damals wusste ich nicht, dass es sich um Usbeken, Tadschiken, Aserbeidschaner, Kirgisen und Angehörige anderen Turkvölker aus dem tiefen Süden der Sowjetunion handelte. Auf diese Art und Weise dezimierte Stalin auf einfache und schnelle Art die Menschen dieser Teilrepubliken mit überwiegend muslimischem Glauben, die bereits damals nicht immer moskaukonform waren. Somit wurden wir im Grunde genommen sogar Handlanger Stalins bei dessen Säuberungen. Die Soldaten aus den russischen Provinzen hingegen wurden begünstigt.

Als sich der russische Angriff festgelaufen hatte und der Feind zurückwich, erfolgte der Befehl zum Angriffe auf breiter Front. Offiziere und Unteroffiziere brüllten fast gleichzeitig »Sprung auf, Marsch, Marsch«, und wir sprangen mit mindestens 200 Mann aus unseren Deckungen und rannten dem Feind entgegen, einem Feind, der sich bereits im Rückzug befand. Alle meine Kameraden waren dabei. Über gefallene und verwundete Rotarmisten, Granattrichter, Schützengräben, Stacheldrahtverhaue und zerschossene Bäume hasteten wir gebückt von Deckung zu Deckung nach vorne. Der Gefechtslärm war ohrenbetäubend, denn unsere durchschlagskräftigen Karabiner 98k machten beim Abfeuern einen Höllenlärm, ebenso die MG 42, ganz zu schweigen vom dumpfen Krachen der Hand- und Mörsergranaten. Immer schneller setzten wir den fliehenden Russen nach, die sich im Zurückweichen verbissen verteidigten.

Immer wieder gingen wir in Deckung, pressten Gesicht und Körper in die schützende Erde, sprangen dann beim nächsten Kommando wieder auf und liefen so schnell wie möglich zur nächsten Deckung.

Ich war gerade auf halber Strecke zu einer Bodenmulde, in die ich mich werfen wollte, und lief so schnell, wie es unter dem Gewicht der Ausrüstung möglich war, da spürte ich plötzlich einen festen Schlag an meinem linken Oberschenkel. Es fühlte sich an, als hätte mir jemand mit einem schweren Hammer mit voller Wucht gegen die Innenseite des Beines geschlagen. Aus vollem Lauf fiel ich zu Boden, überschlug mich und rutschte mit mehreren Rollen in einen Granattrichter, den ich soeben noch hatte überspringen wollen.

Nach kurzer Zeit stellten sich brennende Schmerzen im linken Oberschenkel ein, und beide Seiten meiner durchgeschossenen Uniformhose tränkten sich mit Blut. Ich schrie nach unseren Sanitätern. Alle Kameraden waren am Vorstürmen oder suchten unter dem Feindfeuer Deckung. Da mich viele im Regiment kannten, hörte ich mehrere Kameraden rufen: »Das Fritzje ist getroffen, der Fritz ist verwundet.«

Einige warfen mir Verbandspäckchen zu und hechteten weiter, der nächsten Deckung entgegen. Keiner meiner Freunde und Kameraden war in meiner Nähe.

Auf meine Hilferufe, mein Heulen und Schreien sprang jemand, den ich nur flüchtig vom Sehen kannte, zu mir in den Granattrichter. Er redete beruhigend auf mich ein, zog sein Seitengewehr aus der Scheide und schnitt mir damit im Bereich meines zuckenden und zitternden Oberschenkels Uniformhose und lange Unterhose auf. Ich sah sofort, dass ein Geschoss meinen linken Oberschenkelmuskel zerrissen hatte. Ich zitterte dieses Mal nicht vor Kälte, sondern vor purer Angst am ganzen Körper.

War der Einschusskanal etwa so groß wie eine damalige Reichsmark, so war der Ausschuss dreimal so groß und blutete stark. Muskelgewebe hing in Fetzen aus der klaffenden Wunde. Angesichts der brennenden Schmerzen überkam mich sofort eine schreckliche Angst, mein Bein zu verlieren. Bei der Größe der Verwundung konnte es sich nicht um eine normale Gewehrkugel handeln. Wir wussten, dass der Feind trotz Verbots durch das Kriegsrecht mitunter die Spitzen der Geschosse abfeilte, um mit diesen Dum-Dum-Geschossen schwerere Wunden zu verursachen. Oft verwendeten die Sowjets auch Explosivgeschosse. Um ein solches aber konnte es sich bei meiner Verwundung nicht gehandelt haben.

Mein Helfer hatte mir mit allen zur Verfügung stehenden Verbandspäckchen die offenen Wunden notdürftig mit Kompressen umwickelt. Zusätzlich zog er seinen Hosengürtel aus und schnürte mir damit in der Leiste das Bein so stark ab, dass ich vor Schmerzen aufschrie. Mit den Worten »Wir kommen dich später holen« sprang er aus dem Trichter und verschwand im Handumdrehen.

Von unten aus dem Loch spähend, sah ich noch einige Kameraden in verschiedene Richtungen hin und her rennen. Der Gefechtslärm nahm ab und entfernte sich. Doch nun empfand ich die relative Stille sogar als beängstigend. Plötzlich lag ich ganz allein in diesem Granattrichter und hielt mein schmerzendes Bein halb sitzend, halb liegend in beiden Händen.

In nicht allzu großer Entfernung hörte ich mindestens zwei oder drei Verwundete oder Sterbende röcheln und stöhnen, doch auch diese schrecklichen Laute verstummten schließlich. Ich konnte nicht heraushören, ob es russische Soldaten oder eigene Kameraden waren.

Was wird geschehen? Wie geht es weiter? Wer kommt mich holen? Mir schossen tausend Gedanken durch den Kopf. Konnte ich noch kriechen und robben und wenn ja, wohin, in welche Richtung? Hier lag ich im Niemandsland irgendwo zwischen den Fronten. Im Gefecht verschwammen Zeit, Raum, Richtung und Orientierung. Ich versuchte mich aufzurichten, um über den leichten Kraterrand zu schauen. Mit den höllischen Schmerzen war es unmöglich. Jede noch so kleine Bewegung des Beines tat fürchterlich weh. Sofort dachte ich an den erst vor Kurzem gefallenen Herbert und sehnte mich nach meinen Kameraden, nach Markus, Toni, Walter, Georg und Uli. Wo waren sie in diesem Augenblick? Wie war es ihnen ergangen? Waren alle noch am Leben? Wann kommt Hilfe? Wie lange kann ich hier ohne ärztliche Versorgung durchhalten? Es war Mittag, und die Nacht kam schnell um diese Jahreszeit. Aber in dieser prekären Situation konnte ich nur abwarten.

Der Verband blutete inzwischen durch. Ich verspürte noch keinen Hunger, aber umso mehr quälte mich neben den Schmerzen der Durst. Die Stunden verrannen und kamen mir wie Tage vor. Es dämmerte bereits, und meine Armbanduhr zeigte 17 Uhr an. Die Zeit des Wartens ging nicht vorbei, und die Schmerzen zehrten an meiner Gott sei Dank noch guten körperlichen Verfassung.

Als die völlige Dunkelheit hereinbrach und die Temperatur bereits wieder unter den Gefrierpunkt sank, schwand meine Hoffnung auf Rettung durch meine Kameraden. Zitternd vor Kälte, Schmerzen, Durst und Angst kauerte ich gekrümmt auf dem Erdboden und starrte in die dunkle Nacht. Dabei sagte ich mir immer wieder leise vor: »Nur nicht die Augen zumachen und einschlafen, du musst wach bleiben, nicht einschlafen, nicht aufgeben!«

Gegen Mitternacht hörte ich dann aus verschiedenen Richtungen Stimmen von Patrouillen und Spähtrupps, die wahrscheinlich nach Verwundeten oder toten Soldaten suchten, um diese zu bergen und einzusammeln. Während in meiner näheren Umgebung ständig russische Laute zu hören waren, glaubte ich weiter entfernt für kurze Zeit Stimmen mit deutscher Sprache zu vernehmen. Wegen der nahen Russen wagte ich nicht, um Hilfe zu rufen.

Der Landser, der mich versorgt hatte, hatte doch versprochen, meine Bergung und Rettung zu veranlassen und mich aus diesem Loch zurückzuholen. Aber vielleicht war er selbst im Gefecht gefallen, und niemand wusste von meiner Verwundung. Rechnete überhaupt jemand damit, dass ich noch am Leben war, oder hatte man mich schon aufgegeben? In dieser Nacht hörte man überall Gefechtslärm, und ich sah Leuchtspurgeschosse durch die Dunkelheit zischen. Diese Nacht war voller Aktivitäten, und zahlreiche Leuchtkugeln erhellten den Nachthimmel. Aus verschiedenen Richtungen ratterten Salven aus Maschinenpistolen und Maschinengewehren.

Diese Nacht wurde zur längsten und schlimmsten meines Lebens. Unzählige Male betete ich das Vaterunser und bat Gott um Hilfe. Mein ganzes Leben zog mit allen Facetten an mir vorbei. Mein verstorbener Vater, meine Mutter, meine Brüder Hans, Peter und Karl waren mir plötzlich so nahe. In dieser Nacht zerplatzte auch mein großer Traum von Olympia für immer. Ich spürte, dass die Verwundung, der Blutverlust, die Kälte und der Durst meine Kräfte aufzehrten. Eine schleichende, langsam heraufziehende Schwäche befiel mich. Im Morgengrauen glaubte ich nicht mehr ich selbst zu sein, aber die grauenhafte Nacht war endlich vorbei. Zum Kriechen war ich bereits zu schwach. Es war nur noch ein Warten auf meine Kameraden oder auf den sicheren Tod.

Noch waren meine Gedanken klar und nicht verworren. Mit aller Gewalt wollte ich leben und versuchte, wach zu bleiben. Doch wie lange würde ich noch durchhalten, ehe die mir die Sinne schwanden? Ich kramte die Notration hervor, die jeder Landser Monate, wenn nicht Jahre in der Uniformtasche bei sich trug. Unter Strafe war es verboten, diese ohne zwingende Gründe zu verzehren, doch ich beschloss, dass dieser Notfall eingetreten war, und ich aß das koffeinhaltige »Schokakola« gierig auf. Als die Dunkelheit endlich wich, keimte in mir neue Hoffnung. Trotz großer Schmerzen und höllischem Durst war ich entschlossen, den Kampf gegen Schwäche und Müdigkeit zu bestehen. Du darfst nicht einschlafen!, sagte ich mir immer wieder. Nur jetzt nicht einschlafen und erfrieren!

Als mein Blick zum letzten Mal meine Armbanduhr streifte, war es bereits 9 Uhr. Meine Kräfte waren aufgezehrt und, ich merkte, wie der Wunsch nach ewigem Schlafen in mir aufstieg. Nur noch im Unterbewusstsein vernahm ich erst leise Stimmen, dann Kommandos und unmittelbar darauf schnelle Laufschritte. Was ich jetzt sah, trieb mir trotz Kraftlosigkeit die Tränen in die Augen. Ich sah, wie Leutnant Engelmann und Unteroffizier Kleinschmidt mit Maschinenpistolen im Anschlag das Gelände sicherten, während Markus, Toni, Georg und Uli zu mir in den Trichter sprangen. Ich sah einen Sanitäter mit einer Rotkreuz-Armbinde und in seinem Schlepptau vier russische Hiwis (Hilfswillige) mit einer Trage.

»Mein Gott, Fritz, endlich haben wir dich gefunden!«, riefen meine Kameraden äußerst besorgt, als sie mich in meinem elenden Zustand liegen sahen. »Wir haben dich schon bei einbrechender Dunkelheit gestern Abend gesucht, wurden aber durch russische Spähtrupps gestört und beschossen. Wir kamen nicht bis zu dir durch. Wir holen dich zurück. Du schaffst das, halte durch!«

Ich fühlte, wie ich auf die Trage gehoben wurde. Die ersten hundert Meter ging es trotz des unwegsamen Geländes im Laufschritt zurück. An den Rest der Rettungsaktion konnte ich mich nicht mehr erinnern.

Im Lazarettzug zurück ins Reich

Etwa zwei Stunden später erwachte ich kurz vor dem Eintreffen auf dem großen Hauptverbandsplatz der 132. Infanteriedivision durch das unsanfte Schaukeln auf einem Verwundetentransporter. Ich sah, dass ich neben drei anderen schwerverletzten und laut stöhnenden Soldaten lag. Der begleitende »Sani« (Sanitätssoldat) sah mich an und sagte verwundert:

»Sag bloß, dass du die Ballerei nicht mitbekommen hast! Obwohl wir mit rotem Kreuz gekennzeichnet sind, haben uns die Iwans mit Artillerie eingedeckt. Einer von unseren vier Lkw erhielt einen Volltreffer. Fahrer, Begleitpersonal und Verwundete – alle tot! Fast wären wir kurz vor unserem Ziel noch krepiert. Wir hatten echt verdammt großes Glück!«

Unmittelbar nach der Ankunft auf dem Hauptverbandsplatz wurden wir vorsichtig aus den Lkw ausgeladen. Zugedeckt mit einer Wolldecke zum Schutz gegen die Kälte legte man uns in einer Reihe neben ein Zelt mit Rot-Kreuz-Fahne am Giebel. Es war ein relativ großes Operationszelt, in dem Hochbetrieb herrschte. Geduldig lagen wir auf den harten Krankentragen und warteten auf unsere Versorgung. Ich war an dritter Stelle und konnte von meinem Platz aus schräg hinter das Zelt schauen. Dort lagen in weniger als 15 Metern Entfernung zwischen zwei Bäumen mindestens zwanzig tote Soldaten. Sie waren übereinandergeschichtet wie Meterholz und wurden gerade von einem Beerdigungskommando einzeln nacheinander abtransportiert.

Als ich endlich ins OP-Zelt getragen wurde, legten mich zwei Sanitäter behutsam auf einen der beiden, teilweise noch blutverschmierten Operationstische. Sofort trat ein älterer, aber flinker Oberfeldarzt im Dienstgrad eines Oberstleutnants zu mir, der auf Anhieb beruhigend auf mich wirkte. Behutsam entfernte er meinen blutdurchtränkten Verband, und entsetzt starrte ich auf meinen zerfetzten Oberschenkel. Ich sah auf blutverschmierte chirurgische Instrumente, verschiedene Handsägen für Amputationen und am Boden stehende Behälter mit abgetrennten Händen, Füßen, Armen und Beinen.

Eine schreckliche Angst stieg in mir auf, und ich flehte den Arzt an: »Bitte, bitte retten Sie mein Bein!«

Er fragte mich mit ruhiger Stimme: »Wie heißen Sie, wo kommen Sie her und was sind Sie von Beruf?«

»Heiße Fritz Sauer, komme aus der Nähe von Koblenz aus dem Rheinland und bin Friseur. Ich muss den ganzen Tag stehen und brauche dafür dringend meine beiden Beine. Außerdem bin ich leidenschaftlicher Sportler. Darf ich mein Bein behalten? Bitte, bitte, nicht amputieren!«, erwiderte ich.

Der freundliche Arzt nickte und sagte: »So schnell amputieren wir nicht. Wir versuchen alles, dir dein Bein zu erhalten.«

Vor Erleichterung brach ich in Tränen aus. Ich lag mit meinen 18 Jahren wimmernd und hilflos auf dem OP-Tisch des Feldlazaretts. Ohne Bartwuchs, nur mit leichtem blondem Flaum am Kinn muss ich auf ihn wirklich wie ein halbes Kind gewirkt haben. Und während ich mich nach wie vor angstvoll und gespannt umsah, beobachtete ich etwas, das mir bis heute in Erinnerung geblieben ist:

Kurz bevor die Narkose wirkte, sah ich noch, wie dem alten Oberfeldarzt Tränen über die Wangen liefen. Er hatte vor meiner OP bestimmt Tausende schlimmere Verletzungen erlebt, junge Soldaten, deren Leben er nicht hatte retten können. Aber dieser Arzt weinte um mich, warum auch immer. Vielleicht aber weinte er auch um eine junge Generation, die er in einem verbrecherischen Krieg verbluten sah.

Ich erwachte in einem fahrenden Eisenbahnwaggon, besser gesagt, in einem russischen Güterwagen, auf Stroh liegend neben vielen anderen teils schrecklich stöhnenden Verwundeten. Der Zug brachte uns rasch aus dem Frontgebiet. Mein erster Blick ging sofort hinunter zu meinen Beinen, und ich erblickte meine beiden Füße. Gott sei Dank, das Bein war erhalten geblieben und befand sich in einer Art Streckverband. Wir lagen in einem Zug auf dem Weg zur litauisch-deutschen Grenze in Begleitung von einigen Sanitätern, doch ohne weitere ärztliche Versorgung. Es roch penetrant nach durchgebluteten Verbänden, Urin und Stuhl, doch die Verpflegung während der Fahrt war ausreichend.

An der litauisch-deutschen Grenze im ehemaligen deutschen Städtchen Wirballen (Virbalis, Litauen) war vorerst Endstation. Der Zug wurde geräumt, die Verwundeten ins Bahnhofsgebäude gebracht. In einem großen Raum mussten wir uns, größtenteils mithilfe des Pflegepersonals, nackt ausziehen, und jeder wurde, soweit es seine Verwundung zuließ, gewaschen und entlaust. Zu dieser Prozedur gehörte auch die Desinfektion sowohl aller Kleidungsstücke als auch der Genitalien.

Keiner, der dies nicht miterlebt hat, kann sich vorstellen, wie es in diesem riesigen Raum aussah! Alles war voller Blut und Exkremente. Es stank fürchterlich – ein Gestank nach menschlichem Elend und nach Tod. Stöhnen und Schmerzensschreie hallten durch den Raum. Viele tapfere Kameraden ertrugen klaglos ihr Leiden. Ich sah Arm-,

Fuß- und Beinamputierte, Lungenschüsse, Bauchschüsse, Kopfschüsse, Halsschüsse, schwere Augenverletzungen und Männer, deren Gesichter durch Granatsplitter oder Verbrennungen bis zur Unkenntlichkeit entstellt waren. Unseren Augen bot sich ein grotesker, unbeschreiblicher Anblick, und es spielten sich dramatische Szenen ab. Es sah aus wie in einem riesigen Schlachthof für Menschen. War das der Vorhof zur Hölle oder der Ort, der aus der Hölle herausführte?

Nach dieser sicherlich notwendigen Prozedur brachte man uns behutsam, aber zügig zum gegenüberliegenden Ausgang des Bahnhofs, wo ein abfahrbereiter Zug wartete – ein wunderbar hoffnungsvoller Anblick. Denn vor uns stand ein endlos langer Lazarettzug, der mit den modernsten Liegewagen der Reichsbahn ausgestattet war. Die Verladung erfolgte ohne nennenswerte Verzögerungen. Die Schwer- und Schwerstverwundeten erhielten in den Liegewagen ein frisches, weiß bezogenes Bett. Im gesamten Zug befanden sich gut ausgebildete Sanitäter und Rotkreuzschwestern. Sogar eine junge Ordensschwester und ein Pfarrer waren anwesend. Außerdem kümmerte sich ein Oberstabsarzt um die Patienten. Nach kurzer Zeit fuhren wir, nunmehr auf dem europäischen Normalspur-Schienennetz, in Richtung Königsberg. Dort wurden dann die ersten Schwerstverwundeten zur weiteren Behandlung ausgeladen. Weiter ging die zügige Fahrt durch das mittlerweile tief verschneite Ostpreußen, dann nach Westpreußen und weiter tief ins Reichsgebiet.

Die meisten Verwundeten erhielten während der Fahrt frische Verbände und ausreichende Verpflegung. Jeder Patient trug einen Marschzettel um den Hals, auf dem die persönlichen Daten sowie Art und Schwere der Verwundung vermerkt waren. Außerdem waren Zielorte angegeben. Im Zug wurde in schneller und unkomplizierter Weise selektiert, sodass die Soldaten in jene Lazarette und Krankenhäuser verlegt werden konnten, die für ihre Verwundung die besten Voraussetzungen boten. Es gab sogar Fachkliniken für Gesichtschirurgie für die teilweise bis zur Unkenntlichkeit Verstümmelten. Bei mir war als Marschziel ein Lazarett in Lippstadt in Westfalen aufgeführt.

Der Zug fuhr unter Volldampf nach Westen und hielt nur in großen Städten zur Aufnahme von Verpflegung und zum Bunkern von Wasser und Kohle für die Lokomotive. Um keine Zeit zu verlieren, wurden zweimal bereits unter Dampf stehende Schnellzuglokomotiven vorgespannt. Für viele der Schwerstverwundeten drängte die Zeit. Denn die für sie nötige Intensivversorgung war an Bord nur sehr beschränkt möglich. Fast bei jedem Halt wurden einige Kameraden, die während des Transportes ihren Verwundungen erlegen waren, aus den Waggons getragen. Vermutlich wurden die armen Kerle auf nahegelegenen Soldatenfriedhöfen bestattet.

Bei jedem Halt warteten auf den Bahnsteigen bereits Rotkreuzschwestern, die uns warme Suppen, Schokolade, Zigaretten und weitere Verpflegung durch die geöffneten Waggonfenster reichten. Wir Verwundeten erfuhren eine unvorstellbare Solidarität, auch seitens der Zivilbevölkerung. Immer wieder winkten die Menschen auf den Bahnsteigen oder steckten uns kleine Gaben durch die offenen Fenster zu. Es war wirklich erstaunlich, wie reibungslos im November 1942 die Kriegsmaschinerie und die Verwundetenversorgung noch funktionierten. Während der Kriegsjahre waren 500 Lazarettzüge im Dauereinsatz, die Verwundete von allen Fronten nach Hause brachten. Dazu kamen Schwerverwundete, die mit Ju 52-Transportern ausgeflogen wurden. Ende 1942 wurden verwundete deutsche Soldaten im Durchschnitt nach nur 18 Stunden endversorgt. Bei diesen großen Frontentfernungen und angesichts der nicht versiegenden Masse von Abertausenden Verwundeten war das eine logistische Spitzenleistung.

In diesen Novembertagen des Jahres 1942 stand Hitler nach mehr als drei Jahren Krieg auf dem Gipfel seiner Macht. Fast ganz Europa war besetzt. Vom Atlantik bis zum Elbrus im Kaukasus, von Norwegen über den Balkan bis Griechenland und Kreta reichte sein Machtbereich, und selbst in Nordafrika standen Soldaten der Wehrmacht. Hinzu kamen die Schiffe der Kriegsmarine und Hunderte von U-Booten, die den Seetransportern der Alliierten das Leben schwer machten. Doch genau in der Zeit, in der ich mich auf der Zugfahrt aus der Hölle in Richtung Lippstadt befand, trat im Verlauf des Zweiten Weltkrieges die Wende ein. Dem Größenwahn wurde nun zunehmend an allen Fronten ein fürchterlicher Tribut gezollt. Hitler hatte den Bogen überspannt. Deutschland und seine Streitkräfte waren dem Druck, den sie selbst erzeugt hatten, nicht mehr gewachsen.

Bei Kalatsch schloss die Rote Armee am 19. November 1942 den Kessel um die 6. Armee unter Generaloberst Friedrich Paulus – mit 22 Divisionen und 250 000 Mann die stärkste deutsche Armee an der Ostfront. Das Afrikakorps unter Generalfeldmarschall Erwin Rommel konnte der Übermacht der Alliierten, bestehend aus Engländern, Neuseeländern, Australiern, Südafrikanern und US-Amerikanern, nicht mehr standhalten und ging ebenfalls verloren. Fast das komplette Korps geriet in amerikanische Kriegsgefangenschaft und wurde in Camp Shelby in den Sümpfen von Mississippi oder in Kanada interniert.

Auch die Marine hatte große Verluste, insbesondere an U-Booten, zu vermelden, nachdem es den Briten gelungen war, die deutschen Verschlüsselungscodes zu knacken, und die Luftwaffe verlor durch das Unternehmen Afrika und die Versorgung des Kessels von Stalingrad weit mehr

Im Lazarett Lippstadt (ich vorne links)

als die Hälfte ihrer Transportflugzeuge. Den immer stärker werdenden britischen und amerikanischen Bomberflotten hatte sie immer weniger entgegenzusetzen, und selbst über Deutschland ging die Lufthoheit verloren. Die Verluste unter der Zivilbevölkerung wuchsen dramatisch, und die Schäden an den Industriebetrieben behinderten die Produktion von Rüstungsgütern.

Über alle diese Vorgänge wussten wir einfachen Soldaten nichts Genaues, und was wir erfuhren, stammte aus de gleichgeschalteten Medien oder von Latrinenparolen. Aber wir hatten gelernt, in Zeitungen und Briefen auch zwischen den Zeilen zu lesen, und aus der Gesamtheit der Nachrichten, dazu den Gefallenenmeldungen und Gerüchten ergaben sich Puzzleteile, die wir zu einem mehr oder weniger zutreffenden Bild von der realen Kriegslage zusammensetzten.

Die Prognose meines liebenswerten Regimentskommandeurs während unserer gemeinsamen Fahrt zur Krim, dass nur ein Wunder Deutschland vor der unvermeidlichen Niederlage würde retten können, bestätigte sich für mich nach meinen Fronterfahrungen. Nur, Wunder geschehen selten!

In Lippstadt in Westfalen angekommen, wurde ich mit einigen anderen Soldaten aus dem Zug getragen, der mittlerweile nur noch wenige Verwundete transportierte und sofort zu seinem Zielbahnhof Essen weiterfuhr. In Sankas (Sanitätskraftwagen) brachte man uns unverzüglich in das dortige Krankenhaus, das bereits seit 15. Februar 1940 als Reservelazarett fungierte und der Sanitätsabteilung Münster unterstand. In diesem Haus waren unter anderem 120 Betten für Schwerverwundete bereitgestellt.

Im Lazarett kümmerte man sich sehr schnell und professionell um uns. Die weiteren Untersuchungen und die Wundversorgung durch die Ärzte und das Pflegepersonal waren tadellos. Schließlich wurde ich in einem Vierbettzimmer untergebracht.

Die ersten Nächte schlief ich in dem sauberen weißen Krankenbett trotz der Wundschmerzen wie im Paradies. Das Gefühl, der Ostfront mit ihren Tausenden Todesgefahren, dem Leid und den Strapazen entronnen zu sein, war überwältigend und mit Worten nicht zu beschreiben. Aber wir alle waren mehr oder weniger traumatisiert von den Ereignissen und den schrecklichen Bildern, die uns bis in unsere Träume begleiteten. Immer wieder schallten die Schreie von aus Albträumen aufgeschreckten Kameraden durch die hallenden Flure.

Es dauerte bis kurz vor Weihnachten, ehe ich mit dem verletzten linken Bein erstmals vorsichtig auftreten und eine leichte Belastung riskieren konnte. Bis dahin war ich überwiegend ans Bett gefesselt oder hatte ab und an versucht, gestützt auf zwei Krücken auf dem rechten Bein zu hüpfen.

Im Nachbarzimmer besuchte ich regelmäßig Uwe Andres, mit dem ich mich angefreundet hatte. Sein Werdegang, seine Geschichten und besonders seine Pflege waren interessant. Uwe war Stuka-Pilot und flog eine Junkers Ju 87. Er erzählte mir:

»Während des Rückfluges von einem Kampfeinsatz bei der Heeresgruppe Mitte wurden wir von einer Rata (Polikarpow I-16) mit Bordwaffen beschossen. Dabei schoss man uns nicht nur das Flugzeug unter dem Hintern weg, sondern auch gleich meinen ganzen Hintern mit. Ich konnte mich noch schwer verletzt im letzten Augenblick mit dem Fallschirm retten, aber mein Bordmechaniker und Kampfbeobachter auf dem hinteren Sitz erhielt mehrere Treffer. Er war sofort tot und stürzte mit unserer brennenden Maschine ab.«

Bei Uwe war – man möge mir den vulgären Begriff verzeihen – im wahrsten Sinne des Wortes »der Arsch ab«. Zum Glück war der After heil geblieben, aber wo die beiden Gesäßbacken gewesen waren, befand sich jetzt eine hässliche offene Wunde. Ich war oft dabei, wenn eine der Krankenschwestern sein Hinterteil puderte und verband. Daraufhin wurde Uwe auf den aufgeblasenen Schlauch eines Lkw-Reifens gebettet, damit kein Druck auf die Reste seines Hinterns ausgeübt wurde. Diese aus der Not geborene Methode trug erheblich zur Schmerzlinderung und zur weiteren Heilung bei.

Die Verpflegung im Lazarett war außerordentlich gut. Endlich konnten wir uns auch wieder regelmäßig waschen und hatten Zeit für uns selbst. Es war paradox. Trotz der zum Teil schweren Verwundungen ging es uns im Lazarett verhältnismäßig gut. Im Volksempfänger verfolgten wir täglich die Nachrichten über Stalingrad und als mittlerweile erfahrene Frontsoldaten erkannten wir hier zwischen den Zeilen die Aussichtslosigkeit der Lage und den

Im Lazarett wurde ich gut versorgt.

sich abzeichnenden Untergang. Wie schlimm mag es diesen armen Kameraden in der Zeit ergangen sein, in der wir in relativem Frieden zu Hause im Krankenbett lagen! Gegen diese unmenschliche Tragödie, deren ganzes Ausmaß erst in späteren Jahren offenbar wurde, schienen die fast täglichen nächtlichen Bombenangriffe, besonders auf das Ruhrgebiet mit seiner Schwerindustrie, zwar ebenfalls schlimm, aber nicht ganz so unerträglich.

Kurz vor Weihnachten erhielt ich Post von Mutter. Sie beabsichtigte, mich nach Weihnachten und nach dem bitterkalten, schneereichen Winter hier in Lippstadt zu besuchen.

In den Tagen vor Weihnachten wurde die Stimmung im Lazarett melancholisch. Viele Patienten wurden entlassen, und das Heimweh plagte diejenigen, die bleiben mussten. Ich musste ebenfalls im Lazarett bleiben, denn der Heilungsprozess dauerte an. Denjenigen, die Weihnachten im Lazarett verbringen mussten, versuchte man das Fest so angenehm wie möglich zu gestalten. Es wurde gebastelt, geschmückt und Plätzchen und Christstollen gebacken. Es schien, als sei der Frieden auf Erden Wirklichkeit geworden, und es roch plötzlich nicht mehr nach Äther, Chloroform, Blut, Eiter, Desinfektionsmittel und anderen schrecklichen Dingen, sondern nach Zimt, Lebkuchen, Pfeffernüssen, Mandeln – es roch nach Weihnachten.

Am Heiligen Abend wurden die Herzen schwer, besonders bei denen, die für ihr Leben gezeichnet waren – junge Männer von gerade mal um die zwanzig Jahre, denen Gliedmaßen amputiert worden waren. Den Nachmittag des Heiligen Abends verbrachten wir gemeinsam im großen Saal. Wir hörten im Radio das Wunschkonzert mit vielen weihnachtlichen Liedern und zwischendurch gesendeten Grüßen an Soldaten an allen Fronten.

Am späten Nachmittag wurden wir alle von Sentimentalität ergriffen, und wir dachten an zu Hause. Spätestens bei dem Lied »Heimat deine Sterne« flossen die ersten mühsam unterdrückten Tränen. Die anschließend vom »Großdeutschen Rundfunk« in ganz Europa ausgestrahlte große »Weihnachtsringsendung« wurde von Millionen Zuhörern mitverfolgt. Man schaltete fortwährend zwischen den einzelnen Kriegsschauplätzen hin und her, und es kamen Teilnehmer zu Wort vom Nordkap bis nach Afrika, vom Atlantik bis nach Stalingrad. Es war eine mit riesigem Aufwand inszenierte Propagandasendung, die mit bewegenden Emotionen den Zusammenhalt der großen deutschen Volksgemeinschaft auch in schweren Zeiten beschwor. Das war sehr eindrucksvoll gestaltet, und spätestens beim Abspielen der drei Strophen des wohl schönsten deutschen Weihnachtsliedes »Stille Nacht« brachen die Dämme. Ein jeder bekam feuchte Augen, und niemand schämte sich seiner Tränen.

Anfang Februar besuchte mich Mutter wiederum in Begleitung von Tante Anna. Welche Strapazen nahmen die damals schon älteren Frauen dafür in Kauf! Das war keine Fahrt wie im Vorjahr in die Westpfalz nach Baumholder. Nein, hier herrschte noch tiefster Winter, und unser Land, besonders auch die Bahnlinien, Bahnhöfe und Großstädte, waren ständigen Bombenangriffen ausgesetzt. Ihre Fahrt führte mit Umsteigen in Koblenz, Köln und Dortmund bis nach Lippstadt. Es war ein glückliches Wiedersehen, obwohl, wie Tante Anna erzählte, meine Mutter schon panische Angst ausgestanden hatte, als sie während des Umsteigens auf dem total überfüllten Dortmunder Bahnhof plötzlich wegen des Gedränges ihre Schwester aus den Augen verloren hatte. Die Sache ging zum Glück gut aus, nachdem sich beide vor der Weiterfahrt noch rechtzeitig wiederfanden und den Zug nach Lippstadt besteigen konnten.

Über die mitgebrachten kleinen Präsente freute ich mich natürlich, aber noch viel mehr freute ich mich über unser erstes Wiedersehen nach nunmehr neun Monaten. Mutter schaute sofort nach meinem Bein, dessen Heilungsprozess eher schleppend voranging. Ohne Krücken war ein Gehen noch nicht möglich.

Sie erzählte mir sofort von einem merkwürdigen Ereignis, das sich Ende des letzten Jahres zugetragen hatte: »Stell dir vor, mein Junge. Mitten in einer kalten Novembernacht ist bei mir im Elternschlafzimmer das große Holzkreuz mit dem heiligen Jesus von selbst von der Wand gefallen. Erschrocken und voller Panik rief ich spontan: Mein Gott, jetzt ist etwas mit unserem Fritz passiert. Für die restliche Nacht fand ich vor Aufregung keine Ruhe mehr.«

»Wann genau ist das passiert, Mutter?«, fragte ich sie erstaunt.

Wir recherchierten beide und kamen zu der im ersten Moment erschreckenden Erkenntnis, dass es sich um die gleiche Nacht gehandelt haben musste, in der ich verwundet im Granattrichter gelegen hatte. Es mag eine Bedeutung haben oder nur Zufall gewesen sein. In diesem Moment jedoch war mein Glaube an Gott noch gefestigter, hatte ich doch jetzt eine Bestätigung, dass meine Gebete in den schlimmsten Situationen nicht umsonst gewesen und irgendwie erhört worden sind.

Was war in dieser Zeit nicht alles passiert? Wir erzählten sehr lange und ausführlich. Denn es gab viele Neuigkeiten, aber nur wenig gute. Die Tragödie von Stalingrad mit dem Untergang der 6. Armee lastete auf vielen von uns, hatten wir doch fast alle Angehörige und Bekannte, die mit im Kessel eingeschlossen waren. Auch das Schicksal einiger Männer aus unserm Dorf war damit verbunden. Man hatte kein Lebenszeichen mehr von ihnen erhalten, und sie galten als vermisst. Unter anderem war mein Cousin Heinrich Sauer dort verschollen. Die Ungewissheit über seinen Tod war für Onkel und Tante und die ganze Familie bedrückend. War er verhungert, erfroren, erschossen oder zerrissen worden? Niemand konnte jemals den trauernden Eltern und Angehörigen Gewissheit über sein Schicksal geben.

Mutter berichtete mir noch über den 1000-Bomber-Angriff der Royal Air Force auf Köln. »Stell dir vor, Fritz, nachdem die Stadt so schwer bombardiert wurde, sind viele Hilfskräfte dorthin abkommandiert worden. Auch viele ältere Männer aus unserem Dorf wurden vom Ortsgruppenleiter Servatius zum Aufräumen dorthin in die 100 Kilometer entfernte Stadt geschickt. Was die heimkehrenden Männer damals erzählten, war schauderhaft. Die schöne Domstadt war in der Altstadt unvorstellbar zerstört«, erzählte sie weiter. »Meterhoch lagen über Tage die Leichen der Zivilbevölkerung auf den Bürgersteigen aufgeschichtet, ehe man sie abtransportieren und teilweise in Massengräbern beerdigen konnte.«

Ich musste sofort an Jakob Schmitz denken, der nach seinem Lungenschuss in die bereits zerstörte Heimatstadt zurückkam. Wie mag es ihm ergangen sein? Wo mag er wohl geblieben sein?

Dann berichtete sie mir über Bombenangriffe auf Koblenz und von der Sache mit der Einberufung meines Bruders Hans. Obwohl dieser wegen unseres landwirtschaftlichen Betriebes und der Frontverwendung zweier Brüder – Peter und mir – UK (unabkömmlich) gestellt war, wurde er anstelle des Bäcker- und Konditormeisters Karl Riegel eingezogen. Die Sache war schnell erzählt. Eigentlich sollte Karl Riegel laut Stellungsbefehl eingezogen werden. Dieser spendete jedoch dem NSDAP-Ortsgruppenleiter Servatius eine Kuh. Der nahm das Präsent gerne an, musste aber trotzdem die von der Wehrmacht geforderte Zahl an Rekruten liefern. Und so schickte er unseren Hans, der keinen Bestechungsversuch unternahm.

Karl versorgte weiterhin den Hof und bestellte die Felder, inzwischen nur noch mit dem polnischen Kriegsgefangenen, nachdem der französische Kriegsgefangene in einer Nacht geflohen war und sich wahrscheinlich zu Fuß nach Frankreich durchgeschlagen hatte.

Im Herbst bei der Kartoffelernte hatte sich ein weiterer bedenklicher Vorfall zugetragen, und dieses Mal betraf es Karl. Der war tagelang mit unserem polnischen Arbeiter bei der Kartoffelernte. Maschinen gab es nicht, und so mussten alle Kartoffeln mit der Hand ausgegraben, in Zentner-Säcke gefüllt und auf den Leiterwagen geladen werden. Müde von der schweren Arbeit waren Karl und sein polnischer Begleiter nach dem Mittagessen unter einem Baum des nachbarlichen Kirschgartens eingeschlafen. Plötzlich stand Ortsgruppenleiter Servatius mit einer Reitpeitsche neben den beiden und brüllte etwas von »Wehrkraftzersetzung und Faulenzer«. Schließlich sagte er zu Karl: »Dich werde ich auch noch fortsorgen!«

Damit verschwand er wieder so plötzlich, wie er gekommen war.

Ob es nun diese Szene war oder ein Vorfall, der sich im Zuge der Deportation der ortsansässigen Juden zugetragen hatte – meine Mutter wusste nicht zu sagen, was den Ortsgruppenleiter so gegen unsere Familie aufgebracht hatte.

»Es geschah an jenem Tag, als die beiden jüdischen Familien in Bassenheim abgeholt und zur Deportation nach Koblenz zum Bahnhof transportiert wurden«, erzählte mir Mutter sichtlich bewegt.

Sie bekam mit, dass man im Begriff war, die Familie Heimann aus der Mayener Straße und die in der Charlottenstraße wohnende Familie Simon auf einen offenen Lkw zu verladen. Unter den Deportierten waren auch die drei Jungen der Familie, Manfred, Siegfried und Norbert Simon. Siegfried war mein Klassenkamerad, und Norbert ging mit Karl gemeinsam zur Schule. Wie oft waren diese jüdischen Kinder in der Vergangenheit bei uns zu Hause gewesen und hatten mit uns gespielt! Karl, der kein eigenes Fahrrad besaß, durfte nach Belieben mit Siegfrieds rotem oder Norberts blauem Fahrrad seine Runden drehen. Mutter machte sich große Sorgen um das Schicksal der jüdischen Nachbarfamilien. Voller Mitleid schmierte sie spontan mehrere Butterbrote als Reiseproviant und schickte den 17-jährigen Karl damit in die Charlottenstraße. Als der Junge die Brote zu der Familie auf den Lkw hochreichen wollte, trat Ortsgruppenleiter Servatius, der die Aktion überwachte, hinzu und trat Karl alle Brote aus der Hand, sodass sie auf die unbefestigte Straße in den Dreck fielen.

Tief enttäuscht und deprimiert trottete Karl zurück nach Hause und schilderte Mutter diesen makabren Vorfall. Es war ein erbärmliches und unmenschliches Verbrechen, das sich dort abspielte, dessen volle Tragweite uns aber damals noch nicht bewusst war. Denn offiziell hieß es, die Juden würden in spezielle Arbeitslager gebracht. Niemand ahnte zu der Zeit, dass die Deportation der Beginn des grausamen Weges zum Holocaust war – das schwärzeste Kapitel der deutschen Geschichte und vielleicht der menschlichen Geschichte für alle Zeiten. Von beiden Familien hat man nie mehr etwas gehört.

Zuletzt erzählte Mutter noch unter Tränen, dass mein guter Freund aus Kindheits- und Jugendtagen, Edgar Weiber, vor zwei Wochen gefallen war.

Diese Nachricht machte mich unendlich traurig und berührte mich sehr. »Mein Gott, Mutter, die schlimmen Nachrichten nehmen kein Ende mehr. Was hätte ich Edgar nicht alles erzählen wollen! Er wird mir sehr fehlen.«

Den beiden Frauen wurde erlaubt, mit mir gemeinsam zu Abend zu essen und darüber hinaus eine Nacht im Lazarett zu schlafen. Am nächsten Morgen brachen sie zeitig auf, um mit den vollen Reichsbahnzügen wieder zurück nach Bassenheim zu fahren.

Nachdem mein Bein so weit verheilt war, dass ich wieder gehen konnte, wenn auch noch stark hinkend, wurde ich Anfang Mai zu einem zweiwöchigen Heimaturlaub entlassen. Im Gepäck hatte ich bereits den Marschbefehl zu einer Genesendenkompanie nach Saarburg in Lothringen.

Ich genoss die Bahnfahrt in den überfüllten Zügen. Es war ein unbeschreiblich erhabenes Gefühl, nicht an irgendeine Front, sondern in meine geliebte Heimat zurückzufahren, die ich seit einem Jahr nicht mehr gesehen hatte.

Als der Zug in den stark zerstörten Kölner Hauptbahnhof einfuhr, sah ich erst die ganzen Ausmaße der schwer gezeichneten Stadt. Die Altstadt bestand fast nur noch aus Ruinen und Trümmerresten. Mittendrin stand der durch Bomben, Feuer und Ruß stark beschädigte, aber noch standhafte, kohlrabenschwarze gotische Kölner Dom. Er wirkte wie ein Relikt aus einer anderen, besseren Zeit, ein Symbol der Hoffnung, das den Menschen Halt und Kraft zum Weiterleben gab. Erst die Weiterfahrt durch das in voller Blütenpracht stehende romantische Rheintal, vorbei an Bonn, Bad Godesberg, Remagen, Sinzig, Bad Breisig, Andernach bis nach Koblenz verdrängte die schaurigen Bilder der einst so prächtigen Domstadt Köln aus meinen Gedanken, und beglückt erfreute ich mich am vertrauten Anblick der Heimat.

Mein Bruder Peter in Uniform

Genesungsbataillon Saarburg Lothringen

Was ich nach meiner Ankunft zu Hause vorfand, war nicht sehr ermutigend. Mutter schien niedergeschlagen und besorgt. Haus und Hof machten keinen guten Eindruck und waren in schlechterem Zustand als vor einem Jahr. Immerhin waren die Felder einigermaßen bestellt. Denn wann immer Hans oder Peter Heimaturlaub hatten, halfen sie zu Hause und in der Landwirtschaft mit. Auch die Geschwister meiner Eltern, besonders Mutters Bruder Gottfried, halfen aus, soweit es ihnen möglich war.

Nur mein Bruder Karl war nicht anwesend. Als ich Mutter nach seinem Verbleiben fragte, erzählte sie mir aufgeregt und niedergeschlagen, was sich in den letzten Wochen zugetragen hatte: Karl hätte einen Gestellungsbefehl erhalten, in dem stand, dass er sich unverzüglich in München zur Aufstellung der neu gegründeten 12. SS-Panzerdivision »Hitlerjugend« zu begeben hätte. Onkel Gottfried wäre noch unmittelbar nach Erhalt der Einberufung gemeinsam mit ihm zum zuständigen Wehrbereichskommando nach Wiesbaden gefahren. Der Versuch mit der Bitte und dem Vorschlag, Karls Verwendung anderweitig einzuplanen, schlug fehl. Auch die Begründung, Karl hätte sich nicht freiwillig gemeldet, er wäre der letzte Sohn auf dem Hof, den er mit der alleinstehenden Mutter bewirtschafte, drei Brüder seien schon Soldaten und es würde sich sicher um eine Verwechslung handeln, zeigte wenig Wirkung. Man hätte ihn dort fürchterlich »zur Schnecke gemacht«, nachdem man ihm eine schriftliche Empfehlung zu dieser Versetzung präsentierte, unterzeichnet vom NSDAP-Ortsgruppenleiter Servatius aus Bassenheim. Wenige Tage später habe Karl seine Sachen in einen alten Pappkarton gepackt und sei dem Gestellungsbefehl folgend nach München zu dieser Einheit gefahren. Seitdem habe sie noch keine Nachricht von ihm erhalten.

Die nächsten Tage versuchte ich, soweit es mein geschwächtes Bein zuließ, gemeinsam mit unserem polnischen Arbeiter auf dem Hof zu helfen. Zweimal pro Woche musste ich mich zur Nachsorge bei unserem leitenden Arzt Dr. med. Sauvigny in unserem Krankenhaus melden. In den beiden Wochen erholte ich mich recht gut und konnte einige der anstehenden Arbeiten erledigen.

Kurz vor Ende dieses Urlaubes fuhr ich schnell noch einmal mit dem Zug nach Koblenz, um dort einige notwendige Utensilien zu besorgen. Gleichzeitig ließ ich im Fotostudio Stiebel einige Fotos von mir in Uniform erstellen. Während meines Spazierganges durch die Innenstadt hatte ich eine wundersame Begegnung. Da stand doch plötzlich mitten in der Koblenzer Löhrstraße mein Kamerad Josef Reif aus Dieblich vor mir. Es war unvorstellbar! Wir hatten seit meiner Verwundung und meinem Rücktransport nach Deutschland nichts mehr voneinander gehört. Er war wenige Tage zuvor von der Front am Wolchow gekommen und befand sich nun ebenfalls in Urlaub. Das war ein Wiedersehen! Wir umarmten uns herzlich und erzählten uns unsere Erlebnisse. Die engsten Kameraden waren glücklicherweise alle noch am Leben. Nur von Georg Bauder aus Mannheim hatte man seit einem Spähtrupp-Einsatz, an dem er hatte teilnehmen müssen, nichts mehr gehört. Der gesamte Spähtrupp von vier Mann war verschollen.

Eines der Fotos von mir in Uniform.

Als bei uns im Rheinland die ersten frühen Kirschen reiften, ging die schöne Urlaubszeit zu Ende. Josef fuhr wieder an die Front zur 132. Infanteriedivision nach Russland und ich, wie im Marschbefehl vorgegeben, zu diesem besagten Genesendenbataillon nach Saarburg (frz. Sarreguemines, in Lothringen gelegen, nicht zu verwechseln mit der Stadt Saarburg bei Trier und Konz).

Ich war dort mit leicht und mittelschwer verwundeten Soldaten in einer Kaserne untergebracht, und wir erfuhren hier praktisch unsere Neuertüchtigung und Wiedereingliederung in die Wehrmacht. Meine Verwundung war als mittelschwer mit Gehbehinderung eingestuft.

Fast jede Frontdivision hatte damals solche Genesendenkompanien, in denen die Rekonvaleszenten für den nächsten Fronteinsatz fit gemacht wurden. Nach mehr oder weniger vollständiger Wiederherstellung ihrer Einsatzfähigkeit wurden diese Soldaten ihren ursprünglichen Einheiten als Ersatz wieder zugeführt – soweit diese noch existierten.

Der tägliche Ablauf spielte sich in ähnlicher Weise ab wie ein Jahr zuvor in der Gneisenau-Kaserne in Koblenz, nur dass sämtliche Teilnehmer in diesem Haufen einschließlich zahlreichen Ausbildern bereits mehr oder weniger vom Krieg gezeichnet waren.

Ich trug mit einigem Stolz das schwarze Verwundetenabzeichen an meiner Uniformjacke, aber es gab zahlreiche Landser unter uns, denen bereits das silberne, ja sogar das goldene Verwundetenabzeichen verliehen worden war. Das war hier nicht mehr der junge, gesunde und dynamische Haufen wie vor einem Jahr vor unserem ersten Einsatz.

Viele Kameraden von uns waren halbe Krüppel, obgleich sehr schwer Verwundete nicht mehr zur Reserve gezogen wurden. Trotzdem folgten Ausbildung und Dienst den üblichen strengen militärischen Abläufen. Je kritischer die Situationen an den weit auseinandergezogenen Fronten und durch die anhaltenden schweren Bombardierungen der Städte wurde, desto rauer und härter wurde der Umgangston in den Kasernen.

Zur Jahresmitte 1943 kam es zu einer großen Panzerschlacht im Mittelabschnitt der Ostfront. Die militärische Lage in diesem Sommer bot folgendes Bild: Jahreswechsel und Frühjahr 1943 waren an der Ostfront, wie bereits erwähnt, geprägt von der schweren Niederlage von Stalingrad und dem darauffolgenden Sieg deutscher SS-Einheiten in Charkow. Trotzdem befand sich die Wehrmacht bereits in der Defensive. Ihren fast 160 Divisionen, die aber teilweise sehr geschwächt waren, standen auf der 2500 Kilometer langen Front fast 400 Großverbände der Roten Armee gegenüber. Es drohte ein Verlust der Initiative und so die Gefahr, in eine Abnutzungsschlacht mit der personell und materiell überlegenen Roten Armee zu geraten, die zwar in den vorangegangenen Kriegsjahren bereits rund 11 Millionen Mann verloren hatte, aber gleichwohl ständig stärker wurde.

Die Sowjetunion hatte in den vorangegangenen beiden Kriegsjahren nach den anfänglichen Rückschlägen alle Kräfte mobilisiert. Das ganze Land arbeitete unter der diktatorischen Führung der KPdSU für die Front. Nahezu die gesamte Industrie war auf Kriegswirtschaft umgestellt worden. Die in den ersten Kriegsmonaten erfolgreich ins Hinterland evakuierten Rüstungsbetriebe produzierten eine ständig steigende Zahl von Panzern, Flugzeugen und Geschützen. Hinzu kamen die bereits erwähnten bedeutenden Waffen- und Ausrüstungslieferungen durch die Vereinigten Staaten und Großbritannien im Rahmen des Lend-Lease-Abkommens. Zudem standen trotz der enormen Verluste Millionen potenzieller Rekruten im wehrpflichtigen Alter zur Verfügung. Es war damit nur eine Frage der Zeit, wann die im Vergleich mit Deutschland größeren Ressourcen und vor allem die immer stärker werdende Rüstungsindustrie den Ausschlag zugunsten der Sowjetunion geben würden.

Mit der wachsenden materiellen Stärke hatten sich auch die Fähigkeiten der sowjetischen Streitkräfte auf dem Gefechtsfeld verbessert, insbesondere die Fähigkeit zu strategischen Operationen. Es wurden schlagkräftige Panzer- und Luftarmeen geschaffen, die der zu diesem Zeitpunkt immer noch gut ausgerüsteten und erfahrenen Wehrmacht erfolgreich begegneten. Die Qualität des Führungspersonals hatte stark zugenommen. Die blutigen Vorkriegssäuberungen im Offizierskorps der Roten Armee waren zwar mitverantwortlich für die verheerenden Niederlagen zu Kriegsbeginn, hatten aber den Weg für eine jüngere Generation freigemacht. Vor allem in den höheren Führungsebenen kamen nun Offiziere zum Einsatz, die im Durchschnitt fast zwanzig Jahre jünger waren als ihre deutschen Kontrahenten. Sie hatten ihr Handwerk in der Praxis gelernt am Vorbild erfolgreicher Wehrmachtsoperationen. Jetzt setzten sie verstärkt auf eine aktive, dynamische Kriegführung und die umfassende Täuschung des Gegners. Zudem gab man nun endlich die 1941/42 vielerorts übliche Praxis der unkoordinierten Frontalangriffe auf, die zu enormen Verlusten der Roten Armee geführt hatten.

Das deutsche Oberkommando verkannte diese dramatische Entwicklung weitgehend, allen voran Hitler, der sich in der Bewertung der eigenen Möglichkeiten durch den vorangegangenen Erfolg der SS-Divisionen bei der Rückeroberung von Charkow bestärkt sah und den Gegner nach wie vor unterschätzte. Obwohl einige Stimmen für eine abwartende Haltung und die Vorbereitung einer Gegenoffensive gegen einen früher oder später zu erwartenden Großangriff der Roten Armee plädierten, setzten sich letztlich die Befürworter einer eigenen deutschen Sommeroffensive durch. Insbesondere Hitler, der angesichts der politischen und militärischen Entwicklung dringend einen überzeugenden Sieg brauchte, unterstützte ein aggressives Vorgehen. So äußerte er mehrmals, er habe angesichts der sich anbahnenden Entwicklung auf anderen Kriegsschauplätzen keine Zeit, auf Stalin zu warten.

Ein naheliegendes Ziel einer begrenzten deutschen Sommeroffensive war der »Kursker Bogen«. Dabei handelte es sich um den schon genannten Frontvorsprung der Roten Armee, der durch die Kämpfe Anfang 1943 entstanden war und tief in die deutschen Linien hineinreichte.

Das Ziel des Unternehmens bestand folglich darin, die starken sowjetischen Offensivkräfte, die sich im Großraum Kursk aufhielten, in einer schnellen Zangenbewegung zu binden und eventuell einzukesseln. Anschließend sollten die sowjetischen Kräfte in einer Kesselschlacht aufgerieben werden. Dadurch wären der Sowjetunion die Kräfte für eine Großoffensive genommen worden. Anschließend wollte man möglichst die Initiative an der Ostfront zurückgewinnen.

Daher war das Unternehmen zwar eine Offensive, diente jedoch der Verteidigung und sollte die Sowjetunion an ihrem Vormarsch hindern. Der Roten Armee sollten dabei so große Verluste zugefügt werden, dass zumindest für die folgenden Monate mit keinen Großangriffen auf die deutsche Front mehr zu rechnen sein würde. Das deutsche Oberkommando hoffte zudem, durch die beabsichtigte Frontverkürzung mindestens zehn gepanzerte Verbände freisetzen zu können. Diese Truppen sollten auf anderen Kriegsschauplätzen, vor allem gegen die drohende Invasion in Italien und Westeuropa, eingesetzt werden. Damit sollte zum ersten Mal eine echte strategische Reserve geschaffen werden. Ziel der Wehrmachtsführung war es nunmehr, den Alliierten so erfolgreich Widerstand zu leisten, dass diese zu einem Frieden bereit sein würden, der zumindest einen Teil der zuvor eroberten Gebiete bei Deutschland belassen würde.

Der Operationsplan basierte auf einer Idee des Befehlshabers der Heeresgruppe Süd, Generalfeldmarschall Erich von Manstein, die dieser bereits unmittelbar nach der erfolgreichen Rückeroberung von Charkow entwickelt hatte. Der Plan erhielt den Decknamen »Unternehmen Zitadelle« und wurde in den Befehlen des OKH Nr. 5 vom 13. März 1943 und Nr. 6 vom 15. April 1943 festgeschrieben.

Der »Kursker Bogen« in der Frontlinie hatte eine ungefähre Seitenlänge von 200 Kilometern und eine Tiefe von bis zu 150 Kilometern. Die Planung sah vor, am Fuß des Bogens beidseitig zum Angriff überzugehen und alle im Frontvorsprung versammelten sowjetischen Truppen von ihrer Hauptfront abzuschneiden. Das operative Ziel bildete die Stadt Kursk, in der sich die beiden Angriffsspitzen am 5./6. Tag der Offensive treffen sollten. Nach erfolgtem Durchbruch sollten in der zweiten Phase die eingekesselten sowjetischen Truppen und ihre Reserven – insgesamt acht bis zehn Armeen – vernichtet werden.

Der Plan war konventionell, zielte auf das Herbeiführen einer klassischen Kesselschlacht ab und entsprach somit dem unter dem Synonym »Blitzkrieg« bekannten Vorgehen in der Vergangenheit. Mit einem Überraschungsmoment konnte deshalb kaum gerechnet werden. Der Erfolg sollte vor allem durch den konzentrierten Einsatz von gepanzerten Truppen und neuen Waffensystemen in beiden Stoßrichtungen erzwungen werden.

Für die Operation wurde im Norden bei der Heeresgruppe Mitte unter Generalfeldmarschall Günther von Kluge die 9. Armee (General Walter Model) mit 22 Divisionen, davon acht Panzer- und Panzergrenadier-Divisionen, bereitgestellt. Die Heeresgruppe Süd unter von Manstein konzentrierte im südlichen Abschnitt die 4. Panzerarmee und eine Armeeabteilung (»Kempf«) mit insgesamt 19 Divisionen, davon neun Panzer- und Panzergrenadier-Divisionen. Zur 4. Panzerarmee unter Hermann Hoth gehörte auch das II. SS-Panzerkorps unter Obergruppenführer Paul Hausser mit den drei Panzergrenadier-Divisionen »Leibstandarte Adolf Hitler«, »Das Reich« und »Totenkopf«. Die ebenfalls bereitgestellten Luftflotten vier und sechs, die eng mit den Bodenkräften zusammenwirken sollten, wurden durch Fliegerkräfte von anderen Frontabschnitten verstärkt. Insgesamt 2000 Flugzeuge, darunter verbesserte Muster der Typen Heinkel He 111 (Bomber), Focke-Wulf Fw 190 (Jäger/Jagdbomber) und Henschel Hs 129 (Erdkampfflugzeuge), sollten den Angriff der Bodentruppen unterstützen.

Trotz dieser gewaltigen Truppenkonzentration litt der Plan an einem entscheidenden Mangel, der bereits zum Scheitern der großangelegten Offensiven des Jahres 1942 in den Kaukasus und nach Stalingrad geführt hatte: Es fehlten schlicht die notwendigen Kräfte und Mittel zu seiner erfolgreichen Umsetzung. Es fehlte insbesondere an Truppen, die zur Deckung der Flanken der Angriffskeile herangeführt werden sollten. An die laut Planung auf den Vorstoß folgende Abwehrschlacht an den Flanken der angreifenden Verbände war daher nicht zu denken. So mussten sich diese Truppen selbst dieser Aufgabe stellen, anstatt alle Kräfte auf den Vorstoß zu konzentrieren. Die entscheidenden Kräfte wurden somit in Abnutzungsgefechte verwickelt und verloren ihre Schlagkraft, was letztendlich zum Scheitern der Operation führte.

Ein Teil der Verantwortlichen im Oberkommando und an der Front war sich dieser Diskrepanz zwischen Plan und Realität bewusst. Einige waren davon überzeugt, dass sich das Zeitfenster für den Erfolg der bereits mehrfach verschobenen Operation angesichts des stärker gewordenen Gegners, der in gut ausgebauten und tief gestaffelten Verteidigungssystemen auf den Angriff wartete, bereits geschlossen hatte, konnten sich jedoch gegen die Befürworter und insbesondere Hitler als Oberbefehlshaber der Wehrmacht nicht durchsetzen. Hitler sah die Panzerwaffe als entscheidenden Faktor auf dem Gefechtsfeld an. Er erwartete daher, dass sich der Erfolg in jedem Fall durch den massiven Einsatz der neuen Panzermodelle einstellen würde.

Nach dem Fall von Tunesien an alliierte Truppen und dem daraus resultierenden kompletten Verlust des Afrikakorps – einer militärischen Katastrophe, die zahlenmäßig in ihrem Ausmaß mit der von Stalingrad vergleichbar war, wenn auch unter weniger grauenvollen Umständen – verschob Hitler am 13. Mai angesichts der nun realen Bedrohung des deutsch besetzten Griechenlands oder gar Italiens durch eine alliierte Landungsoperation in Sizilien den Start von »Zitadelle« auf Ende Juni. Hitler wollte sich zunächst Sicherheit verschaffen, ob das faschistische Italien nach dem Verlust seiner nordafrikanischen Kolonien und im Angesicht einer konkreten Bedrohung den Krieg fortsetzen würde, bevor er einen massiven Truppeneinsatz an der Ostfront genehmigte.

Die Entwicklung in Nordafrika war jedoch nicht der einzige Faktor: Entscheidend waren vor allem die massiven logistischen Schwierigkeiten im Raum der Heeresgruppe Mitte, die durch umfangreiche Partisanenaktivitäten in der Umgebung von Orel verursacht wurden, sowie weitere Forderungen nach Verstärkungen. Insbesondere der Kommandeur der 9. Armee und Befehlshaber des nördlichen Angriffsflügels, Walter Model, tat sich in dieser Hinsicht hervor. Obwohl sich Model gegenüber Hitler immer wieder für »Zitadelle« ausgesprochen hat, wurde dieses Verhalten im Nachhinein häufig als Indiz für eine versteckte Gegnerschaft gedeutet.

Die in den dichten Wäldern östlich des Flusses Desna und im rückwärtigen Raum hinter der 9. Armee und 2. Panzerarmee operierenden Partisanenverbände wurden zentral vom sowjetischen Oberkommando geführt und massiv aus der Luft mit Waffen, Ausrüstung und Personal unterstützt. Sie umfassten nach heutigen Schätzungen im Frühjahr mehr als 100 000 Mann. Ihre Angriffe und Sabotageakte hatten solche Ausmaße angenommen, dass die ohnehin schon unzureichenden Eisenbahnkapazitäten weiter eingeschränkt wurden. Darin bestand ein echtes Risiko für die Durchführung von »Zitadelle«, für die nicht nur die Verbindungsstraßen auf der Nord-Süd-Achse ausgebaut wurden, sondern sogar das Brückensystem erweitert werden musste, um die neuen schweren »Ferdinand« Panzerjäger an die Front zu transportieren. Gegen die Partisanen startete die Deutsche Wehrmacht im Mai groß angelegte mehrwöchige Operationen. Auch mehrere für »Zitadelle« vorgesehene Fronteinheiten – darunter mit der 4. Panzer-Division ein besonders schlagkräftiger Verband – waren beteiligt.

Am 10. Juli 1943 erfolgte die Landung der Alliierten auf Sizilien, weshalb die Offensive der Südgruppe der Deutschen Wehrmacht an der Ostfront und damit die Operation »Zitadelle« angesichts der operativen Lage auf Geheiß Hitlers endgültig abgebrochen wurde. Die Kernverbände der Angriffstruppen wurden zu anderen Schauplätzen abgezogen, unter anderem zu der am 12. Juli begonnenen sowjetische Offensive im Raum Orel. Dort stießen sowjetische Offensivkräfte in koordiniertem Zusammenwirken mit großen Partisanenverbänden, die sich seit Monaten auf diesen Tag vorbereitet hatten, durch die schwachen deutschen Linien der 2. Panzerarmee und erzielten einen Einbruch von rund zwanzig Kilometern Tiefe.

Damit bestand die Gefahr eines Durchbruchs in Richtung Orel und des Einkesselns der vorgestoßenen 9. Armee. Den deutschen Offensivkräften blieb daher nur die Möglichkeit, den ohnehin stecken gebliebenen Angriff in Richtung Kursk unverzüglich einzustellen und mit den Reservedivisionen nach Norden einzuschwenken. Das Ziel der Operation »Zitadelle«, einen Großteil der im »Kursker Bogen« konzentrierten sowjetischen Kräfte einzuschließen und zu vernichten, war damit unmöglich geworden.

Es folgten heftige Kämpfe in diesem Frontabschnitt. Trotz der stabilen Lage im Bereich der Heeresgruppe Süd wurden deren Angriffsspitzen am 18. Juli ohne gegnerischen Druck auf ihre Ausgangsstellungen zurückgenommen. Die Kernverbände wurden abkommandiert. Die Division »Großdeutschland« wurde im Raum Orel zur Unterstützung der 2. Panzerarmee eingesetzt, das II. SS-Panzerkorps sollte nach Italien verlegt werden, um gegen die alliierte Invasion in Süditalien eingesetzt zu werden. Die sich überschlagenden Ereignisse an der Ostfront erlaubten nur die Verlegung der Division »Leibstandarte«. Die der Heeresgruppe Süd in diesem Frontabschnitt verbliebenen Truppen mussten sich der am 5. August beginnenden russischen Offensive Rumjanzew entgegenstellen.

Für die sowjetische Seite aber war die Schlacht bei Kursk keineswegs beendet. Sie sah die eigenen als Reaktion auf die Operation »Zitadelle« vorgetragenen Angriffe erst als Auftakt für ihre umfassenden Angriffsbemühungen im

Sommer 1943. Ab dem 3. August begann die Rückeroberung des Gebietes um Charkow. Bis Ende September hatte die Rote Armee den Dnjepr überschritten und die Heeresgruppe Süd weit zurückgeworfen.

Die Verluste an Menschen und Material durch die anhaltenden, zermürbenden Kriegshandlungen, in die sich das Deutsche Reich hineinmanövriert hatte, waren auf die Dauer nicht mehr zu kompensieren. Alles steuerte auf die große Katastrophe und die Niederlage im Weltkrieg hin, obwohl die Propaganda gebetsmühlenartig damit begann, Durchhalteparolen zu verbreiten und den Endsieg zu beschwören.

Fernab der Front hörten wir hier im verträumten und verschlafenen Saarburg eher wenig von all den dramatischen Ereignissen und den sich überschlagenden Entwicklungen. Der normale Kasernendienst war bis auf manche Gegebenheiten trotz unserer Behinderung jedenfalls tausendmal erträglicher als ein Einsatz an der Front.

Eine dieser negativen Begebenheiten war eine Auseinandersetzung mit Oberleutnant Großmann. Dieser war vielleicht nicht unbedingt ein fanatischer Heißsporn, aber trotz seiner Invalidität nach einer Unterarmamputation ein besonders ehrgeiziger Ausbilder. Als er uns im Gelände über die Hindernisbahn jagte und ich beim Übersteigen der zwei Meter hohen Bretterwand durch mein kraftloses Bein schwächelte, handelte ich mir eine laute und derbe Ermahnung ein. Aber mein ehemals so starkes linkes Sprungbein funktionierte nicht mehr so wie früher, ein schnelles Anlaufen war zu dieser Zeit nur bedingt und sehr eingeschränkt möglich.

Doch aufgrund meiner Fronterfahrung und mittlerweile erworbenen Abgebrühtheit erreichte er bei mir keineswegs die gewünschte Einschüchterung. Sportlich gesehen hätte ich ihn leicht in die Tasche gesteckt, und so erwiderte ich kalt: »Dass Sie armamputiert sind, Herr Oberleutnant, sieht man sofort, meine Oberschenkelverletzung hingegen nicht.«

Ich humpelte gemächlich um das Hindernis herum und ließ den Offizier einfach stehen. Es folgte von ihm etwas später eine Entschuldigung unter vier Augen, und damit war der Vorfall bereinigt.

Bereits am Ende der zweiten Woche hatte ich ein unvorstellbar bewegendes Ereignis: Beim morgendlichen Antreten wurde uns mitgeteilt, dass alle Neuzugänge der letzten 14 Tage nach dem Mittagessen um 13 Uhr vor dem Stabsgebäude anzutreten hätten.

Pünktlich zum befohlenen Zeitpunkt standen wir mit ungefähr fünfzig bis sechzig Soldaten dort bereit, als unser Spieß einen älteren Oberstleutnant der Reserve vom Wehrbereichskommando Saarbrücken ankündigte. Dieser gutmütig und eher väterlich wirkende, meiner Schätzung nach fast sechzigjährige Mann, begrüßte uns mit herzlichen und ruhigen Worten. Er hätte an uns nur eine Frage, erklärte er und entschuldigte sich dafür, dass wir extra für ihn angetreten wären. Aber wegen einer bestimmten Angelegenheit suche er regelmäßig das Bataillon auf. Dann fragte er:

»Kann mir einer von Ihnen Auskunft über das Schicksal meines Sohnes erteilen, der im 437. Regiment der 132. Infanteriedivision gedient hat und vielleicht mit Ihnen zusammen an der Front war? Ich würde gerne etwas über die Umstände seiner Verwundung und seines Todes erfahren. Der Name meines gefallenen Sohnes lautet Herbert Niederländer. Wer dazu Angaben machen kann, möchte doch bitte vortreten.«

Mir gab es einen Stich ins Herz. Ich bekam weiche Knie, und ehe diese nun schon Monate zurückliegende Tragödie wie in einem schlechten Film erneut vor meinen Augen ablief, trat ich vor zu diesem sichtlich betroffenen Mann, der Herberts Vater war.

»Gefreiter Fritz Sauer, Herr Oberstleutnant«, meldete ich mich mit brüchiger Stimme. Es fiel mir schwer, auf Anhieb passende Worte zu finden. »Ich kann Ihnen über den gesamten Vorfall genauestens berichten. Herbert und ich waren eng befreundet, und er starb nach seiner Verwundung in meinen Armen.«

Es folgten unvorstellbar bewegende Momente, und nachdem Herr Niederländer sich einigermaßen gefasst hatte, sagte er zu mir: »Lass uns in einen Raum gehen, mein Junge.« Er zeigte dabei zum Stabsgebäude der Kaserne, in dem man uns ein Büro zur Verfügung stellte.

Nicht einmal, nein, zwei- oder dreimal musste ich dem vom Tod seines geliebten Sohnes Herbert schwer getroffenen alten Herrn, der genau so gut hätte mein Vater sein können, diese Geschichte erzählen. Unser Gespräch dauerte mehrere Stunden bis zum Abend. Er wollte mich nicht loslassen, und ich diente ihm als eine Art Brücke hinüber ins Jenseits zu seinem toten Sohn. Immer wieder befragte mich Herr Niederländer über alle einzelnen Details, und am Ende schien er mir dankbar, dass er nun Gewissheit über den Tod seines Sohnes hatte und zusammen mit der Familie in Frieden Abschied nehmen konnte. Wie viele Hunderttausende vermisste Soldaten mag es in diesem Krieg gegeben haben, deren Schicksal niemals geklärt werden konnte? Betrauert wurden sie alle, aber die quälende Ungewissheit verfolgte die Angehörigen ihr Leben lang.

Ich glaubte, meinen Augen nicht zu trauen, als mir unser mürrischer Spieß wenige Tage später einen bereits ausgestellten Urlaubsschein über zwei Wochen knurrend unter die Nase hielt. Unterschrieben war dieser Schein von Oberstleutnant Niederländer. Es war grotesk und makaber. Ich erhielt zwei Wochen Sonderurlaub zum Dank dafür, dass ich ihm die endgültige Gewissheit über den Tod seines verlorenen Sohnes gab, Urlaub für meinen Freund Herbert, der so jung in meinen Armen starb und nun weit entfernt in russischer Erde begraben lag.

Wieder einmal packte ich schnell meine sieben Sachen und verabschiedete mich ordnungsgemäß von unserem Kompaniechef, der bereits informiert war. Humpelnd gelangte ich zum dortigen Bahnhof und fuhr pfeifend und bestens gelaunt über Saarbrücken, Trier, Wittlich und entlang der Mosel über Koblenz zurück nach Hause.

Die beiden Wochen auf dem heimatlichen Hof waren geprägt von den täglich anfallenden Arbeiten in unserer Landwirtschaft, die ich wieder gemeinsam mit unserem polnischen Arbeiter verrichtete. Die Tage vergingen wie im Fluge, und im Anschluss an diese zusätzliche Auszeit begab ich mich wieder für weitere zweieinhalb Monate nach Saarburg zu meiner Genesendenkompanie.

Zum Ende des Herbstes wurden wir entsprechend dem jeweiligen Gesundheitszustand auf verschiedene Marschgruppen aufgeteilt. Ich war aufgrund meiner nach wie vor eingeschränkten Gehfähigkeit nicht fronttauglich und gehörte zu einer Marschgruppe, in deren Marschbefehl die Adresse einer Wehrmachtkaserne in der Stadt Thorn stand. So begab ich mich mit einigen meiner Kameraden zum Bahnhof und fuhr in von Soldaten und Zivilisten völlig überfüllten Zügen mit Unterbrechungen von mehreren Umsteigehalten quer durch unser bereits erheblich vom Krieg gezeichnetes Land einem neuen, ungewissen Ziel entgegen.

Versetzung nach Thorn an der Weichsel

Auf dieser Fahrt konnte man in vielen Städten die fürchterlichen Auswirkungen der alliierten Luftangriffe erkennen, die von der USAAF bei Tag und von der Britischen Royal Air Force bei Nacht geflogen wurden. Besonders im Ruhrgebiet waren die Schäden enorm.

Bei der Einfahrt unseres Zuges in den Düsseldorfer Hauptbahnhof erschallten die Luftschutzsirenen und gaben Voralarm wegen einfliegender Bomberverbände in den Luftraum des Ruhrgebietes. Auf den Bahnsteigen hallten Stimmen, Schreie, Kommandos und das Ein- und Aussteigen erfolgte binnen drei Minuten. Unmittelbar danach fuhr die Lokomotive an, und wir verließen mit Volldampf den gefährdeten Bahnhof in Richtung Dortmund.

Zu uns ins 2. Klasse-Abteil war ein freundlicher, aufgeschlossener, schätzungsweise 15 Jahre älterer Sturmbannführer der Waffen-SS in schwarzer Uniform zugestiegen, der mir gegenüber Platz nahm.

»Na Kameraden, ist euer Heimaturlaub auch schon wieder vorbei?«, fragte er die Anwesenden im Abteil fröhlich. »Sicher haben wir wieder ein gemeinsames Ziel: die Ostfront!«

Seine lockere Art und eine mittlerweile im Einsatz erworbene Abgebrühtheit veranlassten mich, diesem Mann nach kurzer Zeit offen zu begegnen. Durch Gerüchte, Erzählungen, unterschiedliche Meinungen und Berichte über die Deportationen der jüdischen Bevölkerung verunsichert, stellte ich ihm spontan die Frage, die mich schon lange bewegte:

»Herr Sturmbannführer, können Sie mir sagen, wohin man die Juden deportiert hat?«

Er antwortete direkt und unverblümt: »Die Leute wurden in verschiedene Arbeitslager gebracht. Mir ist bekannt, dass zahlreiche von ihnen dort auch sterben. Ich komme jedoch von der Waffen-SS und distanziere mich entschieden von den Wachmannschaften dieser Lager, die auch unsere SS-Uniform tragen.«

Noch ehe ich ihn weiter befragen konnte, bremste der Zug wenige Kilometer vor Dortmund auf freier Strecke abrupt. Dortmund werde gerade von amerikanischen Bombern angegriffen, hieß es.

Wegen der Tieffliegergefahr verließen wir alle panikartig den Zug und gingen ein Stück weit entfernt vom Bahndamm in Deckung. Von Weitem beobachteten wir die Bombardierung der Stadt durch schier endlose Bomberpulks.

Erst als die Sirenen aus der Ferne im langen Dauerton Entwarnung gaben, bestiegen wir wieder den Zug zur Weiterfahrt. Den Sturmbannführer habe ich nicht mehr getroffen. Höchstwahrscheinlich fuhr er in einem anderen Waggon weiter, und wenig später fuhr der Zug langsam in den unbeschädigten Dortmunder Hauptbahnhof ein.

Die Bombardierung hatte überwiegend Industrieanlagen und einigen Wohngebieten gegolten, die lichterloh brannten. Das ganze Inferno war sämtlichen Mitreisenden nicht geheuer, und jeder war froh, als unser Zug wieder Fahrt aufnahm, um das gefährdete Ruhrgebiet schleunigst zu verlassen. Via Berlin, wo die Zerstörungen ebenfalls an allen Enden sichtbar waren, und der nachfolgenden Stadt Posen gelangten wir zu unserem Endziel, der Stadt Thorn an der Weichsel, Geburtsstadt von Nikolaus

Kopernikus. Auch auf diesem Bahnhof, der am linken Ufer der Weichsel lag, herrschte ein geschäftiges Treiben. Stets hatte man den Eindruck, dass jeder irgendwie nach Ruhe und Frieden suchte. Man half sich so gut es ging gegenseitig, und je schlimmer und schwieriger die Verhältnisse wurden, desto größer und enger gestalteten sich Zusammenhalt und Solidarität der Menschen untereinander.

Es erschien mir unglaublich, war aber doch wahr! Ich traute meinen Augen kaum, als ich mitten in der riesigen Menschenmenge ein vertrautes Gesicht erkannte. Annähernd zwanzig Millionen deutsche Soldaten gab es in diesem Krieg an allen Fronten Europas, und doch entdeckte ich auf dem total überfüllten Bahnhof von Thorn mitten im Gedränge den kleinen, zwei Jahre jüngeren und mittlerweile 18 Jahre alten Alfred Frensch aus meinem Heimatdorf Bassenheim.

Es war nur eine kurze, aber freudige Begegnung. Alfred war gehetzt, hatte wenig Zeit und musste mit dem gerade einfahrenden Anschlusszug weiter zu seiner Einheit in Richtung Ostfront. Wir konnten nur wenige Sätze wechseln, verabschiedeten uns herzlich und wünschten uns noch viel Glück. Würde es für uns beide irgendwann ein Wiedersehen in der Heimat geben?

Unmittelbar nach dieser Begegnung marschierte, besser gesagt, hinkte ich mit zwei weiteren Kameraden in Richtung der Kaserne, die in unseren Marschbefehlen stand und nicht weit vom Bahnhof entfernt war. Dort erfuhren wir, dass wir als Verstärkung der Wachmannschaften vorgesehen wären, die dort viele Tausende von Kriegsgefangenen zu bewachen hatten. Das kam uns im ersten Moment wie eine Strafversetzung vor, hatte aber den Vorteil, dass wir nicht so schnell wieder an die Front gehen mussten.

Am nächsten Tag sahen wir erst die riesigen Ausmaße des Gefangenenlagers. Hier waren überwiegend russische Gefangene untergebracht. Hinzu kamen einige italienische Soldaten, die man nach dem Seitenwechsel des bis vor Kurzem noch mit Deutschland verbündeten Italien hier kurzfristig mit interniert hatte. Unsere Aufgabe war nicht allzu schwer. Im Schichtdienst musste ich mit einigen Kameraden am Tor Wache schieben und die Gefangenen nach eingeteilter Zeit zur Arbeit hinaus oder im Anschluss daran wieder hereinlassen.

Das Bild, das sich mir dabei bot, war erschütternd. Der allgemeine Zustand der kriegsgefangenen Soldaten, die armselig und ausgehungert an uns vorbeizogen, war deprimierend. Jeden Tag brachte man tote, meist an Unterernährung gestorbene Menschen aus dem Lager. Wenn die erschöpften Gefangenen abends von ihrer permanent bewachten täglichen Arbeit zurück ins Lager kamen, hatten wir laut Befehl die Aufgabe, darauf zu achten, dass keine Besonderheiten ins Lager eingeschmuggelt wurden. Dabei sollten unter anderem die Hosentaschen der Menschen kontrolliert werden.

Nach anfänglichen Stichproben bei den gleichaltrigen armen Kreaturen wurde mir und meinen Kameraden schnell klar, dass es hier absolut nichts zum Suchen gab. Alles, was wir vorfanden, waren vielleicht ein paar alte, angefaulte Kartoffeln oder essbare Kleinigkeiten, die den armen Teufeln gelegentlich von einer mitleidigen Seele zugesteckt worden waren.

Niemals wäre es mir in den Sinn gekommen, diesen Menschen etwas wegzunehmen, schon gar keine Lebensmittel. Ganz im Gegenteil! So oft sich mir die Gelegenheit bot, steckte ich den Gefangenen während meiner Dienstzeiten Reste von Brot oder anderen Speisen zu. Dies geschah beim morgendlichen Abmarsch oder bei der abendlichen Rückkehr. Das war natürlich nicht ungefährlich und musste unauffällig vonstatten gehen. Dabei war mir die Nationalität gleichgültig. Obwohl ich das, was ich auftreiben konnte, meist den ausgemergelten russischen Soldaten zusteckte, war mir im Lager ein internierter italienischer Jagdpilot meines Alters aufgefallen, der nicht zur täglichen Arbeit eingeteilt wurde. Er zeigte sich besonders dankbar für ein zusätzliches Stück Brot.

Wann immer sich die Gelegenheit bot, hörte ich Mario zu, wenn er in seinem gebrochenen Deutsch über seine Erlebnisse als Jagdflieger berichtete. Wir wurden Freunde, und zum Dank gab er mir seine Adresse und lud mich ein, ihn nach dem Ende des Krieges bei seiner Familie in Turin zu besuchen. Seinen Erzählungen nach besaßen seine Eltern dort eine große Fabrik und waren sehr wohlhabend. Er wollte sich unbedingt für meine Hilfe erkenntlich zeigen. Nach wenigen Wochen Lagerhaft wurde Mario nach Hause entlassen.

Eines Abends wurde ich Zeuge eines Vorfalls, der sich zutrug, als ich ausnahmsweise gemeinsam mit Unteroffizier Hoffmann am Einlasstor stand und die einmarschierenden Gefangenen kontrollieren sollte. Mittlerweile kannte ich viele Gesichter und wusste, wer abends bei Gelegenheit etwas Essbares ins Lager schmuggelte. An diesem Abend entdeckte Hoffmann bei zwei russischen Gefangenen einige alte teils angefaulte Kartoffeln in den Hosentaschen, aus denen die armen Kerle sich noch eine kleine zusätzliche Mahlzeit bereiten wollten.

»Auf geht's, ihr Diebe, alle Taschen auf links wenden und ausleeren«, brüllte Hoffmann die beiden abgemagerten Kreaturen an. »Ihr wisst doch ganz genau, dass es bei Strafe verboten ist, Lebensmittel oder sonstige Gegenstände ins Lager zu schmuggeln.« Ohne weitere Worte nahm er ihnen die schäbigen Kartoffeln ab. Ich fand das

Verhalten unseres Unteroffiziers so erbärmlich, dass mich dieser Vorfall tagelang bedrückte.

Von da an bemühte ich mich verstärkt, Almosen zu verteilen, wann immer es mir möglich war, wohl wissend, dass das für mich nicht ganz ungefährlich und angesichts der Masse an Gefangenen nicht mehr als ein Tropfen auf dem heißen Stein war. Mir war es eine Genugtuung, und mehrere andere Kameraden handelten genauso.

Das Elend der Kriegsgefangenenlager war eine traurige Begleiterscheinung dieses Krieges. Wurde die überschaubare Anzahl an Gefangenen des Polen- und Frankreichfeldzuges noch im ganzen Reich als Hilfskräfte in der Landwirtschaft und der Rüstungsproduktion eingesetzt, so war die Masse an russischen Gefangenen in Lagern interniert. Unterbringung, Verpflegung und ärztliche Betreuung waren äußerst mangelhaft, und Unzählige sind in den Lagern gestorben – meist an Unterernährung. Eine traurige, beschämende und unmenschliche Bilanz!

So oder noch schlimmer musste es auch den über 90 000 deutschen Kriegsgefangenen aus dem Kessel von Stalingrad ergangen sein, und das bei noch widrigeren klimatischen Verhältnissen. Nach vielen Jahren Kriegsgefangenschaft sind davon nur 6000 Mann zurückgekehrt, um Jahrzehnte gealtert und von Leiden gezeichnet. Hinzu kamen weitere Hunderttausende Männer, die in russischen Arbeitslagern und Bergwerken Zwangsarbeit leisten mussten. Auch von diesen sind unvorstellbar viele gestorben. Die letzten knapp 10 000 deutschen Soldaten kehrten erst 1955 zurück, nachdem der damalige Bundeskanzler Konrad Adenauer nach zähen Verhandlungen mit Moskau ihre Freilassung bewirkt hatte.

Verstöße gegen die Genfer Konvention gab es bei allen kriegführenden Staaten, selbst bei den demokratischen Westmächten. Zwar wurden deutsche Kriegsgefangene in den Vereinigten Staaten, Kanada oder in Großbritannien in der Regel menschlich und fair behandelt, aber nach den Massenkapitulationen in der Endphase des Krieges mussten in den alliierten Rheinwiesenlagern in Sinzig, Remagen, Andernach, Mainz Bretzenheim oder Frankfurt am Main Tausende deutsche Kriegsgefangene unter freiem Himmel dahinvegetieren, von denen viele an Wassermangel und Unterernährung starben. Die Leidtragenden waren in der Regel immer die einfachen Soldaten, weniger hochrangige Offizier.

Meinen zwanzigsten Geburtstag und Weihnachten 1943 verbrachte ich wiederum nicht zu Hause, sondern im Lager Thorn. Die Festtage, die weder für uns noch für die Gefangenen festlich waren, erlebten wir unspektakulär und trostlos im Lager.

Ich erhielt kurz zuvor ein kleines Päckchen von Mutter. Das war gefüllt mit einer kleinen Dauerwurst, einem vertrockneten Kuchen und einem Brief mit Neuigkeiten aus unserer Heimat. Darin stand:

Lieber Fritz!
Wie geht es dir? Ich hoffe es geht Dir draußen an der Front gut und Du bist gesund. Hast Du ausreichend zu essen?

Deine Brüder Hans und Peter sind nach wie vor in Frankreich stationiert. Hans befindet sich in der Nähe von Paris, und Peter liegt an der französischen Kanalküste. Über Karls Verbleiben kann ich Dir leider nichts berichten. Von Onkel Peter Paul ist der zweite Junge, Dein Cousin Georg, in Russland gefallen. Ich mache mir solche Gedanken um Dich, Fritz, und hoffe, dass ich Dich gesund wiedersehen werde. Aus unserem Bassenheimer Schloss ist Oberleutnant Helmut Friedrich Julius Richard Freiherr von Waldthausen ebenfalls in Russland gefallen. Die bei-

Meine Brüder Hans …

… Peter …

… und Karl

den Töchter Ellionor und Bettina sind erst ein und drei Jahre alt. Das ganze Dorf nahm an Helmuts Tod große Anteilnahme, war doch die Familie von Waldthausen mit unserem Dorf und der Dorfgemeinschaft eng verbunden und stets bemüht, zum Gemeinwohl der Bevölkerung und der gesamten Gemeinde beizutragen.

Leider muss ich Dir noch mitteilen, dass ein zweiter guter Freund aus Deiner Kinder- und Jugendzeit, Arnold Lohner, gefallen ist. Er ging mit einem Schiff der Kriegsmarine unter und ist ertrunken.

Das Leben zu Hause wird von Woche zu Woche beschwerlicher. Die Lebensmittelmarken sind knapp und müssen für Essen, Schuhe und Kleidung wohldosiert eingesetzt werden. Zum Glück funktioniert bei uns Bauern noch einigermaßen die Versorgung mit Grundnahrungsmitteln. Doch der Zuckermangel ist sehr lästig. Ich wünsche Dir, mein geliebter Junge, tausendfaches Glück und ich bete jeden Abend und jeden Morgen für Dich und Deine Brüder, dass wir uns, so Gott will, alle wieder wohlbehalten in Frieden wiedersehen. Pass auf Dich auf, mein Fritz!

Deine Dich von Herzen liebende Mutter

Dieses Päckchen war die letzte Post, die ich in diesem Krieg erhielt. Von da an wusste keiner von uns Brüdern mehr, wie es den anderen oder der übrigen Familie erging.

Es gab in dieser Zeit keine guten Nachrichten mehr und keinen Grund zur Freude. Zu den wenigen Annehmlichkeiten gehörte der dienstfreie Sonntag einmal im Monat. Dann gingen wir mit einigen Kameraden zu Fuß über die große Weichselbrücke, um die wunderschöne, reiche Altstadt von Thorn zu erkunden. Wir erfuhren viel über die Stadtgeschichte und besuchten einige der schönen Stadtcafés. Hier gab es prächtige und geschichtsträchtige Häuser, Verwaltungsgebäude und Kirchen. Prunk und Reichtum der schönen historischen Stadt waren beeindruckend.

Als sich im Frühjahr 1944 die militärische Lage der Wehrmacht immer weiter verschlechterte, die Ostfront unaufhaltsam nach Westen, die Südfront in Italien nach Norden rückte, die Luftangriffe auf unsere Städte an Intensität weiter zunahmen, im Westen die Invasion der alliierten Streitkräfte kurz bevorstand, mobilisierte man in Deutschland die letzten Kräfte.

Die Rüstungsproduktion erreichte Rekordzahlen, die letzten menschlichen Reserven wurden mobilisiert, um die Front zu verstärken und mit Waffen auszurüsten. Zur kämpfenden Truppe eingezogen wurden auch Hitlerjungen, alte Männer vom ab Herbst 1944 aufgestellten »Volkssturm« und vor allem genesende Verwundete, die einigermaßen gehen und schießen konnten.

Unser Lager war inzwischen durch Todesfälle unter den Gefangenen so weit dezimiert, dass es geschlossen wurde. Die Überlebenden verlegte man in ein anderes Lager. Was das für uns fast begrenzt dienstfähige Verwundete hieß, war leicht zu erraten. Wir erhielten nach kurzer ärztlicher Untersuchung den Stempel »KV« (kriegsverwendungsfähig) ins Soldbuch, was für mich die zweite Frontstationierung bedeutete.

Im Panzersturmregiment erneut zur Ostfront

Zusammen mit einigen meiner Kameraden wurde ich dem bereits im Mai 1944 hastig aufgestellte Panzersturmregiment PAOK 4 zugeteilt. Das Regiment war aus dem Lehrbataillon der Armee-Waffenschule aufgestellt und der 4. Panzerarmee unterstellt worden. Es gliederte sich in zwei Bataillone zu je vier Kompanien. Hier erhielten wir eine Kurzausbildung an den neuen Nahkampfwaffen, der Panzerfaust und dem Panzerschreck. Diese wurden verstärkt gegen die erdrückende Übermacht der Alliierten an Panzern in todesmutigen Nahkampfeinsätzen an vorderster Front verwendet.

Frisch befördert zum Obergefreiten wurde ich mit dieser Einheit nach weniger als drei Wochen Ausbildungszeit im Bahntransport zur Heeresgruppe Mitte zur Verstärkung der dort eingesetzten 4. Panzer-Armee verlegt. An vorderster Front angekommen, wurden wir sofort in die bereits tobenden schweren Abwehrkämpfe geworfen.

Es handelte sich um einen bunten Haufen aus erfahrenen, altgedienten, teils mehrfach verwundeten Landsern, Freiwilligen aus der HJ, einigen wenigen alten Volkssturmsoldaten, Soldaten der Luftwaffe, Marine und Artillerie, die mittlerweile keine Flugzeuge, Schiffe und Kanonen mehr hatten, und Stabsdienstsoldaten von aufgeriebenen Einheiten, die jetzt zum ersten Mal an vorderster Front kämpften. Keiner kannte den anderen, jeder war jedem fremd. Hier gab es keine über Wochen und Monate zusammengeschweißten Kameradschaften mehr. Vielen war das eigene Hemd wichtiger, und Überleben um jeden Preis wurde zur obersten Agenda. Wir waren bei Weitem noch nicht das letzte Aufgebot, jedoch irgendwie ein illustrer Haufen, zur Rettung des westlichen Abendlandes vor dem Bolschewismus eingesetzt und einem übermächtigen, anstürmenden Feind gegenüberstehend. Zum Glück war meine Verwundung so weit verheilt, dass ich mit meinem dünnen linken Bein nur noch geringfügig hinkte. Sogar das Laufen ging einigermaßen, doch war von meiner einstigen Spurtstärke nicht viel übrig geblieben.

Den ersten Einsatz erlebte ich in der Verteidigung unseres Abschnittes, durch den eine Straße lief, die über eine alte Steinbrücke führte und einen größeren Bach überquerte. Der Bachlauf war keilförmig tief eingeschnitten und wirkte damit wie ein natürlicher, unüberwindbarer Panzergraben. Wer hier durchbrechen wollte, musste es über die Brücke versuchen. Das Bauwerk wirkte als Nadelöhr und sollte laut Befehl nicht gesprengt werden, sondern für die russischen Panzerspitzen zur Falle werden.

Zu diesem Zweck wurden rechts und links des Brückenwiderlagers auf unserer Seite zwei in Stellungen eingegrabene, sicher versteckte und gut getarnte Schützen postiert. Es waren mutige junge Soldaten, die sich dazu freiwillig gemeldet hatten. Der Eine war mit einer neuen Panzerfaust, der Andere mit einer ebenso neuen Panzerschreck-Abwehrwaffe ausgerüstet. Der Auftrag lautete: »Den ersten Panzer durchlassen und den zweiten mitten auf der Brücke vernichten.« Demzufolge sollte ein Rückstau hervorgerufen und somit ein weiteres Vordringen der Feindpanzer durch die herbeigeführte Blockade verzögert werden. Die Bekämpfung der weiteren auflaufenden und stockenden Sowjetpanzer war je nach Lage durch uns mit unseren Panzerabwehrhandwaffen und geballten Ladungen zu vollziehen.

Meine Bewaffnung bestand aus einer Schmeisser MP-40-Maschinenpistole und einer geballten Ladung, bestehend aus drei zusammengebundenen Stielhandgranaten. Im provisorisch angelegten rückwärtigen Graben verfolgten wir mit unserer Einheit den Aufmarsch des russischen Angriffes. Das Dröhnen der Panzermotoren schwoll gewaltig an. In mir stieg plötzlich wieder das gleiche Gefühl der Beklemmung auf wie zwei Jahre zuvor an der Wolchow-Front bei Leningrad, als der russische Panzerangriff durch unsere 8,8-cm-Geschütze im letzten Augenblick abgewehrt werden konnte. Hier an dieser Stelle gab es kaum noch Kanonen, die uns zu Hilfe kommen und uns hätten schützen können. Hier waren wir auf uns allein gestellt.

Der Angriff der inzwischen übermächtigen Sowjetarmee verlief selbstsicher und mit dem Elan des sicheren Siegers. Der erste Panzer passierte vorsichtig die Brücke, und unsere komplette Einheit blieb noch unentdeckt. Als der zweite Panzer mitten über die Brücke fuhr, schossen unsere Kameraden aus ihrer Deckung ihre beiden panzerbrechenden Waffen ab. Es war ein Fiasko ohne Ende! Beide Geschosse verfehlten ihr Ziel, der Feind war gewarnt, und ein Panzer nach dem anderen preschte nun mit hoher Geschwindigkeit heran. Für uns gab es keine Chance zur wirksamen Bekämpfung der schnellen, gefährlichen T-34 und kein Halten mehr. Ohne schwere Waffen waren wir fast hilflos. Die noch vorhandenen Panzerfäuste wurden mit geringem Erfolg abgefeuert, und die komplette Einheit zog sich schnellstmöglich zurück. Bis auf wenige abgeschossene russische Panzer und einige tote Kameraden, die von den Ungetümen überrollt und zu blutigem Brei zermalmt worden waren, ging dieser Angriff noch einigermaßen glimpflich aus.

Es erfolgte wiederum tagein tagaus ein verzweifeltes Halten der Front mit den uns zur Verfügung stehenden bescheidenen Mitteln an Menschen und Material. Nach fünf Jahren Krieg spürten Deutschland, seine Menschen und besonders die Soldaten an der Front in allen Bereichen die drohende Niederlage und den bevorstehenden Zusammenbruch.

Im Juni 1944 verfügte die deutsche Heeresgruppe Mitte unter Generalfeldmarschall Ernst Busch nur noch über vierzig Divisionen mit rund 500 000 Mann. Doch immer wieder wies Adolf Hitler die dringenden Forderungen der Wehrmachtsführung zurück, einen von der Heeresgruppe Mitte um Witebsk, Orscha, Mogilew und Bobruisk weit nach Osten gebildeten 1000 Kilometer langen Frontbogen zurückzunehmen. Zwei Wochen nach Eröffnung einer neuen Front im Westen durch die Invasion der Westalliierten in der Normandie begann die Rote Armee am 22. Juni 1944 an der Ostfront eine Großoffensive gegen die Heeresgruppe Mitte. Den rund 6000 sowjetischen Flugzeugen vermochte die deutsche Luftwaffe nur vierzig eigene entgegenzustellen.

Nach dem Frontdurchbruch setzten 1,2 Millionen sowjetische Soldaten mit 4000 Panzern zwischen Witebsk und Bobruisk zu einer Zangenbewegung an, die zur Einkesselung der deutschen 4. und 9. Armee sowie der 3. Panzerarmee führte. Innerhalb weniger Tage stieß der Gegner über 300 Kilometer nach Westen vor. Am 3. Juli befreite er Minsk, zehn Tage später Wilna. Als Buschs Nachfolger Generalfeldmarschall Walter Model den Vorstoß Ende Juli auf der Linie Kowno/Brest-Litowsk kurzzeitig aufhalten konnte, hatte die Heeresgruppe Mitte praktisch aufgehört zu existieren.

Der Zusammenbruch der Heeresgruppe Mitte war für die Wehrmacht dramatischer als die Schlacht von Stalingrad. Von diesem Schlag konnte sich das gesamte Ostheer nicht mehr erholen. Die Front erreichte im Spätsommer 1944 die Grenze Ostpreußens. Zwischen die Heeresgruppen Nord und Mitte schoben sich sowjetische Fronten. Die Wehrmacht verlor ihre operative Handlungsfähigkeit. Rund 350 000 deutsche Soldaten waren innerhalb von nur vier Wochen gefallen oder in sowjetische Kriegsgefangenschaft geraten. An vielen dieser verlustreichen Kampftage starben alleine bei uns an der Ostfront pro Tag 10 000 deutsche Soldaten – eine unvorstellbar hohe und schreckliche Anzahl an jungen Menschen, die oft nur kurz nach Beendigung ihrer Schulausbildung oder Lehre ihr Leben verloren. Nach der vernichtenden Niederlage strömte die Rote Armee durch eine über 400 Kilometer breite Lücke nach Ostpreußen und Richtung Warschau. Am 24. Juli eroberte die 1. weißrussische Front Lublin. Bereits einen Tag zuvor war es ihr gelungen, das Vernichtungslager Majdanek zu befreien, bevor dort die Krematorien, Gaskammern und andere Zeugnisse der nationalsozialistischen Massenvernichtung beseitigt werden konnten.

Die Befreiung der Konzentrationslager und die dort vorgefundenen menschenverachtenden Zustände schürten den Hass der Sowjetsoldaten gegenüber uns, der sogenannten »germanischen Herrenrasse«. »Wer Wind sät, wird Sturm ernten«, lautet ein deutsches Sprichwort. Wir ernteten nicht nur Sturm, sondern Orkane von Grausamkeiten. Jetzt bekamen wir die Auswirkungen der menschenverachtenden Politik Hitlers gegenüber anderen Völkern in ihrer schrecklichsten Form zu spüren. In vielen Aufrufen und Millionen von Flugblättern stachelte nun im Gegenzug der russische Schriftsteller Ilja Grigorjewitsch Ehrenburg die russischen Soldaten gebetsmühlenartig zum hemmungslosen Massenmord an der deutschen Bevölkerung an.

Kein anderer russischer Name, von Stalin abgesehen, löste bei den Deutschen der Kriegsgeneration einen vergleichbaren Schrecken aus, wie der des Ilja Ehrenburg. Zeitzeugen und Geschichtsschreibung sind sich einig, dass seine Flugblätter und Artikel mit Aussagen wie: »Töte! Die Deutschen sind keine Menschen!«, die regelmäßig in der Parteizeitung »Prawda« (Wahrheit) und der Frontzeitung »Krasnaja Swesda« (Roter Stern) erschienen, die Exzesse der Roten Armee in Ostdeutschland wesentlich mit vorbereitet und ausgelöst haben.

Hier sind einige Beispiele, die ich nicht vorenthalten möchte und die unmissverständlich beschreiben, wie es zu den unzähligen und grauenvollen Exzessen gegenüber der deutschen Zivilbevölkerung kommen konnte:

»Unser Geschäft besteht darin, Deutsche zu töten, es kommt nicht darauf an, wie.«

»Wenn du einen Deutschen getötet hast, so töte einen zweiten, für uns gibt es nichts Lustigeres als deutsche Leichen.«

»Wenn du ein gerechter und gewissenhafter Mensch bist, töte einen Deutschen.«

»Der Deutsche soll getötet werden. Man muss ihn töten.«

»Fühlst du dich übel, töte einen Deutschen.«

»Zähle nur eins: die von dir getöteten Deutschen.«

»Die besten Deutschen sind die toten Deutschen.«

»Das Problem ist, ist es besser, die Deutschen mit Äxten oder mit Knüppeln zu erschlagen?«

Alle diese schrecklichen Aufrufe und die daraus resultierenden Gräueltaten der Roten Armee waren auch mir und allen anderen Landsern bekannt. Sie wurden selbstverständlich auch von unserer Propaganda ausgeschlachtet und verbreiteten sich unter der Truppe wie ein Lauffeuer. Natürlich wusste jeder, dass es zu spät war, das Kriegsglück noch einmal zu wenden, aber mit Durchhalteparolen sollten alle Soldaten motiviert werden, den Feind so lange wie möglich von den Grenzen Deutschlands fernzuhalten. Indem man den bevorstehenden Einsatz sensationeller Wunderwaffen beschwor, machte man Mut, wo bereits schon alles verloren war. Wir sahen mit eigenen Augen die Tragödie, das Leiden und das Morden an der deutschen Bevölkerung im Osten. Neben den kategorischen Haltebefehlen Hitlers war es gewiss auch dieses grauenvolle Szenario, das dazu beitrug, den Zusammenhalt des abgekämpften und dezimierten deutschen Ostheeres zu wahren. Denn wir versuchten guten Glaubens zu retten, was nicht mehr zu retten war.

Der russische Angriff auf Warschau Ende Juli kam 25 Kilometer vor der Stadt zum Stehen. An einem Erfolg des jüdischen und nationalpolnischen Warschauer Aufstands hatte Stalin keinerlei Interesse. Vielmehr war ihm daran gelegen, nach der Einnahme der polnischen Hauptstadt das kommunistische »Lubliner Komitee« als willfährige Regierung Polens zu installieren. So befahl er seinen Armeen, der Niederschlagung des Aufstandes durch die Deutsche Wehrmacht untätig zuzusehen.

Im Norden schnitt die 1. Baltische Front die Heeresgruppe Nord von sämtlichen Landverbindungen nach Ostpreußen ab, nachdem sie in die Lücke zwischen den Heeresgruppen Mitte und Nord südlich von Dünaburg vorstieß und Ende Juli 1944 die Rigaer Bucht erreichte. Bis Mitte Oktober zog sich die Heeresgruppe Nord nach Kurland zurück, wo sie sich später in verlustreichen Kurlandschlachten bis zur deutschen Kapitulation am 8. Mai 1945 hielt. Unter den Einheiten, die dort untergingen, befand sich auch meine frühere 132. Infanteriedivision.

Da die Rote Armee aufgrund des raschen Vormarschs im Herbst 1944 zum Teil unter erheblichen Nachschubproblemen litt, stabilisierte sich die Ostfront bis zur sowjetischen Winteroffensive 1945. Eine Mitte Oktober auf das ostpreußische Königsberg angesetzte sowjetische Offensive konnte zwar bis Anfang November von deutschen Truppen zurückgeschlagen werden, in Südosteuropa aber schritt der sowjetische Vormarsch mit der Eroberung des gesamten Balkanraums unaufhaltsam voran. Die Besetzung von Rumänien und Bulgarien sowie von ungarischen Gebieten bis Oktober 1944 machte die Räumung des von der Wehrmacht besetzten Griechenlands notwendig. Über Albanien und Serbien zog sich die Heeresgruppe E wenig später in das verbündete Kroatien zurück.

Angesichts der täglichen Abwehrgefechte bis weit in den Herbst 1944 hinein wurde der Kampf ums Überleben immer schwieriger und entbehrungsreicher. An geregelte Verpflegung, Körperpflege und Hygiene war über Wochen, ja Monate nicht mehr zu denken. Medizinische Versorgung war weit und breit nur eingeschränkt oder überhaupt nicht mehr gegeben. Bekleidung und Ausrüstung waren auf das beschränkt, was man am Leibe trug. In fast allen Bereichen musste man auf sich allein gestellt für den täglichen Bedarf sorgen. Nahrungs- und Schlafmangel, dazu die Kälte des strengen Winters 1944/1945 zehrten an uns Heeressoldaten. Jede Nacht verkrochen wir uns woanders. Mal in einem Stall, in Scheunen, in Wäldern, in Strauch- und Buschhecken oder unter freiem Himmel in irgendeinem Erdloch. Hinzu kamen die verlustreichen Rückzuggefechte und das mannigfache Grauen des Todes.

Die zurückflutenden Einheiten wurden in immer wieder neuen provisorischen Auffangstellungen zusammengefasst und neu geordnet. Doch der Feind stürmte mit einer ungeheuren Übermacht an Menschen und Material, mit Tausenden von Panzern, Geschützen, Schlachtflugzeugen, Jagdflugzeugen und Bombern gegen unsere Linien an. Uns hingegen plagte der Hunger. An Waffen und Munition fehlte es allenthalben. Jeder Schuss war abgezählt. Eine Wende des Kriegsglückes trotz Durchhalteparolen, Tapferkeit und Propaganda-Aufrufen war absolut unwahrscheinlich.

Eine Situation hat mich besonders mitgenommen. Wieder stand ein Angriff der Russen mit der üblichen massiven Artillerievorbereitung aus zahllosen Geschützrohren bevor. Aus der Intensität und der Anzahl der Abschüsse schlossen wir erfahrenen Frontsoldaten auf eine enorme Massierung der feindlichen Artillerie. Es war ein regelrechtes Inferno, das über uns hereinbrach.

Wir suchten jede sich nur bietende Bodenvertiefung zur Deckung und zum Schutz vor der Sprengwirkung der Granaten und den Granatsplittern. Meine Deckung war schlecht, und so versuchte ich einen Stellungswechsel und landete mitten im Sprung in einem großen Granattrichter, der bereits vollbesetzt war mit Schutz suchenden Landsern. Eine alte Soldatenregel besagt, dass dort, wo einmal eine Granate eingeschlagen hat, keine zweite mehr einschlägt. Acht bis zehn Mann kauerten eng zusammengedrückt in diesem großen Loch. Diese schrien und schimpften in ihrer Panik, es gäbe keinen Platz mehr und ich solle gefälligst verschwinden, und tatsächlich hätte der Trichter nur eine geringfügige bessere Deckung geboten.

Ich sprang mit wenigen Sätzen in einen kleineren circa acht bis zehn Meter entfernten Granattrichter und presste mein Gesicht auf die kalte Erde. Die Luft war geschwängert von beißendem Pulverdampf, und bei jedem nahen Einschlag hatte ich das Gefühl, mehrere Zentimeter in die

Luft gehoben zu werden, um anschließend wieder auf der Erde zu landen. Als eine großkalibrige Granate nur wenige Meter von meinem Deckungsloch detonierte, schloss ich insgeheim mit meinem Leben ab.

Aber das Geschoss hatte nicht meinen Granattrichter getroffen, sondern hatte in den mit zahlreichen Landsern vollgefüllten Nachbartrichter eingeschlagen, aus dem ich gerade hinausgesprungen war. Auf mir und meiner Uniform und rings um mich herum verstreut lagen abgerissene blutige Gliedmaßen, Köpfe, Gehirnmasse und Eingeweide. Es war grauenvoll! Meine Entsetzensschreie hörte niemand, meine blutverschmierte Uniform sah niemand. Der tosende Gefechtslärm übertönte alles, und ich zitterte am ganzen Körper.

Niemand von diesen Soldaten hatte den Einschlag überlebt. Alle sind zerrissen und zerfetzt worden. Mein Leben hatte wieder einmal an einem seidenen Faden gehangen. War es zum ungezählten Male einfach nur wieder Landserglück oder hatte unser Herrgott schützend die Hand über mich gehalten? In Situationen wie dieser wird man von Panik erfasst, kann keinen klaren Gedanken mehr fassen und handelt nur aus Erfahrung und Instinkt.

Immer massiver bedrängte uns der Feind mit seiner ungeheuren Übermacht und zwang unsere Einheiten zum schnellen Rückzug. Bereits am übernächsten Tag wurden wir aus der Luft angegriffen. Zahlreiche russische Schlachtflieger vom Typ IL 2 (Iljuschin Sturmovik) waren im Anflug und beschossen unsere provisorischen, schwachen Stellungen, aus denen wir uns wiederum in kürzester Zeit zurückziehen mussten. Alle, die laufen konnten, liefen Richtung Westen, und die Maschinen sorgten für heillose Verwirrung.

Ich lief und sprang, so gut es ging, von einer Deckung zur anderen. Auf einmal sah ich, wie ein Schlachtflieger aus einer engen Kurve heraus genau auf mich zuhielt. Ohne an mein lädiertes Bein zu denken, rannte ich um mein Leben und warf mich in einem Hechtsprung hinter einen meterdicken Baum. Die Geschossgarben schlugen in diesen Baum und rings daneben im Boden ein. Im Vorbeifliegen der Maschine konnte ich deutlich die Kontur des Gesichts dieses russischen Piloten erkennen. Offenbar hatte er es allein auf mich abgesehen.

Als er die Maschine ein zweites Mal wendete und auf mich zuflog, um mich zu töten, bestand meine einzige Chance darin, auf die andere Seite des dicken Baum zu laufen und dabei zu hoffen, dass die Maschine keine Bomben mehr mitführte. Erneut prasselte ein Teil der Geschossgarben in den Baum, und weitere schlugen wenige Zentimeter an mir vorbei in die Erde. Aber der befürchtete Bombeneinschlag blieb aus. Die Maschine drehte ab. Doch das schemenhafte Gesicht des zu mir schauenden russischen Piloten hat mich in späteren Jahren in vielen Träumen immer wieder eingeholt, und ich habe es nie mehr vergessen.

Erneut wurden unseren stark dezimierten Truppen neue Reserveeinheiten zugeführt. Diese bestanden teilweise aus kleinen Panzereinheiten, die mit den damaligen modernsten und leistungsfähigsten Panzern der Welt ausgerüstet waren. Darunter befanden sich Modelle wie Tiger, Jagdtiger und Königstiger, dazu Panther und Jagdpanther.

Ich erinnere mich sehr genau an eine Panzereinheit von mindestens 35 Tiger-Panzern, Sturmgeschützen und Panzerspähwagen als Führungsfahrzeuge. Während wir in eine neue Auffanglinie zurückmarschierten, preschten diese blutjungen, unerschrockenen Panzersoldaten auf ihrer Todesfahrt zum ersten Mal der Front und dem Feind Richtung Osten entgegen. Voller Euphorie, Siegeszuversicht und Tapferkeit riefen sie uns während eines kurzen Halts auf gleicher Höhe zu:

»Keine Angst, wir werden den Feind aufhalten, an uns kommt kein Russe vorbei!«

Die armen Jungen, dachte ich. Allesamt wird sie in kürzester Zeit ein grausamer Tod ereilen. Sie werden explodieren, zerfetzt werden oder grausam verbrennen. Mochten sie auch in Spitzenprodukten der deutschen Wehrtechnik sitzen, von denen eines fünf Feindpanzer aufwog, so konnten sie doch nie gegen eine solche Übermacht bestehen. Trotz eines unerreichten Panzerschutzes und der durchschlagskräftigsten Panzerkanonen saßen sie in fahrenden Särgen und fuhren in den sicheren Tod. Aber war es letztendlich nicht egal, ob einen der Tod im damals besten Panzer der Welt ereilte oder im Graben durch eine Kugel oder Granate?

Obwohl ich in diesen apokalyptischen Wochen erst kurz vor meinem 21. Geburtstag stand, fühlte ich mich gegen die 17- und 18-jährigen Panzersoldaten uralt. Ich fühlte mich nicht nur so, sondern sah auch aus wie ein Greis: abgemagert, grau, dreckig, seit Wochen unrasiert und ungewaschen. Nichts war in diesen Tagen geblieben von dem einstigen stolzen, durchtrainierten, zackig und gerade daherkommenden, kerngesunden jungen Wehrmachtssoldaten. Wie erbärmlich mochten wir und die Reste unserer einst glorreichen und siegesgewissen Armee wohl auf die jungen Panzersoldaten gewirkt haben?

Als wir an einem einsam gelegenen polnischen Bauernhof vorbeikamen, wurde mir bewusst, dass ich seit Tagen und Wochen kaum noch etwas Essbares zu mir genommen hatte. Der Hunger quälte mich. Die armen polnischen Bauersleutchen schauten verängstigt hinter dem Vorhang eines Fensters zu uns herüber. Sie taten mir leid, und es war mir peinlich, mit vorgehaltener MP in ihr Haus einzudringen, um nach etwas Essbarem zu fragen. Ich hängte meine MP über den Rücken, lief zum Hühnerstall, fing das erste Huhn, das mir über den Weg lief, drehte ihm den Hals um und steckte das tote Tier in meine Feldtasche. Der Hunger trieb mich zu dieser Tat. Schon malte ich mir einen saftigen Braten aus, den ich in Kürze auf einem Biwakfeuer zuzubereiten und zu genießen gedachte.

Während unseren schnellen Absetzbewegungen vor dem Feind rupfte ich dem Vieh in der nächsten Marschpause die Federn aus und steckte es wieder zurück in die Tasche. Der Druck der nachstoßenden Roten Armee war jedoch so stark, dass es kein Halten und vor allem keine Möglichkeit mehr gab, das Huhn auszunehmen und irgendwie zu braten oder zu kochen. Es hielt sich zwar in der extremen Kälte recht gut, aber nach drei Tagen musste ich es wegwerfen. Meinen Hunger konnte ich nicht stillen und verdrückte eine harte Brotkruste und ein kleines Stück Speck.

Gemessen an den vielen Toten und Grausamkeiten, die wir täglich erleben und ertragen mussten, bedrückte mich der sinnlose Hühnerdiebstahl bei der polnischen Familie merkwürdigerweise nachhaltig. Es tat mir leid, und ich konnte mir über Jahre nicht vergeben, dass ich dieses Huhn gestohlen hatte, ohne die Leute zu fragen.

Nur wenige Tage später bot sich uns auf unserem fluchtartigen Rückzug eine ähnliche Situation. Mit sechs Soldaten aus meiner Kompanie, die nur noch aus 18 Mann bestand, beschlossen wir völlig durchgefroren bei Dunkelheit spätabends, uns in einem größeren polnischen Bauernhof einzuquartieren.

»Ich bitte um ein Nachtlager für mich und meine Kameraden und um etwas Essbares. Wir alle haben furchtbaren Hunger und seit Tagen fast nichts mehr gegessen«, wandte sich der zuerst eingetretene Kamerad mit zittriger

Stimme an die verängstigten Hofbewohner. Außer einer großen Anzahl von Eiern, etwas Speck, Dörrfleisch, Bohnen und trockenem Graubrot hatten die Leute in diesem bitteren letzten Kriegswinter selbst nicht mehr viel zu essen. Sie boten jedoch alles Mögliche auf, um uns erbärmlich aussehende, ausgezehrte, armselige Kreaturen irgendwie zu verköstigen. Wir müssen wohl ein elendiges Bild abgegeben haben. Unsere Gastgeber erzählten uns, dass sie selbst Angst vor der nahenden Front und den russischen Soldaten hätten. Wir durften alle in der von einem Kachelofen geheizten, warmen Küche mit der Bauernfamilie an einem großen Holztisch Platz nehmen, um die spätabendliche Mahlzeit einzunehmen.

Trotz des relativ reichhaltigen Essensangebotes konnte mein entwöhnter Magen keine großen Mengen aufnehmen. Im Gegensatz zu mir und den vier anderen Kameraden, die ihre entwöhnten Mägen ebenfalls mäßig und mit Bedacht füllten, startete der sechste Landser, gierig wie von Sinnen, eine regelrechte Fressorgie. Entgegen unseren Warnungen stopfte er sich Brot, Speck, Käse und zwölf Eier in seinen abgemagerten Körper.

Unser Nachtquartier durften wir in der Scheune im Stroh nehmen. Ohne zu frieren und gut gesättigt, hätte das die angenehmste Nacht seit Langem werden können, wären da nicht das dumpfe Grollen und Donnern der nahenden Front gewesen.

Noch im Dunkel des Wintermorgens machten wir uns schleunigst auf Richtung Westen – allerdings nur noch zu fünft. Unser sechster Kamerad, der weit mehr als das Dreifache von unserer spätabendlichen Mahlzeit eingenommen hatte, war in der Nacht leise und ohne dass wir es gemerkt hätten gestorben. Er war wohl schon so geschwächt und ausgezehrt gewesen, dass die übermäßigen Nahrungsmengen zum Tod führten. Aufgrund der gebotenen Eile verblieb uns noch nicht einmal die Zeit, um für ihn ein Grab auszuheben.

Tage später zogen wir an einer wohl aus Panik kurz zuvor verlassenen Marmeladenfabrik vorbei. Gierig und ständig auf der Suche nach etwas Essbarem klaute ich aus dem Depot drei Eimer Marmelade. Bereits nach kurzer Zeit schnitten mir die Metallbügel bei der Eiseskälte dermaßen in die gefrorenen Hände, dass ich mit einem unseren Weg kreuzenden Landser zwei Eimer Marmeladen gegen einen Laib Brot tauschte. Wir aßen, nein wir fraßen gierig alle gemeinsam so viel Brot und Marmelade wie möglich. Süße Marmelade kannten wir schon seit vielen Monaten nicht mehr.

Als dieser brotspendende Kamerad kurz seinen Mantel ablegte, erkannte ich einen Grenadieroffizier in Majorsuniform. Auch er befand sich im Sog der flüchtenden Wehrmacht und genoss in unserem Kameradenkreis ausgiebig die fruchtige Kostbarkeit. In jenen Tagen spielten Dienstgrade keine große Rolle mehr. Jeder versuchte in diesem Untergang irgendwie zu überleben.

Die militärische Lage im Spätherbst 1944 stellte sich wie folgt dar: Die Wehrmacht zog sich im Westen nach der alliierten »Operation Overlord« bis September 1944 unter wachsendem Personal- und Materialmangel auf die früheren Reichsgrenzen zurück. An der Ostfront befand sie sich seit den sowjetischen Sommeroffensiven, in deren Verlauf sie auf einer Front von 2500 Kilometern die bisher schwersten Niederlagen des Krieges hatte hinnehmen müssen, in einer prekären Situation. Nach dem Zusammenbruch der Heeresgruppe Mitte im Zuge der Operation Bagration im Juni und Juli wurde im Juli und August auch die Heeresgruppe Nordukraine in der Lwiw-Sandomierz-Operation schwer geschlagen und kurz darauf die

Heeresgruppe Südukraine in der Operation Jassy-Kischinew nahezu vernichtet.

Die Heeresgruppe Nord, die Anfang September noch Estland, das westliche Lettland und eine schmale Landverbindung zur Heeresgruppe Mitte hatte halten können, wurde nach dem Durchbruch sowjetischer Verbände bis zur Ostsee im Rahmen der Baltischen Operation im Oktober mit 27 Divisionen abgeschnitten.

Im Norden mussten die deutschen Truppen aus Nordnorwegen zurückgenommen werden, nachdem Finnland am 4. September 1944 mit der Sowjetunion den Waffenstillstand von Moskau geschlossen hatte.

Im Südteil der Ostfront stand der Roten Armee nach dem Übertritt Rumäniens (Staatsstreich 23. August 1944) zu den Alliierten das Tor zum Balkan offen. Die Sowjetunion erklärte Bulgarien am 5. September den Krieg. Sowjetische Panzer erreichten Anfang September die rumänisch-jugoslawische Grenze, stießen Mitte September in die ungarische Tiefebene vor und begannen am 29. Oktober die Schlacht um Budapest. Gegenangriffe der Wehrmacht vermochten es, gegen Ende November die Ostfront auf einer Länge von 1200 Kilometern zwischen Ostsee und Karpaten zeitweise zu stabilisieren.

Von Juli bis November 1944 hatten alle drei Heeresgruppen (Nord, Mitte und Süd) des Ostheeres rund 1,2 Millionen Soldaten verloren. Im November standen 131 deutsche Divisionen, davon 32 in Kurland (unter diesen meine 132. ID) und 17 in Ungarn gebunden, etwa 225 Infanteriedivisionen und circa fünfzig Panzergroßverbände der Roten Armee gegenüber. Im Südosten brachten die Erfolge der Russen während der Belgrader Operation die deutsche Besatzungstruppe in Griechenland, Albanien und Jugoslawien in die Gefahr, abgeschnitten zu werden.

Der Anfang Oktober befohlene Rückzug der Heeresgruppe E verlief zunächst geregelt, doch wurde es immer schwieriger, nach Herstellung einer Verbindung mit der Heeresgruppe Süd, bis November die Front zwischen Adria–Drau und zum Plattensee zu halten. Der italienische Kriegsschauplatz hatte nach der Invasion der Alliierten in der Normandie erheblich an Bedeutung verloren. Die Heeresgruppe C konnte Ende November mit 23 Divisionen unterschiedlicher Qualität die Linie La Spezia–Rimini quer durch den Apennin halten. Dennoch fiel die Bindung dieser Kräfte durch die Alliierten und durch eine lebhafte Partisanentätigkeit in der Gesamtheit ins Gewicht.

An der Westfront hatten die Alliierten durch ihre Siege bei Avranches und Falaise die Initiative übernommen. In äußerst verlustreichen Kämpfen zog sich die Heeresgruppe B (Generalfeldmarschall Model) über die Seine nach Osten zurück. Ein auffälliger Unterschied zur Ostfront bestand dabei darin, dass die deutschen Verluste im Westen mindestens ebenso groß waren wie die der Alliierten.

Nach der Landung amerikanischer und französischer Truppen bei Toulon am 15. August (Operation Dragon) mussten auch die beiden in Süd-Südwestfrankreich verbliebenen deutschen Armeen der Armeegruppe G am Atlantik (Bordeaux) und am Mittelmeer zurückgenommen werden; die Angreifer kamen durch das Tal der Rhone schnell voran.

Anfang September kam der Rückzug des Westheeres auf einer Linie zum Stehen, die von der Schelde-Mündung durch Südholland zum Westwall südlich von Trier führte, von dort der Mosel folgte und dann die Grenze der Schweiz erreichte. Alle deutschen Verbände waren schwer angeschlagen, personell ausgedünnt und kaum noch im Besitz schwerer Waffen. Chronischer Treibstoffmangel führte zu einem Verlust an Beweglichkeit, der sich aufgrund der drückenden alliierten Luftüberlegenheit besonders stark auswirkte.

Der Westwall wurde hastig wieder aufgebaut und mit schnell zusammengezogenen Einheiten besetzt. Mitte September standen bei der Heeresgruppe B (Schelde Mündung bis Trier) auf rund 400 Kilometern Frontbreite 21 Infanteriedivisionen und sieben Panzerdivisionen weit überlegenen alliierten Kräften gegenüber. Bis zum Spätherbst 1944 war die Wehrmacht an allen Fronten auf das ehemalige Reichsgebiet zurückgedrängt. Am 21. Oktober wurde Aachen als erste deutsche Stadt von den Alliierten eingenommen. Diese zeigten sich mit zunehmender Tendenz personell und materiell weit überlegen und nutzten dieses Potenzial, um operativ die Initiative zu ergreifen.

An eine Veränderung dieser Verhältnisse war aus deutscher Sicht nicht zu denken. Im Gegenteil: Der Seekrieg, der auf deutscher Seite nur noch als U-Boot-Krieg gegen die feindliche Handels- und Transportschifffahrt geführt werden konnte, war seit 1943 verloren. Seit Anfang dieses Jahres überstieg bei den Alliierten der Zuwachs an Tonnage die Verluste. Ebenso war der Luftkrieg 1944 längst entschieden. An der Front sowie über dem Reichsgebiet hatten die Alliierten die absolute Luftherrschaft.

In weitgehender Unkenntnis außenpolitischer Zusammenhänge kam Hitler zu der Auffassung, die Koalition seiner Gegner stehe kurz vor dem Scheitern. Inspiriert wurde er dabei vom Beispiel seines Vorbilds Friedrich II. von Preußen, der durch den plötzlichen Tod der russischen Zarin Elisabeth aus aussichtsloser militärischer Lage gerettet worden war. Er hoffte, es bedürfe nur noch eines empfindlichen Schlages gegen die Westalliierten, deren Kampfkraft er inzwischen geringer einschätzte als die der Roten Armee, und das in seinen Augen unnatürliche

Bündnis zwischen den Westmächten und der UdSSR werde zerbrechen. Die Anglo-Amerikaner würden sich in ihre Heimatländer zurückziehen, und das Deutsche Reich würde in der Lage sein, den Abwehrkampf im Osten gegen die drohende Bolschewisierung Europas erfolgreich zu beenden. Eine solche Erschütterung der politischen Balance konnte nach Hitlers Auffassung nur in einem entscheidenden militärischen Erfolg an der Westfront bestehen. Hierfür war er bereit, die letzten Reserven einzusetzen. Seinem sozialdarwinistischen Weltbild entsprechend musste das deutsche Volk siegen oder, wenn es dazu nicht fähig sei, untergehen.

Bei keiner anderen Operation des Krieges wurde Hitlers irrationales Wunschdenken offenkundiger, nie war die Kluft zwischen Wahn und Wirklichkeit größer.

Den Untergang vor Augen

Wir konnten uns zur Jahreswende 1944/45 mit unseren stark dezimierten Kompanien im letzten Augenblick noch über die Weichsel retten. Hier wurden wir in eine der letzten Auffanglinien integriert, die aus allen möglichen zurückströmenden Truppenteilen und neu aufgestellten Volkssturm- und Hitlerjugend-Hundertschaften bestanden. Es war ein allerletztes Aufgebot der bereits geschlagenen Wehrmacht. Wir waren keine schneidigen Soldaten mehr, sondern eine über Jahre geschundene, ausgezehrte, letztendlich verratene und an Körper und Seele verwundete Generation.

Trotz allem Leid funktionierten noch immer das Prinzip von Befehl und Gehorsam und die preußischen Tugenden, besonders die der Kameradschaft. Wir waren keine wilde Söldnertruppe, die marodierend durch die Lande zog. Nein, wir waren nach wie vor die noch irgendwie funktionierende Wehrmacht, die so gut es ging nun unser eigenes Land in einem immer aussichtsloseren Kampf verteidigte und die Bevölkerung zu schützen versuchte.

Mein 21. Geburtstag und das zwei Tage darauffolgende Weihnachtsfest fielen aus. Es gab weder Geschenke noch kulinarische Freuden, sondern nur die schmerzlichen, ungewissen Gedanken an zu Hause, an die Familie. Wir hatten Heimweh und sehnten uns nach Frieden. Bereits die beiden vorangegangenen Geburtstage und Weihnachtsfeste hatte ich in der Fremde erlebt, und sie waren nicht schön gewesen. Doch dieses Mal war es schiere Hoffnungslosigkeit, die sich unser bemächtigte. Frierend, ausgezehrt und hungernd bauten wir zum Schutz vor den zu erwartenden Feindangriffen an Gräben, Stellungen und Erdbunkern.

Im Westen hatten die Amerikaner bereits an mehreren Stellen die Reichsgrenze überschritten und standen tief auf deutschem Boden. Im Süden, in Italien, rückten die angloamerikanischen Truppen weiter auf Norditalien vor. Auf den Weltmeeren waren fast alle deutschen Großkampfschiffe vernichtet worden. Nur wenige Einheiten hatten sich in die Ostsee retten können, wo sie nun für Flüchtlingstransporte entlang der Ostseeküste gebraucht wurden. Die Schiffe bedeuteten für viele Menschen aus Ostpreußen, Westpreußen und Pommern, denen der Fluchtweg über Land abgeschnitten war, die letzte Hoffnung, sich in den Westen retten zu können. Die anfangs so erfolgreichen U-Boote, die »grauen Wölfe«, wurden dank der neuen Ortungsgeräte der Alliierten reihenweise versenkt und erlitten die höchsten Verluste aller Waffengattungen. Von 40 000 U-Bootfahrern kehrten 30 000 Männer nicht mehr zurück.

Die meisten größeren deutschen Städte versanken im Bombenhagel in Schutt und Asche, ohne dass die deutsche Luftwaffe nennenswerten Widerstand leisten konnte. Zwar entwickelte die deutsche Luftfahrtindustrie Modelle mit weit überlegenen Flugleistungen wie die Düsenstrahljäger Messerschmitt Me 262 oder die »Volksjäger« genannte Heinkel He 162 »Salamander«, den Düsenbomber Arado 234 oder Raketenjäger wie die Messerschmitt Me 163 und Bachem Natter, aber die geringe Stückzahl und der eklatante Mangel an ausgebildeten Piloten und Treibstoff verhinderten einen wirkungsvollen Einsatz.

Während der Bombenkrieg immer schrecklichere Opfer unter der Zivilbevölkerung forderte, prahlte die NS-Propaganda mit der verheerenden Wirkung ihrer »Wunderwaffen« und versuchte das Volk mit markigen Worten vom Endsieg zum Durchhalten zu motivieren. In der Tat waren die Erfindungen der Flügelbombe V 1 und der Rakete V 2 bahnbrechend. Diese Waffen nötigten den Alliierten einigen Respekt ab und versetzten London als bevorzugtes Ziel in Angst und Schrecken. Erreichten die Raketen ihr Ziel, verursachten sie erhebliche Zerstörungen und forderten einige Opfer.

Im Vergleich zu den schweren Bombardements in Deutschland wirkten die deutschen Angriffe allerdings eher wie Nadelstiche, und die britischen Verluste an Zivilisten betrugen mit 60 000 Menschen nur ein Zehntel der deutschen. Die beabsichtigte Wirkung, die Moral der Zivilbevölkerung zu brechen, erreichten weder die Deutschen noch die Alliierten.

Zu Beginn des letzten Kriegsjahres war die Lage für die deutsche Wehrmacht, insbesondere bei uns im Osten, zwar äußerst gespannt, aber einigermaßen stabil. Nach Abschluss der sowjetischen Sommeroffensive, die bis zur Weichsel führte, und nach Beendigung der Kämpfe in Ostpreußen vom Oktober 1944 blieben die Fronten in Ostpreußen und Polen bis zum Januar 1945 im Wesentlichen unverändert. Doch musste jeden Tag mit einer neuen Offensive der Sowjets gerechnet werden. Trotzdem wurden im Winter 1944/45 mehrere deutsche Divisionen aus Ostpreußen und der Weichselfront herausgezogen und teils nach Ungarn, teils an die Rheinfront übergeführt, wo am 16. Dezember die deutsche Ardennenoffensive begann. Die an der Ostfront zur Verfügung stehenden Kräfte waren damit weiter geschwächt worden. Hinter der dünn besetzten Frontlinie gab es fast keine kampffähigen Reserven mehr, die bei einem etwaigen Durchbruch sowjetischer Truppen hätten eingesetzt werden können.

Die deutsche Führung war Anfang Januar 1945 über den Aufmarsch von mehr als zehnfach überlegenen russischen Kräften, insbesondere im Bereich der drei russischen Weichselbrückenköpfe von Baranów, Pulawy und Magnuszew informiert, in dessen Bereich sich unsere Einheiten befanden. Trotz dringender Vorstellungen beim Führerhauptquartier konnten keine Verstärkungen bereitgestellt, geschweige denn herangeführt werden. Dabei wurde deutlich, dass der zu erwartende russische Großangriff eine militärische Katastrophe nach sich ziehen und die Zivilbevölkerung in ihren Wirbel mitreißen musste.

Hatten die erbitterten Kämpfe auf allen Kriegsschauplätzen des Zweiten Weltkrieges eine möglichst vorsorgliche Evakuierung der Zivilbevölkerung notwendig gemacht und auch allenthalben Fluchtbewegungen ausgelöst, so sorgten die schlimmen Erfahrungen mit den ersten Einfällen russischer Truppen auf deutschem Boden in Ostpreußen geradezu für Panik. Die einzige Chance der Zivilbevölkerung lag darin, sich durch rechtzeitige Flucht dem Zugriff der Roten Armee zu entziehen. Ob und wie weit es für sie noch Fluchtmöglichkeiten geben konnte, würde ganz von der Schnelligkeit und der Stoßrichtung der russischen Angriffe abhängen, die in den verschiedenen Operationsgebieten sehr unterschiedlich waren. Die militärischen Operationen bestimmten weitgehend Fluchtwege, Fluchtrichtung und die Entstehung gewisser Brennpunkte der Fluchtbewegungen.

Vom 12. bis 15. Januar erfolgte bei kurzer zeitlicher Staffelung der einzelnen Vorstöße aus den verschiedenen Aufmarschräumen an der gesamten Front von der Memel im Norden bis zur oberen Weichsel im Süden der lange geplante und der deutschen Armeeführung bekannte russische Großangriff.

Die noch vorhandenen deutschen Truppen in einer Stärke von 569 000 Mann, mit 8230 Geschützen, 700 Panzern und 1300 Flugzeugen (annähernd die gleichen Kräfte wurden zur gleichen Zeit in der Ardennen-Offensive im Westen gegen die US-amerikanischen Truppen verheizt, um das Blatt im Westen noch einmal zu wenden) standen einer russischen Übermacht von 1,5 Millionen Soldaten, 28 000 Geschützen, 3300 Panzern und 10 000 Flugzeugen gegenüber.

Für die Rote Armee war dies die letzte gewaltige Kraftanstrengung des Zweiten Weltkrieges. Um den Kampfwillen zu stärken, wurden nochmals Millionen von Flugblättern verteilt, die zur Vernichtung des »faschistischen Tieres« in seiner Höhle und zur Vergewaltigung der »germanischen Frauen« aufforderten. Die Todesstunde für die deutsche Bevölkerung im Osten hatte geschlagen.

Zuerst brachen am 12. Januar die Truppen der 1. Ukrainischen Front (General Konjew) aus dem Baranów-Brückenkopf in Richtung Schlesien vor, am 13. folgte aus den Weichselbrückenköpfen Magnuszew und Pulawy der Angriff der 1. Weißrussischen Front (General Schukow), der zum frontalen Stoß über Lodz und Kalisch auf die mittlere Oder angesetzt war.

Zwei weitere Vorstöße sollten Ostpreußen abschnüren: Ebenfalls am 13. Januar erfolgte erst vom Osten her der Angriff der 3. Weißrussischen Front (Tschernjakowski) in Richtung Königsberg, zwei Tage später, am 15. Januar, der aus dem Narew-Brückenkopf Pultusk über Ciechanów und Soldau angesetzte Vorstoß der 2. Weißrussischen Front (Rokossowski), der auf Thorn und Elbing zielte, um Ostpreußen vom Deutschen Reich abzuschneiden.

Die mit ungeheurem Truppen- und Materialeinsatz geführten sowjetischen Angriffe erzielten schon in wenigen

Tagen große Erfolge. Am schlimmsten entwickelte sich die Lage für die deutsche Abwehrfront im großen Weichselbogen, wo wir mit unseren Einheiten des 4. Armeekorps lagen und außerdem im Raum von Warschau. Es gab auf der ganzen Frontlinie so gut wie kein Halten mehr gegen diesen gewaltigen Feuersturm der Roten Armee.

Schon am ersten Tag erzielte diese tiefe Einbrüche, und am 15. Januar gab es in diesem Gebiet keinerlei zusammenhängende deutsche Front mehr. Im südlichen Teil der Weichselfront konnten Durchbrüche und Umgehungen nur dadurch verhindert werden, dass die deutschen Truppen sich vor den überlegenen sowjetischen Streitkräften nach Westen absetzten, wobei wenigstens der Zusammenhalt der Front gewahrt blieb.

Den unermüdlich mit voller Wucht nachdrängenden Feind im Nacken legten wir teilweise vierzig bis fünfzig Kilometer pro Tag durch das tief verschneite Land zurück. Am 18. Januar befanden sich die Armeen Schukows und Konjews auf der Linie Plock–Lodz– Tschenstochau–Krakau im weiteren schnellen Vorgehen. Zwischen ihnen bewegten sich noch einzelne deutsche Verbände, die nach Westen durchzubrechen suchten.

Am 20. Januar überschritten russische Truppen östlich von Breslau die alte Reichsgrenze und stießen bis an die Außenbezirke des oberschlesischen Industriegebietes vor. Schon wenige Tage später hatten sie bei Brieg (23. Januar) und nördlich Breslau bei Steinau (28. Januar) die Oder erreicht.

Im Gebiet des Warthegaues waren zu dieser Zeit die Städte Wreschen und Gnesen von russischen Truppen besetzt. Am 25. Januar hatten sie die Festung Posen eingeschlossen, die am 23. Februar kapitulierte. Und noch immer drängten die Truppen Schukows in zügigem Vormarsch weiter nach Westen. Ihre Spitzen stießen bald beiderseits der Obra-Stellung vorbei und erreichten schon in den letzten Januartagen bei Fürstenberg und Küstrin die Oder. Am 2./3. Februar war ganz Ostbrandenburg bereits von russischen Truppen besetzt.

In kürzester Zeit waren die sowjetischen Angriffsarmeen vom großen Weichselbogen bis an den Mittellauf der Oder vorgestoßen und hatten mit den deutschen Truppen auch die flüchtende deutsche Bevölkerung aus dem Warthegau und Ostbrandenburg vor sich hergetrieben. Infolge der Schnelligkeit des russischen Vormarsches waren viele Flüchtlingstrecks auf dem Wege nach Westen überrollt worden. Nur diejenigen, die rechtzeitig über die Oder gelangten, waren vorerst in Sicherheit, denn bis zum April blieb die Front an der mittleren Oder stehen.

Während des Rückzuges unserer Truppen mischten sich immer wieder schutz- und hilfesuchende Zivilisten mit zahlreichen Flüchtlingstrecks unter unsere Wehrmachtseinheiten. Ganze Dorfgemeinschaften flohen geschlossen mit ihren Pferdegespannen und Wagen und zum großen Teil auch zu Fuß in panischer Angst vor der Roten Armee Richtung Westen.

Viel zu spät hatten die jeweiligen Gauleitungen damit begonnen, die Zivilbevölkerung aus Ost- und Westpreußen, aus Pommern und Schlesien zu evakuieren. Hunderttausende Menschen waren teilweise gemeinsam mit uns zurückweichenden Truppen auf der Flucht. Das grauenvolle Drama nahm seinen Lauf. Millionen von alten Männern, Frauen, Kindern und Säuglingen befanden sich in diesen Flüchtlingstrecks, darunter zahlreiche kleine Kinder, die in den Kriegswirren ihre Eltern durch Tod oder Trennung verloren hatten und nicht einmal wussten, wie sie hießen, woher sie kamen, geschweige denn wohin sie sollten.

Viele der alten Menschen, Kinder und besonders der Säuglinge überlebten die Strapazen nicht. Es gab kaum warme Mahlzeiten, keine Milch, keine Säuglingsnahrung, keine Medizin, keine Wärme und kaum Unterkünfte. Aufgrund der gebotenen Eile und des bitterkalten, anhaltenden Winterwetters mit extremen Frösten im zweistelligen Bereich sowie Schneemassen ohne Ende war es nicht möglich, die Toten einigermaßen würdig zu beerdigen. Zu hart und zu tief war die Erde gefroren. Das Ausheben von Gräbern war unmöglich. Man musste die Toten einfach liegen lassen, um das eigene Leben zu retten.

Es spielten sich dramatische Szenen ab. Die Bankette der Straßenränder waren rechts und links gesäumt mit in Decken eingewickelten Kinder- und Babyleichen sowie toten alten Frauen und Männern, die den unermesslichen Strapazen nicht mehr gewachsen waren. Es war unvorstellbar und schauderhaft, was sich in diesen Tagen, Wochen und Monaten zu Beginn des Jahres 1945 im Osten des Deutschen Reiches abspielte.

Diese Bilder haben sich tief in meine Seele eingebrannt. Wir Soldaten halfen, wo wir nur konnten, doch waren wir selbst auch in vielen Dingen machtlos und an den Grenzen der eigenen Leidens- und Leistungsfähigkeit angekommen.

Inzwischen war auch in Ostpreußen die militärische Entscheidung bereits gefallen. Der am 13. Januar zwischen Ebenrode und Schloßberg begonnene Angriff führte am 18. Januar zu einem Durchbruch bis an die Inster, der alle nördlich der Einbruchstelle stehenden deutschen Truppen zwang, sich hinter die Deime zurückzuziehen. Am 22. Januar fiel Insterburg, und am 25. Januar waren bereits alle ostpreußischen Kreise westlich der durch die Deime, den Masurischen Kanal und die Masurischen Seen gebildeten Linie in russischer Hand.

Nicht minder erfolgreich war der aus dem Narew-Brückenkopf Pultusk vorgetragene sowjetische Angriff. Bis zum 19. Januar waren Ciechanów und Soldau gefallen und die ostpreußische Grenze im Kreis Neidenburg von russischen Truppen überschritten. Noch am gleichen Tage erreichten die ersten sowjetischen Verbände die Kreise Ortelsburg und Osterode und setzten ihren Vormarsch in Richtung Allenstein und Elbing fort. Bald fielen die Städte Allenstein (21. Januar) und Mohrungen (23. Januar) und noch am 23. Januar drangen russische Panzer vorübergehend in Elbing ein, das jedoch erst nach schweren Kämpfen am 9. Februar eingenommen wurde. Schon am 26. Januar hatten die Russen bei Tolkemit das Frische Haff erreicht und damit die Land- und Bahnverbindung Ostpreußens zum Reich unterbrochen.

Nur einem kleinen Teil der ostpreußischen Bevölkerung war es gelungen, vor der Einschließung Ostpreußens die Weichsel nach Westen zu überschreiten. Jede weitere Fluchtbewegung in Richtung Westpreußen war nunmehr unmöglich geworden, und als letzter Ausweg für die im mittleren Teil Ostpreußens nach Westen ziehenden Trecks blieben nur das Samland mit dem Hafen von Pillau und vor allem das zugefrorene Frische Haff und die Nehrung, die noch eine letzte Landverbindung nach Westen bot.

Am 26. Januar musste auch die Deimestellung ostwärts von Königsberg aufgegeben werden, sodass die russischen Truppen ins Samland vorstoßen und am 31. Januar Königsberg einschließen konnten. Unterdessen hatte die unter General Hoßbach dienende 4. Armee in Eilmärschen die Stellung entlang der Masurischen Seen verlassen, um durch eine gegen den Willen des Führerhauptquartiers unternommene Angriffsoperation nach Westen die Abschnürung Ostpreußens zu durchbrechen und den Anschluss an die westlich der Weichsel stehenden deutschen

Truppen wiederzugewinnen. Nach anfänglichen Erfolgen hatte dieser Versuch am 26. Januar mit der Absetzung Hoßbachs und der Einstellung der von ihm begonnenen Operation sein Ende gefunden.

Am 30. Januar war die Besetzung des ostpreußischen Territoriums durch konzentrische russische Angriffe von Osten, Süden und Westen bereits weit fortgeschritten. Die Linie, auf der die deutschen Truppen in dieser Zeit standen, verlief von Tolkemit am Frischen Haff in südöstlicher Richtung nach Wormditt, bog dann nach Osten ab und folgte der Allee über Heilsberg nach Bartenstein, von wo aus sie in nordwestlicher Richtung bis nach Brandenburg bei Königsberg dicht an das Frische Haff zurückschwenkte und sich dann im Belagerungsring um Königsberg fortsetzte.

In diesem schlauchartigen Kessel, der an das Frische Haff angelehnt war und in seinem Zentrum die Kreise Braunsberg und Heiligenbeil umfasste, waren Hunderttausende von ostpreußischen Flüchtlingen zusammengedrängt, die von dort in endlosen Trecks den gefahrvollen Weg über das Eis des Frischen Haffs antraten. Neben dem Kessel südlich des Frischen Haffs waren noch die Stadt Königsberg sowie das westliche Samland mit Neukuhren, Rauschen, Pillau und Fischhausen in deutscher Hand. Hier hatten sich ebenfalls unzählige Flüchtlinge versammelt.

Diese letzten deutschen Bastionen in Ostpreußen wurden in den folgenden Monaten äußerst zäh verteidigt, um Zeit zum Abtransport der Zivilbevölkerung über das Haff und über den Seehafen Pillau zu gewinnen. Erst am 25. März verließen die letzten auf der Halbinsel Balga zusammengedrängten deutschen Truppen über das Haff den Heilsberger Kessel. Am 9. April fiel Königsberg und am 25. April Pillau, während sich auf der Frischen Nehrung noch bis zum Waffenstillstand am 9. Mai deutsche Truppen hielten.

Zu einer ähnlichen Aufspaltung der deutschen Abwehrfront und zur Zusammenballung deutscher Truppen und Flüchtlinge in einzelnen Kesseln war es unterdessen auch in den weiter westlich gelegenen Ostseegebieten um Danzig und in Pommern gekommen.

Der gleiche russische Vorstoß, der mit seinem rechten Flügel Soldau, Osterode und Elbing erfasste, zielte mit seinem linken Flügel am Nordufer der Weichsel entlang nach Westen. Am 23. Januar wurde Thorn eingeschlossen, das sich bis zum 30. Januar hielt. Schon vorher war Bromberg in russische Hand gefallen (27. Januar), und bald waren sowjetische Panzerspitzen auch bis zur Festung Graudenz vorgestoßen, die allerdings noch bis Anfang März zäh verteidigt wurde. Etwa gleichzeitig mit Elbing wurde auch Marienburg erreicht, sodass Ende Januar die Nogat-Weichsel-Linie von Elbing bis Graudenz in russischer Hand war. Bei Graudenz bog die Front über die Weichsel weit nach Osten vor, wo in den letzten Januartagen Schneidemühl eingeschlossen worden war (Kapitulation am 14. Februar) und die ersten Einbrüche der Roten Armee in die südpommerschen Kreise Flatow, Deutsch Krone, Netzekreis, Friedeberg, Arnswalde, Pyritz und Greifenhagen erfolgt waren. Schon damals versuchten die Sowjets, Stettin und die Oder-Mündung zu erreichen, doch diese Versuche scheiterten einstweilen an der entschlossenen deutschen Abwehr.

Während des ganzen Monats Februar blieb die Front in Pommern und Westpreußen mit nur geringen Veränderungen circa fünfzig Kilometer nördlich der Warthe-Netze-Linie stehen. Die Weichselmündung, Danzig und die nördlichen Kreise Westpreußens sowie Ostpommerns blieben somit für alle über das Haff und die Nehrung aus

Ostpreußen kommenden und für die aus dem Südteil Westpreußens und aus den polnischen Gebieten verdrängten deutschen Truppen und Bevölkerungsteile noch als Zufluchtsstätten offen. Erst Anfang März begann von Süden her die Aufspaltung Pommerns.

Am 1. März stießen russische Angriffsspitzen bei Köslin an die Ostseeküste vor, versperrten dadurch den im Danziger Raum und in den östlichsten Kreisen Pommerns nach Westen Fliehenden den Weg und zwangen sie zur Umkehr nach Osten, wo über die Häfen von Danzig und Gdingen noch eine Möglichkeit des Entkommens bestand. Für die Bevölkerung und die deutschen Truppen, die sich in der westlichen Hälfte Ostpommerns aufhielten, wurde der Flucht-und Rückzugsweg über die Oder nach Westen in den ersten Märztagen immer mehr eingeengt, bis auch hier der Landweg nach Westen am 10. März endgültig unterbrochen war. Nur die Stadt Kolberg, die erst am 18. März nach 14-tägiger Belagerung fiel, stellte noch einen letzten Zufluchtsort dar, von dem aus mit Schiffen noch zahlreiche Flüchtlinge und Truppenteile nach Westen gebracht werden konnten. Nachdem dann am 27. März auch Gdingen und Danzig, von allen Seiten umfasst, aufgegeben werden mussten, blieben nur noch die Weichselmündung bei Schiewenhorst und die Landzunge von Hela feindfrei. Wie die Frische Nehrung in Ostpreußen konnten diese durch ihre natürliche Lage geschützten Gebiete bis zur Kapitulation gehalten und als letzte Ausgangspunkte für Seetransporte nach Rügen, Kiel oder nach Dänemark benutzt werden.

In Schlesien waren zu dem Zeitpunk die sowjetischen Vorstöße auf die Brückenköpfe Brieg und Steinau nach den Seiten hin so weit verbreitet , dass Ende Januar bereits alle östlich der Oder gelegenen schlesischen Gebiete in russischer Hand waren. Auch Oppeln war am 26. Januar gefallen. Nur um Glogau hielt sich in Niederschlesien noch ein deutscher Brückenkopf östlich der Oder, und in Oberschlesien wurde noch heftig um Teile des östlich der Oder gelegenen Industriegebietes gekämpft, nachdem dessen Zentrum mit den Städten Beuthen, Gleiwitz, Hindenburg und Kattowitz bereits in den letzten Januartagen verloren gegangen war. Am 10. Februar mussten sich die letzten im oberschlesischen Industriegebiet stehenden deutschen Truppen nach dreiwöchigen Kämpfen hinter die Oder zurückziehen, wo sie dann bis Anfang April einen ebenso hartnäckigen Kampf zur Verteidigung des Mährisch-Ostrauer Industriereviers führten.

Am 8. Februar begannen die in Niederschlesien an der Oder stehenden sowjetischen Divisionen einen erneuten Angriff nach Westen. Aus dem Brückenkopf Steinau vorstoßend und gleichzeitig nördlich Glogau die Oder überschreitend erreichten die russischen Truppen nach schweren Kämpfen und deutschen Gegenangriffen am Bober die Görlitzer Neiße. Zwischen Guben im Norden und Penzig im Süden gingen die deutschen Truppen am 25. Februar hinter die Neiße zurück. Nur um Görlitz wurde noch ein deutscher Brückenkopf gehalten. Im Zuge dieses sowjetischen Angriffs war am 10. Februar Liegnitz fast kampflos in russische Hände gefallen und am 12. Februar Glogau eingeschlossen worden. Gleichzeitig mit dem Vorstoß zur Neiße begann am 8. Februar eine Zangenbewegung der Roten Armee aus den Brückenköpfen Steinau und Brieg, die nach harten Kämpfen am 16. Februar zur Einschließung Breslaus führte. Auch Jauer, Striegau und Schweidnitz wurden Mitte Februar von den Russen eingenommen.

Nachdem am 3./4. März ein Versuch der Roten Armee zur Überschreitung der Görlitzer Neiße nach Sachsen hinein in der Panzerschlacht von Lauban ein letztes Mal abgewehrt werden konnte, änderte sich die seit Mitte Februar entstandene Lage in Schlesien nur noch unerheblich. Bis Ende März konnte sich Glogau halten, und Breslau ergab sich erst am 6. Mai, zwei Tage vor der allgemeinen Kapitulation.

Anfang März verlief die Front von Ratibor bis zur Höhe von Oppeln entlang dem westlichen Oderufer und von dort über Strehlen, Striegau, Lauban bis zur Neiße bei Görlitz. In der zweiten Märzhälfte wurde auch der westlich der Oder gelegene Teil Oberschlesiens nahezu vollständig besetzt, und nur längs des böhmisch-schlesischen Grenzgebirges blieb ein Streifen, der sich durch ganz Schlesien hindurchzog, noch bis in die Tage unmittelbar vor dem Waffenstillstand in deutscher Hand.

Entsprechend der geografischen Lage Schlesiens und dem Verlauf der Kampfhandlungen floh die schlesische Bevölkerung in zwei Hauptrichtungen: Entweder in westlicher Richtung unter Benutzung der Hauptverkehrswege nach Sachsen oder in südlicher Richtung nach dem von allen Gegenden Schlesiens aus relativ schnell erreichbaren Gebirge und von dort weiter über das Gebirge hinweg nach Böhmen und Mähren.

In allen von Deutschen bewohnten Gebieten östlich der Oder-Neiße-Linie waren die Kampfhandlungen im Wesentlichen bereits Ende März beendet mit Ausnahme von einigen Häfen, Landzungen, Festungsstädten und Gebirgszügen.

Nach wie vor befanden wir uns mit unseren wenigen überlebenden Truppenteilen bei der am 25. Januar neu aufgestellten Heeresgruppe Mitte, die nach dem Durchbruch der Roten Armee an der Weichsel in Heeresgruppe A umbenannt worden war. Die Führung wurde von da an Generaloberst Ferdinand Schörner übertragen. Die Verdienste

Schörners, der wegen seiner harten Führung sehr umstritten war, bestanden in erster Linie darin, dass es ihm gelang, seine Truppen in schweren Rückzuggefechten nach Westen zu führen und an der Oder eine neue Abwehrfront aufzubauen. Um das Industriegebiet von Mährisch-Ostrau zu retten, verteidigte er dieses mit seinen Truppen in einer zwanzigtägigen Schlacht und brachte den Sowjets trotz stark unterlegener eigener Kräfte eine schwere Niederlage bei. Der sowjetische Vormarsch wurde verlangsamt und zeitweilig gestoppt, sodass sich in diesem Zeitfenster Hunderttausende von Flüchtlingen aus Schlesien einigermaßen sicher in Richtung Westen retten konnten.

Bereits als Leutnant im Ersten Weltkrieg beim Deutschen Alpenkorps an der Südfront während der siegreichen 12. Isonzoschlacht hatte sich Schörner zusammen mit dem damaligen Oberleutnant Erwin Rommel, dem später als »Wüstenfuchs« bekannten Generalfeldmarschall, ausgezeichnet. Mit dem Ziel, Lehrer an Höheren Schulen zu werden, hatte er vor dem Ersten Weltkrieg in München, Grenoble und Lausanne Philosophie und neuere Sprachen studiert. In Französisch und Italienisch hatte er die Dolmetscherprüfung abgelegt. Doch der Ausbruch des Ersten Weltkrieges führte ihn letztendlich in die Offizierslaufbahn und an alle Fronten.

In diesen letzten Kriegswochen des Zweiten Weltkrieges führte er alle ihm unterstellten Truppenteile mit eiserner Härte und sorgte für Angst und Schrecken. Er war als Befehlshaber bei unserer Truppe gefürchtet und gehasst. Die letzten Wochen an der Oderfront leben in meiner Erinnerung als ein wüstes Chaos von Blut, Untergang und Verzweiflung. Die ganze Brutalität einer in ihrer Selbstbehauptung absolut rücksichtslos gewordenen Führung kehrte sich im totalen Zusammenbruch gegen die eigene Truppe.

Die Inspektionsrouten dieses berüchtigten General Schörners waren gesäumt von gehenkten Soldaten. Meistens waren es Versprengte, die in dem Durcheinander von ihren Einheiten getrennt worden waren und keinen Marschbefehl vorzeigen konnten. Diese galten dann als Fahnenflüchtige, und Schörner, der sich von einem »Fliegenden Standgericht« begleiten ließ, machte mit ihnen kurzen Prozess. Seine »Kettenhunde«, die Feldgendarmerie, so genannt wegen der Ketten, an denen sie umgehängte Nickelschilde auf der Brust trugen, knüpften sie ohne viel Federlesens zur Abschreckung am nächstgelegenen Baum auf oder erschossen sie an der nächsten Wand. Weiterhin durchkämmten seine Schergen sämtliche Lazarette und Krankenhäuser, stets auf der Suche nach »Drückebergern« und »Simulanten«. Nicht nur leicht, nein, sogar erheblich Verwundete wurden aus den Betten gezerrt und direkt an die Front geschickt. Eine unmenschliche Härte! Schörner wurde am 5. April 1945 von Hitler zum Generalfeldmarschall befördert und in dessen politischem Testament am 30. April 1945 zum Oberbefehlshaber des Heeres ernannt.

Bei den Endkämpfen unterstanden der Heeresgruppe die 4. Panzerarmee im Raum Dresden–Görlitz, die 17. Armee an der südschlesischen Oderlinie und die nach Süden anschließende 1. Panzerarmee an den Höhenstellungen entlang der Linie Neiße–Jägerndorf–Ratibor–Mährisch Ostrau. Letztes Hauptquartier der Heeresgruppe war vom 28. März bis 9. Mai 1945 Bad Welchow im »Reichsprotektorat Böhmen und Mähren«. Die Kapitulation der letzten intakten Heeresgruppe des dritten Reiches erfolgte vor der aus dem Osten angreifenden 1., 2. und 4. Ukrainischen Front. In einem Kessel nordöstlich von Prag eingeschlossen ging die gesamte Heeresgruppe in sowjetische Kriegsgefangenschaft.

Nachdem das unter seiner Führung stehende 4. Armeekorps Anfang Mai zwischen Oder und Elbe verblutet war, setzte sich Schörner mit einem Fieseler Storch, den er ständig zu seiner Verfügung hielt, rechtzeitig nach Mittersill in Österreich ab und entzog sich hierdurch dem Untergang.

Ende Februar hatte es mich mit einigen Kameraden nach langem Umherirren in den weiten, schneebedeckten schlesischen Landschaften in den Bereich zwischen Görlitz und Lauban verschlagen.

Wenige Monate vor dem Zusammenbruch erhielt ich an einem der letzten Februartage 1945 spätnachmittags von einem älteren Oberfeldwebel namens Ramsauer, der aus dem Bayerischen Wald stammte, den Auftrag, Verbindung zu versprengten Kameraden einer Nachbareinheit aufzunehmen, damit diese unsere Einheit verstärkten. Deren Standort wurde mir zwar mit vagen Mutmaßungen beschrieben, war aber letztlich unbekannt.

Ohne Karte und Kompass stapfte ich mühsam durch den hohen Schnee in die genannte Richtung. Es wurde in kürzester Zeit dämmerig und es war weit und breit keine Menschenseele auszumachen.

Nach einer knappen Stunde stieß ich durch Zufall auf einen einsamen Landser, der plötzlich erschrocken vor mir stand. Meiner Vermutung nach konnte es ein Fahnenflüchtiger sein, vielleicht sogar von dem Haufen, den ich suchen sollte.

Trotzdem fragte ich ihn: »Ich habe den Auftrag, eine versprengte Einheit zu suchen, die sich hier in dieser Gegend befinden soll. Haben Sie jemanden gesehen oder können Sie mir sagen, in welcher Richtung ich suchen soll?«

»Hier gibt es keine deutsche Einheit. Ich schlage vor, in nord-nordwestlicher Richtung weiterzusuchen«, entgegnete er.

Mir blieb also wenig anderes übrig, als seinem Rat zu folgen, und so machte ich mich in die angegebene Richtung auf den Weg. Dabei verlor ich jedoch innerhalb der nächsten beiden Stunden in der schemenhaften, monotonen, weißgrauen Winterlandschaft gänzlich die Orientierung. Felder, Wälder und die sanften Hügel sahen hier alle ähnlich aus. Nur nicht dem Feind noch in die Arme laufen, dachte ich mir, als ich bei Dunkelheit und fast absoluter beängstigender Stille plötzlich erkannte, dass ich mich total verirrt hatte. Keine Russen, keine Deutschen, hier war nichts als Schneewüste, Dunkelheit und Einsamkeit. Ich ärgerte mich über mich selbst, weil ich dem Rat des anscheinend unwissenden Landsers gefolgt war, der mich vielleicht sogar bewusst in die falsche Richtung geschickt hatte. Und wie konnte ich mich nur derart verlaufen? Ich hatte doch normalerweise einen hervorragend funktionierenden Orientierungssinn.

Was konnte ich nur tun? Ich versuchte, mich an der Bemoosung der Baumstämme zu orientieren und stapfte im Dunkeln mindestens vier Stunden durch Wälder und über Felder durch metertiefen Schnee. In der weißen Landschaft konnte man die Einzelheiten des Geländes nur schemenhaft erkennen.

Plötzlich, es war schon sehr weit nach Mitternacht, hatte ich das Gefühl, dass ich genau an derselben Stelle stand, an der ich vor vier Stunden auf den dämlichen Landser gestoßen war. Niedergeschlagen, frierend und hungrig hockte ich mich nieder und stillte meinen Durst, indem ich händeweise Schnee aß. Wenig später schlief ich inmitten eines Dickichts und somit vor Entdeckung einigermaßen geschützt trotz der grimmigen Kälte tief ein.

Als ich an diesem Morgen beim Hellwerden erwachte, bot sich mir ein trüber und diffuser Wintertag ohne Sonne. Der Himmel war voller Schneewolken. Weit und breit sah ich weder Menschen noch Häuser. Ohne Karte und Kompass hatte ich keine Ahnung, wo ich mich befand, und schon gar nicht, wo sich der Rest meiner Einheit aufhielt. Ich beschloss kurzerhand, meinen Weg in südwestlicher Richtung fortzusetzen in der Hoffnung, irgendjemanden zu treffen und vor allem irgendetwas Essbares zu finden, denn mein Hunger war unvorstellbar groß.

Etwa zwei Stunden später, gegen 10 Uhr vormittags, sah ich von Weitem eine Gestalt in deutscher Uniform umherirren, auf die ich sofort zumarschierte, so schnell die schneebedeckte Erde es zuließ. Der Mann war genauso überrascht wie ich, plötzlich jemanden in dieser Einsamkeit anzutreffen, und als ich näher kam, erkannte ich an den Rangabzeichen einen deutschen Hauptmann. Ohne mir Gelegenheit zu einer ordentlichen Meldung zu geben, fragte er mich:

»Haben Sie mein Auto gesehen? Ich suche mein Auto.«

Diese Frage musste ich leider verneinen, dachte aber sofort, das sei die Gelegenheit der Stunde. Was für ein Segen! Ein Auto zum Mitfahren und endlich nicht mehr zu Fuß gehen müssen. Ich hängte mich an diesen völlig zerstreut wirkenden Offizier und bot ihm meine Mithilfe beim Suchen an. Daraufhin liefen wir absolut planlos in dieser einsamen Gegend umher, und hinter jeder Wegbiegung, hinter jedem Hügel sagte der Hauptmann:

»Hier hat er gestanden, an dieser Stelle müsste es gewesen sein«, oder »Nein, hier hat er gestanden, ich weiß es ganz genau, da stand mein Auto.«

Gegen Mittag wurde mir dieses selten komische Spiel doch zu dumm, und ich ließ ihn einfach alleine weiterlaufen, denn ich glaubte nicht mehr an seine Geschichte. Von seinem dämlichen Auto war weit und breit nichts zu sehen. Ich hatte den Eindruck, es war dem Offizier ganz recht, dass er mich loswurde. Vermutlich war er ein versprengter Soldat, der vielleicht schon als fahnenflüchtig galt. Vielleicht war er aber auch traumatisiert von den Kriegswirren, hatte den Verstand verloren und irrte nun völlig orientierungslos umher.

Jetzt stand ich hier an einer Stelle im Nirgendwo und war noch verwirrter als heute Morgen. Kurzerhand entschloss ich mich, weiter nach Südwesten zu gehen. Es war einfach zum Verzweifeln. Nirgendwo sah ich eine Menschenseele, und am späten Nachmittag war meine reguläre Zeit abgelaufen.

Eine unerlaubte Entfernung von der Truppe länger als 24 Stunden bedeutete damals, dass man fahnenflüchtig und somit desertiert war. Diese Situation bescherte mir inzwischen äußerstes Unbehagen. Eine zunehmende Angst lähmte mich. Würde ich jetzt von irgendeiner Einheit oder der Feldgendarmerie aufgegriffen, musste ich damit rechnen, als Deserteur gehängt oder erschossen zu werden.

In dieser Situation erinnerte ich mich eigenartigerweise an einen Satz im Unterricht von Leutnant Engelmann damals während unserer Ausbildung in der Gneisenau-Kaserne in Koblenz. Als menschlich gefestigter und souveräner Vorgesetzter hatte er uns beigebracht, in Gefahrensituationen schnell und eigenständig zu handeln. In diesem Zusammenhang pflegte er einen Leitsatz von Generalfeldmarschall Liman von Sanders zu zitieren. Dieser war Kommandeur der deutschen Truppen in der damals mit dem Deutschen Reich verbündeten Türkei. Dieser hatte ebenso knapp wie prägnant gesagt: »Wer überall Bedenken hat, gelangt auf keinem Weg zur Tat.«

Ich hatte plötzlich keine Bedenken mehr und befolgte diese Worte. In Anbetracht der zusammengebrochenen Front, der schier aussichtslosen Lage und des zu erwartenden baldigen Kriegsendes, vor allem jedoch angesichts der Gefahr, gegebenenfalls von den eigenen Feldgendarmerie-Einheiten hingerichtet zu werden, beschloss ich spontan, irgendwie alleine Richtung Westen durchzukommen. Es war ein unvorstellbar riskantes Unterfangen, aber es blieb mir in dieser unverschuldeten Lage keine andere Wahl. Ich legte mich noch bei Tageslicht im nächsten Wald zum Ausruhen nieder und marschierte in den nächsten Nächten stundenlang weiter. Dabei hielt ich gebührend Abstand von Siedlungen, Dörfern und Gehöften. Von nun an galt ich als Fahnenflüchtiger und Deserteur. Das war mir bewusst, und dieser Zustand zerrte an meinen Nerven.

Am dritten, mehr noch am vierten und fünften Tag war ich wegen des Nahrungsmangels so entkräftet, dass ich all meinen Mut zusammennahm und bei eintretender Dämmerung zu zwei nebeneinanderliegenden einsamen schlesischen Bauerngehöften ging. Hinter Gebüsch verborgen beobachtete ich die Häuser, und als ich sicher war, dort weder auf russische noch auf deutsche Soldaten zu stoßen, schleppte ich mich mit schweren Beinen, ausgehungert, träge und total übermüdet zu einem dieser Bauernhöfe.

Flucht und Gefangenschaft

Ich klopfte an die hölzerne Haustüre des ersten der beiden Gehöfte. »Müller« stand auf dem Namensschild. Nach geraumer Zeit öffnete mir eine ältere Frau die Tür.

»Wer sind Sie und was wünschen Sie?«, fragte sie misstrauisch, aber nicht unfreundlich.

Meiner Schätzung nach war sie etwa im gleichen Alter wie meine Mutter. Im Hintergrund des Hausflures standen ihr Mann und daneben eine junge Frau, wohl eine Tochter der beiden.

Ich stellte mich als Fritz Sauer vor, erzählte ihnen, dass ich ein versprengter Soldat auf dem Rückzug von der Front sei und schon seit fünf Tagen auf der Suche nach meiner Truppe durch Schlesien irrte. Seitdem hätte ich so gut wie nichts mehr gegessen und würde deshalb um etwas Essbares bitten.

Die warmherzigen Menschen waren anscheinend von meinem verwahrlosten Aussehen ebenso erschüttert wie gerührt. Entsetzt hielten sie die Hände vors Gesicht und riefen: »Um Gottes willen, Vetter, kommt herein!« »Vetter« war in diesem Fall wohl eher als Anrede für einen alten Mann gedacht.

Ich muss wohl im Gesicht so schwarz und am ganzen Körper so dreckig gewesen sein, dass die Mutter spontan zu mir sagte: »Ich mache Ihnen etwas zu essen, aber gehen Sie doch zuerst in den ersten Stock in unser Bad. Dort dürfen Sie sich waschen, baden und rasieren. Wir legen Ihnen frische Wäsche vor die Badezimmertür.«

Diesen Rat befolgte ich zu gerne und nach Ablegen meiner Uniform badete ich zum ersten Mal seit langer Zeit wieder ausgiebig in wohltuend warmem Wasser und wusch meine blonden, mittlerweile recht lang gewordenen Haare. Das letzte Vollbad lag zwei Jahre zurück. Ich hatte es genommen, kurz bevor ich damals aus dem Lazarett in Lippstadt entlassen worden war.

Nach der Rasur meines mittlerweile doch schon recht starken Bartes zog ich die vor der Tür bereitgelegte frische zivile Kleidung an und ging erschöpft, aber mordshungrig hinunter in die Küche des großen Bauernhauses. Als die Familie Müller mich nach fast annähernd einer Stunde körperlicher Grundreinigung plötzlich in der Küche stehen sah, versetzte ich wegen der wundersamen Verwandlung alle wieder in Erstaunen.

»Eben noch aus der Hölle kommend, steht jetzt plötzlich ein Prinz vor uns«, sagte die liebenswerte Hausfrau.

Während des Essens erzählte ich ausführlich fast meinen ganzen Lebenslauf und schilderte die große Gefahr durch die nahende Front.

»Wenn die Front bedrohlich heranrückt, wollen wir gemeinsam mit der französischen Familie Schneider vom Nachbarhof und deren Kindern fliehen«, sagte Herr Müller leise, als ob der Feind mithören könnte. »Die Familie Schneider stammte aus Metz in Lothringen und wurde nach dem Frankreichfeldzug und der Besetzung von Elsass und Lothringen 1940 hierher in unsere einsame Region zwangsumgesiedelt«, erzählte Herr Müller weiter.

So saß ich bald gemeinsam mit allen Bewohnern der beiden Gehöfte an diesem späten Abend in der mollig geheizten und an den Fenstern abgedunkelten Küche. Dabei beratschlagten wir gemeinsam über verschiedene Fluchtvarianten, die besten Fluchtwege und den günstigsten Zeitpunkt.

Es war eine großartige warmherzige Geste dieser liebenswerten Menschen, dass sie mich nicht fortschickten in die eisige Winterkälte, sondern mir anboten, noch zu bleiben, obwohl sie sich dadurch selbst in Lebensgefahr brachten.

Sie bereiteten mir in der Scheune ein Lager in einem doppelten Scheunenboden. Unter mir befanden sich die Ställe und über mir Heu und Stroh. Tagsüber musste ich in meinem Versteck bleiben und Lenchen, die älteste Tochter der Familie, brachte mir das Essen in die Scheune. Abends in der Dunkelheit durfte ich mein Versteck verlassen. Wir trafen uns dann alle in der Küche. Auch die Familie Schneider war jedes Mal dabei, und wir hörten im Volksempfänger BBC London, den verbotenen Feindsender. So waren wir über die aktuelle Lage recht gut informiert.

Am Abend des dritten Tages meiner Aufnahme bei Müllers näherten sich deutsche Soldaten vorsichtig den Bauernhäusern. Sofort suchte ich mein Versteck auf und kroch in den doppelten Scheunenboden. Ich konnte vieles, was um mich herum passierte und gesprochen wurde, mithören und durch einen Spalt im Holzboden beobachten. Es handelte sich um eine zusammengewürfelte Einheit aus ungefähr dreißig blutjungen und einigen versprengten älteren Soldaten. Geführt von einem Hauptmann, wurden diese armen Teufel erneut an die Front geschickt. Sie baten um ein Nachtquartier und lagen zur einen Hälfte im Stall unter und zur anderen Hälfte im Heuspeicher über mir.

In dieser Nacht schwitzte ich Blut und Wasser vor Angst, entdeckt zu werden. Nur keine Geräusche, nur nicht einschlafen und schnarchen! Ich machte in dieser Nacht kein Auge zu und betete zu Gott, dass mich niemand entdecken würde. Erst als die Truppe im Morgengrauen unter großem Getöse das Feld räumte und Richtung Osten aufbrach, konnte ich einigermaßen beruhigt durchatmen. In was für einer gefährlichen Lage hatte ich mich befunden, und vor allem, in welche schlimme Situation wären alle Bewohner gekommen, wenn ich entdeckt und als versteckter Deserteur erkannt worden wäre! Jetzt im Nachhinein wurde uns erst richtig bewusst, dass meine Anwesenheit hier für mich und meine liebenswerten Gastgeber äußerst gefährlich war. Meine Entdeckung hätte in dieser Zeit für uns alle das sichere Todesurteil bedeutet.

Wir verfolgten am selben Abend wieder in der abgedunkelten Küche die Nachrichten von BBC London und hörten, dass die Truppen Schörners nach der letzten Schlacht im Raum Lauban die Rote Armee auf ihrem Vormarsch noch einmal kurzfristig zum Halten gebracht hatten. Einige Tage später erfuhren wir, dass die Russen vorerst nicht in das »Protektorat Böhmen und Mähren«, also nicht nach Tschechien einmarschieren würden. Alle beschlossen einstimmig, die Flucht in der darauffolgenden Nacht zu wagen. Unser Weg sollte uns nach Südwesten führen, Großrichtung Zittau mit dem Ziel, die Berge und das Sudetenland zu erreichen.

Beide Familien packten das Nötigste in je einen pferdebespannten Planwagen. Opa und Oma Müller packten wir im Wagen in dicke Decken ein. Haus, Hof, Gut und das ganze Eigentum mussten die Menschen schweren Herzens zurücklassen. Dazu gehörten natürlich auch sämtliche Tiere. Da ich reiten konnte, schenkte man mir ein Pferd, das sonst zurückgelassen worden wäre. Wir beschlossen, nur in der ersten Nacht zusammenzubleiben. Zum einen kam ich als einzelner Reiter schneller voran und zum anderen hätte ich meine Gastgeber in Gefahr gebracht, sollte uns die Feldgendarmerie aufhalten.

Wir nahmen am Abend alle gemeinsam unsere letzte warme Mahlzeit ein und setzten uns gegen 21 Uhr mit dem kleinen Treck in Marsch. Für Familie Müller war es ein Abschied für immer von ihrer schlesischen Heimat, für die französische Familie Schneider und mich war es der Versuch, in unsere Heimat zurückzukehren. Die ganze Nacht zogen wir mit Ausnahme von wenigen kurzen Pausen schweigend durch die Weiten der tief verschneiten schlesischen Landschaft. Nur das Knarren der hölzernen Pferdewagen und das Schnaufen der Tiere war zu hören. Im Morgengrauen verabschiedete ich mich von diesen liebenswerten Menschen und bedankte mich für die fürsorgliche Aufnahme, die mir letztlich das Leben gerettet hatte.

Wir umarmten uns alle ein letztes Mal. »Wir wünschen dir auf deinem weiten Nachhauseweg viel Glück, Fritz«, riefen alle hinter mir her.

»Ich verspreche euch, dass wir uns nach dem Krieg wiedersehen, so Gott will«, rief ich gerührt zurück.

Der Weg des Trecks führte weiter Richtung Süden zum Sudetengau. Ich ritt mit einem Rucksack bepackt, der mit einigen Kleidungsstücken und Proviant gefüllt war, nördlich von Zittau Richtung Südwesten weiter. Schon kurz vor Mittag erreichte ich in einer Senke einen größeren Bachlauf von mindestens drei bis vier Meter Breite, der nicht gänzlich zugefroren war. Später erfuhr ich, dass es sich um das kleine Flüsschen Mandau handelte. Weit und breit konnte ich weder Brücke noch Steg oder Furt ausmachen.

So beschloss ich, mit dem Pferd durch diesen Bach zu reiten. Normalerweise bedeuten Gewässer dieser Größe für Pferde kein unüberwindliches Hindernis, doch mein vierbeiniger Weggefährte wollte absolut nichts von einer Überquerung wissen. Das Tier scheute jedes Mal, wenn ich erneut auf den Bach zusteuerte. Der Gaul wollte einfach nicht auf die andere Seite. Wahrscheinlich hatte er Angst vor dem teils zugefrorenen vereisten Randbereich des Gewässers. Immer wieder probierte ich einen erneuten Anlauf, bis das Tier der Sache auf einmal überdrüssig war. Das Pferd scheute erneut, bäumte sich auf und warf mich ab, um anschließend gemütlich davonzuhoppeln. Ich glaube, dass ich dem Pferd mehr als eine halbe Stunde hinterherlief, um es einzufangen. Als ich endlich das Halfter erwischte, machte es eine kreisende Kopfbewegung, zog den Kopf aus dem gelockerten Zaumzeug heraus, wieherte laut und machte sich vollends davon. Nun stand ich da, ohne Pferd, das Halfter in der Hand und immer noch diesseits des Baches. Es blieb mir keine andere Wahl, als Schuhe, Strümpfe und Hose einschließlich der langen Unterhose auszuziehen und durch das eiskalte Wasser auf die westliche Seite des Gewässers zu waten. Nach dieser unfreiwilligen Erfrischung wartete ich am anderen Ufer, bis meine zitternden Füße und Beine einigermaßen durch die eigene Körperwärme getrocknet waren. Danach zog ich in der lausigen Kälte schleunigst die zivilen Klamotten über und konnte meinen langen Weg Richtung Westen ungestört fortsetzen. Allerdings wieder zu Fuß und ohne Hilfe dieses treulosen Pferdes.

Gegen Abend beobachtete ich ein kleines Dorf und bemerkte dabei eine männliche Person etwa gleichen Alters, die nur wenige Schritte von mir entfernt offenbar das Gleiche tat.

Also trat ich auf den jungen Mann in Zivilkleidung zu und sprach ihn an: »Wie heißt du, wo kommst du her?«

»Ich heiße Hermann und bin ein versprengter Soldat vom IV. Armeekorps. Ich habe mich nach dem Tod fast aller meiner Kameraden bis hierher durchgeschlagen. Hier in dieser Gegend kenne ich mich gut aus. Ich bin auf dem Nachhauseweg nach Nixdorf, meinem Heimatort im Sudetenland. Das sind von hier ungefähr dreißig Kilometer. Du kannst mich dorthin begleiten und bei uns übernachten. Wir müssen am Schluss nur noch über die alte Reichsgrenze kommen. Den letzten Nachrichten zu glauben, wird die Rote Armee vorerst die Grenze nach Tschechien nicht überschreiten.«

Selbst absolut ortsunkundig, nahm ich diesen gutgemeinten Vorschlag ohne zu zögern an.

»Ich bin dabei«, rief ich Hermann erleichtert zu, und so marschierten wir gemeinsam in der folgenden Nacht ungesehen über die Grenze bis zu diesem besagten Ort Nixdorf (heute Mikulášovice, Tschechien), den wir am folgenden Nachmittag erreichten.

Hermanns Eltern hatten hier bis vor Kurzem eine Spinnereifabrik besessen, deren Tätigkeit seit Wochen eingestellt war. Die Freude, ihren Sohn lebend wiederzusehen, war unermesslich groß. Auch hier wurde ich sehr liebenswert aufgenommen und verköstigt. Allerdings legte man mir nahe, diesen Ort schnell wieder zu verlassen, da nicht nur diese Familie durch meine Anwesenheit gefährdet war, sondern, viel schlimmer noch, dass mittlerweile tschechische Freikorps und Banden die hier lebende deutsche Bevölkerung drangsalierten, teilweise folterten, töteten und deportierten. Alles, was Deutsch war, wurde gehasst und verdammt. Auch hier in diesem kleinen Landzipfel des Sudetenlandes, umgeben von der Reichsgrenze, war man seines Lebens nicht mehr sicher.

In der dritten Nacht wagte ich in genauer Absprache mit meinen Gastgebern, von denen ich erneut mit etwas Proviant ausgestattet wurde, meine weitere Flucht. Die von Hermanns Eltern genau beschriebene Strecke führte nach einer wiederholten Grenzüberschreitung durch das Elbsandsteingebirge entlang des Kirnitzschtales bis nach Bad Schandau an der Elbe.

Nachdem ich diesen Fluss erreicht hatte, war ich einigermaßen glücklich und zufrieden, zurück in der Zivilisation angekommen zu sein. Von Bad Schandau aus flussabwärts lag in ungefähr fünfzig Kilometer Entfernung Dresden. Von dort, hoffte ich, würden Züge nach Westen fahren, und so war diese Stadt mein nächstes Marschziel. Ich ahnte nicht, was mich dort erwartete.

Im Vorort von Dresden, dem »Weißen Hirsch«, auf der Höhe angekommen, sah ich schon aus der Ferne eine so apokalyptisch zerstörte Stadt, wie ich bis dahin noch keine andere gesehen hatte. Der Anblick wurde beim Näherkommen und bei genauerer Betrachtung unerträglich. Wer das Weinen verlernt hatte, der lernte es wieder beim Anblick dieser furchtbar bombardierten Stadt. Das sogenannte Elbflorenz, einst eine der wohl schönsten Städte Europas, eine Stadt der Künste, hatte aufgehört zu existieren.

In der Innenstadt gab es keinerlei Leben mehr. Welches Grauen hatten die Menschen in dieser Stadt ertragen müssen! Noch ganz unter dem Eindruck dieses schrecklichen Anblicks lief ich gedankenlos einer russischen Patrouille in die Arme. An Flucht war in den zerstörten Straßenzügen der Stadt und in dieser Situation nicht mehr zu denken, und ich ärgerte mich maßlos über meine Unvorsichtigkeit. Ohne mir Fragen zu stellen, gliederte man mich in kürzester Zeit mit zahlreichen anderen Männern und Frauen in einer großen Gefangenengruppe ein. Man führte uns etwa acht Kilometer weit zu Fuß auf ein Bahngelände. Hier standen zwei Züge mit zahlreichen vergammelten Güterwagen. In einen dieser Waggons pferchte man uns mit lauten russischen Kommandotönen, Stößen und Fußtritten, und niemand von uns wusste, was man mit uns vorhatte. Es sah alles danach aus, als wolle man uns in irgendein Gefangenenlager verschleppen, vielleicht sogar nach Russland oder Sibirien.

Die Frauen und Mädchen in meinem Alter hatten furchtbare Angst. Es waren gefangene Krankenschwestern vom Roten Kreuz und »Blitzmädchen«, also Telefonistinnen und Funkerinnen, die als einzige Frauen in der Wehrmacht in Telefonzentralen hinter der Front arbeiteten. Wir kauerten auf dem blanken Holzboden des Güterwagens. Es gab nichts zu trinken und keine Möglichkeit, seine Notdurft zu verrichten, höchstens in einer Ecke des Waggons.

Ich schätzte meine jetzige prekäre Lage ab und befand sie als aussichtslos. Allerdings hielt ich ständig Ausschau nach einer Fluchtmöglichkeit, aber eine reale Chance bestand in diesem Augenblick nicht.

Gegen Abend bei einsetzender Dämmerung öffneten fünf grölende, widerlich nach Wodka riechende, volltrunkene Rotarmisten die Schiebetür, richteten ihre Maschinenpistolen auf zwei junge Krankenschwestern und zerrten die vor Todesangst schreienden Mädchen aus unserer Mitte hinaus ins Freie.

Wir alle hörten ihre schrecklichen Schreie während der Massenvergewaltigung durch die offen stehende Schiebetür unseres Eisenbahnwaggons. Nicht weit von uns entfernt, gleich neben dem Gleisbett, fielen die betrunkenen Kerle über die blonden jungen Mädchen her. Die Szene war grauenvoll. Am Ende fielen einige Schüsse, und die Schreie verstummten. Die entmenschten Soldaten hatten die armen geschändeten Frauen einfach erschossen.

Nun gab es für mich kein Halten mehr. In der inzwischen eingetretenen Dunkelheit sprang ich spontan durch die offen stehende Waggontür neben das Gleisbett und rannte über das Bahngelände um mein Leben. Es fielen keine Schüsse, und es folgte mir niemand. Anscheinend waren die Wachmannschaften nicht nur befriedigt, sondern auch so besoffen, dass sie meine Flucht gar nicht mitbekamen. Ich beschloss, die Großstadt weiträumig zu umgehen und mich wieder in Richtung Westen auf den Weg zu machen.

Dabei vermied ich vorerst Siedlungen und menschliche Kontakte. Mein Weg führte mich nach geraumer Zeit vorbei an der Stadt Freiberg in Richtung Chemnitz.

Nach vier Tagen und fünf Nächten – tagsüber wurde geruht und nachts marschiert –, fasste ich neuen Mut und wagte mich ein Stück weit hinter Chemnitz auf öffentliche Straßen. Diese waren vollgestopft mit Menschen: Zivilisten, Flüchtlingen, ehemaligen Soldaten in Zivil, russischen Soldaten und Militärkolonnen. Mit meinen 21 Jahren sah ich wie ein Jugendlicher aus und hoffte deshalb, nicht weiter aufzufallen.

Ich marschierte nicht lange alleine auf der überfüllten Straße, als zwei junge Mädchen mit ihren Fahrrädern neben mir anhielten, um eine kurze Rast einzulegen. Die eine fuhr auf einem alten Miele, die andere auf einem noch älteren Vaterland-Damenfahrrad.

»Wir sind beide unterwegs nach Gera. Hast du Lust, mit uns mitzukommen?«, fragten sie.

Diese Einladung wurde vielleicht aus Sympathie, vielleicht auch nur zum Selbstschutz ausgesprochen; denn um die Sicherheit von jungen Mädchen war es in diesen Zeiten im Allgemeinen schlecht bestellt. Jedenfalls gefielen mir die beiden, und außerdem hatten wir ohnehin den gleichen Weg.

»Ich komme gern mit euch und fahre abwechselnd eure Fahrräder«, rief ich voller Freude. So konnte die jeweilige Fahrradbesitzerin diese Strecke auf dem Gepäckträger sitzend mitfahren und sich ausruhen, derweil ich in die Pedale trat.

Wir hatten viel Spaß und radelten vergnügt Richtung Gera. Allerdings kamen wir zu zweit auf den alten schweren Drahteseln ohne Gangschaltung nicht allzu schnell voran. Das war uns jedoch ziemlich egal. Besser schlecht gefahren als gut gelaufen, war unsere Devise.

Das Miele-Fahrrad, das ich abwechselnd fuhr, hatte allerdings eine verbogene Gabel, was zur Folge hatte, dass man zwar noch geradeaus fahren, aber nicht mehr scharf nach rechts abbiegen konnte. Das störte uns aber wenig, denn die Fahrt ging immer geradeaus nach Gera. Wir sangen Fahrtenlieder und erfreuten uns an unserer Freiheit. Dort, wo wir uns bewegten, gab es keine Kämpfe mehr, und das Kriegsende stand wohl kurz bevor.

Es war verwunderlich, dass wir es ohne Kontrollen bis nach Gera schafften. Doch auf einer Anhöhe in der Stadt war unsere Reise abrupt zu Ende, als wir plötzlich von einer vier Mann starken russischen Militärstreife mit vorgehaltenen Maschinenpistolen, angehalten wurden. Sofort riss mir ein pockennarbiger Soldat mit asiatischen Zügen das Fahrrad aus der Hand.

»Mir Rad geben«, schrie er dabei. Wahrscheinlich stammte er aus einer der »Turk-Republiken« der Sowjetunion.

»Dawei, dawei«, brüllte er die beiden Mädchen an und jagte sie fort. Die Mädels liefen, als wäre der Teufel hinter ihnen her. Ich konnte ihnen nur wehmütig nachschauen, während ich von zwei der Russen festgenommen wurde. Währenddessen schwang sich der pockennarbige Asiat stolz wahrscheinlich zum ersten Mal in seinem Leben auf eines der uns abgenommenen Fahrräder. Ich sah ihn noch zügig die steil abfallende Straße hinunter nach Gera fahren und stellte fest, dass das Vaterland-Fahrrad vor mir auf dem Kopfsteinpflaster lag. Der Mann war also mit dem nicht nach rechts lenkbaren Miele-Fahrrad unterwegs und steuerte bereits mit einer relativ hohen Geschwindigkeit schnurstracks auf die erste scharfe Rechtsbiegung zu. Es kam so, wie es mit diesem Gefährt kommen musste. Vergeblich versuchte er nach rechts zu lenken und stürzte mit dem Fahrrad ungebremst über eine kleine Brüstungsmauer die steile Böschung hinab, wobei er sich samt Fahrrad mehrere Male überschlug. Seine Kameraden lachten schadenfroh, aber er musste sich wohl schwer verletzt haben, denn ich sah ihn nicht mehr wieder.

Währenddessen wurde ich mit vorgehaltener Maschinenpistole zu einem offenen Militärfahrzeug geführt, und man brachte mich ein gutes Stück weit außerhalb der Stadt zu einer hier lagernden russischen Militäreinheit.

Nach einer längeren Wartezeit führte man mich in ein größeres Zelt, das ich für eine Art Kommandozentrale der Einheit hielt. Dort traf ich auf einen russischen Offizier mittleren Alters.

»Ich Major Valentinow bin«, stellte er sich vor. Dabei waren zwei Wachsoldaten und ein weiterer Soldat als Protokollführer.

»Wie ist Name, Dienstgrad und Beruf? Woher du kommen? Was für Division, wo gekämpft letzte Jahre?«, fragte mich dieser offenbar ruhige und besonnene Mann in gebrochenem, aber gut verständlichem Deutsch.

Unbefangen schilderte ich ihm im Groben meinen Lebenslauf. Dabei kam mir besonders meine Friseurlehre wieder in den Sinn: Nach Abschluss der Volksschule Bassenheim wurde ich an Ostern 1938 aus der Schule entlassen, während gleichzeitig mein Bruder Peter zum Reichsarbeitsdienst eingezogen wurde.

Schon im Vorfeld wurden bereits vom Vater für meinen weiteren Lebenslauf die Weichen betreffend den zu erlernenden Beruf gestellt. In der damaligen Zeit waren praktische Berufe gefragt, brachten sie doch letztendlich Vorteile für die ganze Familie. Für Jungen waren das zum Beispiel die klassischen Handwerksberufe wie Konditor, Bäcker, Metzger, Schuster, Schneider, Schreiner, Zimmermann, Dachdecker und auch Friseur. Alle meine Klassenkameraden, die das Glück hatten, eine Lehre absolvieren zu dürfen, haben solche Berufe ergriffen, während jene, die nicht das Glück hatten, einen Beruf erlernen zu dürfen, sich als Hilfsarbeiter mehr schlecht als recht durchs Leben schlagen mussten.

Ursprünglich sollte ich bei der Familie Ringel, die in der Nachbarschaft wohnte, das Schusterhandwerk erlernen, aber scheinbar kam mir ein Mitbewerber zuvor, und so wurde kurzerhand entschieden, dass ich den offenen Ausbildungsplatz beim Friseur Anton Giering im Nachbarort Ochtendung einnehmen sollte. Man hat mich nicht gefragt, ob mir das gefiel. Als 14-jähriger Junge galt man noch als Kind. Die Entscheidung wurde schnell und über meinen Kopf hinweg gefällt, Widerspruch nicht geduldet.

So ging ich am ersten Arbeitstag frühmorgens allein zum Bahnhof, fuhr mit dem Zug nach Ochtendung und marschierte vom dortigen Bahnhof die Bahnhofstraße hinunter zum Friseurgeschäft in der Polcher Straße, um meine dreijährige Lehre pünktlich anzutreten.

Hatte man vor dem Ersten Weltkrieg und in der Weimarer Republik noch Lehrgeld zu zahlen, so war die Berufsausbildung im Dritten Reich kostenlos, und mit etwas Glück erhielt man sogar ein wenig Lohn. Bei mir war zumindest eine kostenlose Lehre vereinbart.

Herr Giering war ein strenger, aber sehr guter Lehrmeister, der allerdings ab und zu gerne mal einen über den Durst trank. Alles, was das Friseurhandwerk ausmacht, wurde mir konzentriert und in kürzester Zeit beigebracht. Ich musste von Anbeginn alle Arbeiten erledigen. Dazu gehörte auch das regelmäßige Kehren und Putzen des Ladens.

Irgendwie war ich sehr schnell beliebt und durfte vielen Ochtendunger Bürgern selbstständig die Haare schneiden. Selbstverständlich musste ich auch im Damensalon mitarbeiten und lernte auf diese Weise die Kunst des Da-

Der 14-jährige Fritz am ersten Tag der Friseurlehre 1938

men wie des Herrenfriseurs. Darunter fielen unter anderem auch Wasserwellen legen und Dauerwellen aufdrehen.

Das Friseurhandwerk war auf der einen Seite ein schöner Beruf, hatte man doch viele Kontakte mit allen möglichen und unmöglichen Leuten. Außerdem konnte man gelegentlich auch seiner Kreativität freien Lauf lassen.

Auf der anderen Seite war die Arbeit sehr anstrengend. Man war den ganzen Tag auf den Beinen, und die sechs Arbeitstage dauerten schon im ersten Lehrjahr immer über zehn Stunden. Man wurde damals als Lehrling nicht zimperlich behandelt, stark gefordert und mehr oder weniger ausgenutzt.

Ein Widerspruch, keine Lust haben, jammern oder gar krankmachen, war für uns Jugendliche damals undenkbar. Wir hätten uns nicht getraut oder geschämt, uns auf solche Weise vor Aufgaben und vor Verantwortung zu drücken. Ganz im Gegenteil! Was getan werden musste, galt es so gut wie möglich zu erledigen. Das stärkte letztendlich unser Selbstbewusstsein, unseren Charakter und unsere positive Lebenshaltung.

Hinzu kam, dass man schon in sehr jungen Jahren Verantwortung übernehmen musste. Denn es kam immer wieder vor, dass der Friseurladen voll, der Chef aber aus irgendwelchen Gründen außer Haus war. Dann hieß es für mich mächtig »Gas geben«. Kaum hatte man fünf Herren rasiert oder ihnen die Haare geschnitten, saßen schon wieder sechs neue Kunden hinten in der Reihe. So ging es den ganzen Tag weiter, und aus den zehn Stunden wurden schon mal zwölf oder 14 und noch mehr.

Mein Vorteil war meine Schnelligkeit, und dank dieser und meiner Beliebtheit bei den Kunden nahm ich in aller Regel ein recht üppiges Trinkgeld ein. Da machte sich bemerkbar, dass dieser Nachbarort deutlich wohlhabender war als meine Heimatgemeinde. Natürlich gab nicht jeder Kunde ein Trinkgeld, aber wenn es was gab, variierte die Summe von ein oder zwei bis hin zu zehn Reichspfennigen.

Als ich nach langem Sparen die gewisse Summe zusammen hatte, kaufte ich mir in Mayen ein Paar neue gute

Turnschuhe. Von diesen hatte ich schon lange geträumt, denn sie standen in der Auslage eines großen Schuhgeschäfts, an dem ich jede Woche auf dem Weg zur Berufsschule vorbeikam. Ich spürte: Diese Schuhe warteten geradezu auf mich, und es war ein erhabenes Gefühl, mir zum ersten Mal mit selbst verdientem Geld einen Wunsch zu erfüllen.

Ich fuhr gerne in die Berufsschule, denn sie war doch im Gegensatz zur harten Lehre für mich eher eine Erholung und eine willkommene Abwechslung. Auf der Zugfahrt von Bassenheim am Fuß unseres Karmelenberges entlang über Ochtendung hinweg nach Kerben, Polch, Hausen und letztendlich bis Mayen, konnte man die schöne blühende Landschaft der Vordereifel bewundern. Hunderte Menschen waren auf den Feldern bei der Arbeit mit allen möglichen Geräten, Pferden, Ochsen und Fahrkühen. Erinnerungen an mühsame Feldarbeit in frühester Jugend wurden wach. Ich war froh, eine Lehre zum Friseurgesellen machen zu können, auch wenn diese auf eine andere Art hart und anstrengend war. Nach wie vor half ich selbstverständlich zu Hause in der Landwirtschaft mit, wenn in der Hochsaison viele Arbeiten anstanden und es meine Zeit erlaubte.

Im Vorbeifahren blickte ich noch mal hinauf zur großen Marienkapelle auf dem Karmelenberg. Diese stammte aus dem Jahre 1662 und wurde von Casimir Graf von Waldpott auf dem Gipfel errichtet. Der Name des Berges leitet sich ab vom Karmel-Gebirge in Palästina und wurde gebräuchlich, nachdem Heinrich von Walpot (Schreibweise aus dem 12. Jahrhundert) vom Dritten Kreuzzug wohlbehalten nach Bassenheim zurückgekehrt war. Ich musste insgeheim schmunzeln, wenn ich daran dachte, welch seltsames Ritual dort oben fast jedes Jahr am Karfreitag nach der Andacht vollzogen wurde.

Nach Beendigung der geistlichen Zeremonie gerieten sich die Bassenheimer und Ochtendunger Jungs all die Jahre aus unerklärlichen Gründen mal mehr, mal weniger in die Haare, was ebenso wie der Kirchgang selbst zur Gewohnheit wurde. Sobald die älteren Herrschaften auf dem Heimweg waren, bewarf sich die Jugend der beiden Dörfer gegenseitig mit Lavasteinen, die hier am östlichsten Vulkan der Eifel zu Tausenden herumlagen. Ochtendung war doppelt so groß wie unser Dorf, die Anzahl der Steinewerfer daraus dementsprechend auch. Stets wurden wir zwei Kilometer entlang der schönen alten Baumallee aus dem 15. Jahrhundert und darüber hinaus weiter durch unseren Wald Richtung Bassenheim bis hin zum großen 18 Meter hohen Eisenbahnviadukt, die sogenannte »Huh Breck« (Hohe Brücke), getrieben.

Spätestens hier auf der Brücke gab es dann genug Basaltsteine aus dem Gleisbett, sodass ein weiteres Vordringen der Angreifer trotz Unterzahl verhindert werden konnte. Zum Glück gab es meines Wissens nie ernsthafte Verletzungen.

Später erkannte ich in unserem Friseurladen einige der Steine werfenden Jungen wieder. Jetzt konnte ich mich mit Kamm, Schere und Rasiermesser an ihren Köpfen austoben und hatte Mühe, meine Freude während der Prozedur zu verbergen. Der Haarschneideprozess erfolgte allerdings unblutig und schmerzfrei – fast schmerzfrei jedenfalls!

Wir jungen Menschen der Dreißigerjahre waren an Politik so wenig interessiert wie die Jugend aller Generationen. Wir hatten schlicht anderes im Kopf. Die NSDAP hatte 1933 mit Adolf Hitler die Macht im Staat übernommen, als ich neun Jahre alt war und unser Bassenheim 1644 Einwohner zählte. Man setzte im Dorf einen Ortsgruppenleiter und einen Ortsbauernführer ein und gründete die NS-Frauenschaft und Müttergemeinschaft neben

Jungvolk, HJ (Hitlerjugend) und BDM (Bund deutscher Mädel). Die Organisationen wurden von uns Kindern und Jugendlichen nicht unbedingt als Zwang, sondern eher als willkommene Abwechslung empfunden, soweit uns überhaupt Zeit verblieb, an deren Aktivitäten teilzunehmen. Wegen der häuslichen Verpflichtungen war es nämlich nicht immer möglich, alle Veranstaltungen zu besuchen.

In der Regel trieben wir bei den Zusammenkünften Sport, marschierten ins Gelände oder lernten Lieder, die wir am Lagerfeuer sangen. In größeren, reicheren Gemeinden oder Städten mag das anders und umfangreicher gewesen sein. Uns bereitete es im Allgemeinen Freude, gemeinsam mit gleichaltrigen Jugendlichen irgendetwas Sinnvolles zu unternehmen. Langeweile oder Müßiggang waren für uns jedenfalls Fremdwörter.

Selbst in unserer armen Gemeinde fand ein spürbarer wirtschaftlicher Aufschwung statt. Es herrschten zwar keine paradiesischen Zeiten, aber die Armut der Weimarer Republik wurde allmählich überwunden. Obwohl von der wirtschaftlichen Erholung eher die Industriestädte profitierten, gönnten auch wir auf dem Land uns den einen oder anderen kleinen Luxus, etwa einen »Volksempfänger«, mit dem wir Musik in Form von »Wunschkonzerten«, Klassik, Operetten und Schlagern, aber auch die aktuellen Nachrichten und die markigen Propagandaparolen der NSDAP mit ihren permanenten Erfolgsmeldungen über nationalsozialistische Errungenschaften hörten. Und deren gab es viele: Monumentalbauwerke, Autobahnen, Flugzeuge, Schnellzuglokomotiven, Schiffe, Luftschiffe (Zeppeline), Automobile, die Silberpfeile von Autounion und Mercedes Benz auf der einen, Rundfunk, Telekommunikation, Medizin, Chemie, Physik, Sport, Kultur auf der anderen Seite. Alles wurde so dargestellt, als gehe der Fortschritt der Menschheit allein von Deutschland aus und dieses einer goldenen Zukunft entgegen.

Ich konnte mich sehr gut an die Zeiten erinnern, in denen jeden Tag Dutzende arbeitslose junge Männer morgens früh in einer langen Reihe auf der großen Mauer in unserer Mayener Straße saßen und darauf warteten, sich als Tagelöhner ein paar Pfennige zu verdienen. Nach dem »Schwarzen Freitag« in den USA und der folgenden Weltwirtschaftskrise stieg die Zahl der Arbeitslosen im Deutschen Reich auf sechs Millionen. 1933 war innerhalb von wenigen Wochen und Monaten die Arbeitslosenzahl auf null gesunken – jedenfalls offiziell.

Weniger spektakulär, jedoch bezeichnend für diese Zeit, vollzog sich der Ausschluss der jüdischen Bevölkerung aus dem Leben der Nation. Es begann unspektakulär mit der Umbenennung von Straßen, welche die Namen jüdischer Persönlichkeiten trugen. Dies geschah etwa mit unserer Von-Oppenheim-Straße, benannt nach dem Freiherrn Abraham von Oppenheim und seiner Frau Charlotte, die sich im späten 19. Jahrhundert als Wohltäter unserer Gemeinde hervorgetan hatten. Ohne umzuziehen, wohnten wir plötzlich in der Bismarckstraße Nr. 1, bis im Sommer 1945, als die Straße ihren alten Namen wiedererlangte. Dieses Ereignis wurde auch in unserer Familie angesprochen, und meine Eltern waren darüber nicht erfreut, aber man nahm es so zur Kenntnis.

In der Pogromnacht vom 9. auf den 10. November 1938 (auch Reichskristallnacht genannt) wurden dann im Land zahlreiche Synagogen in Brand gesteckt oder zerstört. Zum Glück war den beiden jüdischen Familien Heimann in der Mayener Straße Nr. 25 und Simon in der Charlottenstraße Nr. 3 nichts geschehen. Diese Leute waren absolut unbescholtene Bassenheimer Bürger wie wir alle.

Es gab unter uns keine Vorbehalte und keinen Rassismus oder Antisemitismus. Doch 1942, nur vier Jahre später, als alle Männer zwischen 17 und teilweise über vierzig Jahren an allen Fronten Europas kämpfen mussten und die Dörfer und Städte halb leer waren, erschienen in den Ortschaften die Schergen der Gestapo und deportierten diese armen Menschen in die bekannten Vernichtungslager.

Im Januar 1939 traf unsere Familie ein tragischer Unglücksfall, der mich mein ganzes Leben lang beschäftigt hat, besonders aber während des Krieges an der Ostfront in meiner oft trostlosen und aussichtslosen Lage. Was war passiert?

Ordentlich und gewissenhaft, wie unser Vater war, schaute er spät abends kurz vor dem Zubettgehen draußen immer noch einmal nach dem Rechten. Dabei schloss er das Hoftor ab und machte seinen Kontrollgang zu den Pferden, Kühen und Schweinen in den Ställen unserer Scheune. Beim Anschalten des Lichtes im Pferdestall fiel die Glühbirne aus. Als Vater im Dunkeln den Stall betrat, ohne zuerst die Pferde anzusprechen, um auf sich aufmerksam zu machen, erschraken die Tiere derart, dass ein Pferd nach hinten auskeilte und Vater mit voller Wucht mit beiden Hufen in den Bauch trat. Wir hörten das Poltern und die Schmerzensschreie durch die einfach verglasten alten Fenster bis in die Küche und liefen sofort hinaus. Vater lag stöhnend am Boden und hielt sich mit beiden Händen den Bauch.

Wir polsterten den Leiterwagen mit Stroh, legten unseren vor Schmerzen stöhnenden Vater darauf, deckten ihn wegen der Winterkälte mit einem Mantel zu und schoben ihn bis zu unserem 300 Meter entfernten Krankenhaus, wo man den Verletzten aufnahm und notdürftig versorgte.

Drei Tage später hatte ich Berufsschule und fuhr wie immer morgens mit dem ersten Dampfzug nach Mayen. Nachmittags rief man mich aus der Klasse heraus zum Direktor ans Telefon. Es meldete sich die Stimme einer Ordenskrankenschwester aus unserem Krankenhaus: Es wäre dringend, und ich möchte doch bitte sofort ins Krankenhaus kommen, meinem Vater gehe es schlecht. Sofort packte ich meine Sachen, lief zum Ostbahnhof von Mayen und fuhr mit dem nächsten Zug zurück nach Bassenheim. Von unserem Bahnhof rannte ich so schnell ich konnte die zwei Kilometer hinunter ins Dorf und weiter bis zu unserem Krankenhaus. Meine ganze Familie war bereits versammelt, und als ich dort ankam, erschien es mir, als hätte Vater extra auf mich gewartet – auf sein Fritzje, wie er mich auch noch mit 15 Jahren nannte. Uns allen bot sich ein erschütterndes Bild.

Vater hatte eine gelbe Gesichtsfarbe und lag für jeden erkennbar im Sterben. Die am Tag nach der Einlieferung durchgeführte Operation hatte keinen Erfolg gebracht. Der leitende Arzt Dr. Sauvigny versuchte das Mögliche, sprach jedoch von schweren inneren Verletzungen und einem großen Leberriss.

Drei Tage nach dem Unfall, spät in der Nacht, verabschiedete sich Vater von Schmerzen gepeinigt von jedem von uns und schloss wenig später im Alter von nur 58 Jahren für immer die Augen. Ich hatte das Gefühl, der traurigste Mensch der Welt zu sein. Doch die anschließende Beerdigung empfand ich als noch schlimmer.

Hans übernahm unseren Betrieb, damit es irgendwie weiterging. Wenn wir bei der Arbeit helfen konnten und die Zeit es erlaubte, waren Karl und ich oder auch Peter in seinen Urlauben ohne Murren dabei. Unsere Mutter, die nun mit 56 Jahren Witwe war, hatte zum Glück vier kräftige Jungs, die alle zupacken konnten.

Im Frühjahr 1939, kurz nach Vaters Tod, wurde mein Lehrherr Anton Giering zur Wehrmacht eingezogen. Da jedoch in der damaligen Zeit zur Erfüllung eines Lehrvertrages in jedem Betrieb ein Meister zur Ausbildung vorhanden sein musste und Frau Giering zwar eine gute Friseurin war, jedoch keinen Meisterbrief besaß, musste ich nach Satzung der Friseurinnung für die beiden restlichen Lehrjahre den Lehrherrn wechseln.

Innerhalb von wenigen Tagen erhielt ich eine Lehrstelle bei Friseurmeister Walter Stilling in der Rheinstraße Nr. 30, genau gegenüber dem Göben-Platz, heute Görres-Platz in der Koblenzer Altstadt. Das klappte reibungslos. Alles war organisiert und nichts blieb dem Zufall überlassen.

Für mich war der Wechsel eine spannende und willkommene neue Herausforderung. Der Friseurladen befand sich in bester Stadtlage und war größer, schöner und moderner. Besonders erfreulich waren hier die festen Arbeitszeiten. Die Berufsschule besuchte ich von nun an einmal pro Woche in Koblenz. Auch die Kundschaft war in der Stadt vielfältiger, vor allem kamen im Frühsommer und Sommer 1939 viele Touristen nach Koblenz, und dank meines intensiven ersten Lehrjahrs konnte ich voll in die Arbeit mit einsteigen.

Natürlich lernte ich hier noch ganz andere Techniken und Frisuren, die ich stets spontan umzusetzen verstand, was mir bei der noch spendableren Kundschaft ein für mich damals recht üppiges Trinkgeld einbrachte. Hier gab es öfter fünf oder zehn Pfennige, was natürlich bei einem großen Kundendurchlauf äußerst lukrativ war. So konnte ich mir bereits nach wenigen Monaten meinen ersten Anzug von meinem selbst verdienten Geld kaufen, und da gab es in Koblenz wirklich tolle Geschäfte mit sportlicher Mode. Besonders gefiel mir, dass ich von Herrn Stilling ab dem zweiten Lehrjahr eine Reichsmark pro Woche bekam, also vier oder fünf Mark im Monat. Das fand ich enorm, so hatte ich doch endlich das Gefühl, dass meine Arbeit geschätzt wurde.

Das Essen in der Stadt war allerdings sehr teuer und für einen Lehrling unerschwinglich. Also nahm ich mir, wie gehabt, Butter oder Schmalzbrote mit. Aber da der Junge ja noch im Wachstumsalter war, kam Mutter auf eine Idee, die wir zwei- bis dreimal pro Woche umsetzten. Denn sie bestand darauf, dass ich mittags etwas Warmes für den langen Arbeitstag essen müsste, und das Prozedere dazu lief folgendermaßen ab: Unser Geschäft hatte in der Mittagszeit zwei Stunden geschlossen. So lief ich zum Bahnhof und fuhr mit dem Zug die zwölf Kilometer nach Bassenheim. Dort brachte mir Mutter, Hans oder Karl ein vorgekochtes Essen zum Bahnhof, das ich bei der kinderreichen und liebenswerten Familie Schuster kurz aufwärmen und am gemeinsamen Familientisch einnehmen konnte. Gertrud und Matthias Schuster wohnten mit ihren sechs Kindern Irmgard, Josef, Maria, Eduard, Christine und Susanne in einem der Häuser am Bahnhof. Vater Matthias war als Lokomotivführer bei der Reichsbahn beschäftigt, fuhr täglich seinen Personenzug auf der Strecke von Koblenz nach Mayen und war mir bereits durch meine Bahnfahrten zur Berufsschule nach Mayen vertraut, da er stets bei der Einfahrt in den Bahnhof aus der Dampflokomotive schaute. Es war immer lustig und harmonisch in dieser Großfamilie, und ich fühlte mich dort sehr wohl und herzlich aufgenommen. Maria, die so alt war wie unser Karl, half auch oft bei uns in der Landwirtschaft mit und fühlte sich bei uns wie zu Hause. Sie verdiente in unserem kleinen Betrieb zusätzlich etwas Geld oder erhielt für ihre Arbeit entsprechende Naturalien. Während des Essens musste ich mich allerdings sputen, denn der Gegenzug zurück nach Koblenz fuhr in Ochtendung ab, wenn der Zug, mit dem ich soeben angekommen war, dort eintraf. Mir verblieben genau 18 Minuten zum Essen. Das war aber völlig ausreichend. Dann ging die Reise wieder zurück in die Stadt und dort vom Bahnhof zu Fuß ins Geschäft. Was für ein Aufwand für eine warme Mahlzeit!

Inzwischen sah man in der Stadt immer mehr uniformierte Menschen. Wer etwas auf sich hielt, trug Uniform, so sah es jedenfalls aus.

Koblenz (Confluentia, hergeleitet von lat. confluere = zusammenfließen – gemeint ist die Vereinigung von Mosel und Rhein) – war seit seiner Gründung durch die Römer im Jahre 9 n. Chr. Garnisonsstadt, und diese Tradition verstärkte sich in der jetzigen Zeit noch. Zusätzlich zu den Kasernen aus der Kaiserzeit wurden binnen kurzer Zeit mehrere neue große Kasernen errichtet. Zigtausende Soldaten kamen hierher zur Ausbildung und Stationierung, und sie prägten das Stadtbild. In den Rheinanlagen und auf den Plätzen der Stadt gab es häufig Platzkonzerte durch Militärkapellen, das Theater war immer ausgebucht, und es fanden zahlreiche kulturelle Veranstaltungen und Tanzvergnügungen statt.

Die Rheinschifffahrt florierte, und der Strom war dicht frequentiert von Frachtern und Passagierschiffen. Die Stadt war oft geschmückt, und sie erschien mir in ihrer Blüte als sauber herausgeputzt, aufgeräumt und weltoffen. Die Auslagen der Geschäfte waren üppig und gut gefüllt. Es gab einfach alles zu kaufen, auch wenn man sich vieles nicht leisten konnte. Selbst exotische Südfrüchte wie Apfelsinen, Bananen und Kokosnüsse wurden in großer Auswahl angeboten. Nirgendwo hatte ich das Gefühl, dass es Engpässe gab.

Zahlreiche Touristen reisten mit den großen Fahrgastschiffen auf dem Rhein an die Loreley, zu den Burgen und Schlössern und auch in unsere beliebte, sehenswerte Stadt. Bis kurz vor Kriegsausbruch konnte man am Rhein sehr viele Urlauber aus dem Ausland, besonders aus Großbritannien antreffen. Offenbar stand der deutscheste aller Flüsse bei den Besuchern in hoher Gunst. Die romantische Flusslandschaft erfreute sich einer recht großen Beliebtheit. Ganz besonders erinnere ich mich an die vielen englischen Ladys, die damals eine moderne vornehme Blässe im Gesicht zur Schau trugen, erzielt durch dicke Schichten von weißem Puder. Die Rheinanlagen waren stets voller Menschen. Dies alles konnte ich beobachten, wenn ich in der Mittagspause durch die Stadt spazierte. Deutschland erlebte seinen letzten wunderschönen warmen Sommer.

Nachdem die letzten französischen Besatzungssoldaten 1929 im Zuge des Young-Plans aus Koblenz abgezogen waren, war das Rheinland entmilitarisierte Zone. Hitler jedoch ließ am 7. März 1936 die Wehrmacht einmarschieren. Es folgten Österreich und anschließend die überwiegend von Deutschen besiedelten Gebiete in Böhmen und Mähren, sanktioniert durch das »Münchner Abkommen«, mit dem die französischen und britischen Regierungschefs Daladier und Chamberlain Hitler zu beschwichtigen und so einen neuen Krieg zu verhindern hofften. Mit dem Einmarsch deutscher Truppen in die »Resttschechei« hatte Hitler den Bogen überspannt. Auch wenn die Westmächte noch nicht mit militärischem Widerstand reagierten, waren sie doch entschlossen, keine weiteren Provokationen Hitlers mehr hinzunehmen.

Die Querelen mit Polen über die im Ersten Weltkrieg an das Nachbarland verlorenen Gebiete und insbesondere über die Freie Stadt Danzig verschärften sich im Lauf des Jahres 1939 und fanden ihren Höhepunkt im Überfall auf den Sender Gleiwitz, mit dem Hitler einen Kriegsgrund provozierte und den Polenfeldzug begann in der Überzeugung, dass Großbritannien und Frankreich nur politisch, aber nicht militärisch reagieren würden. Doch der Hasardeur an der Spitze des Deutschen Reiches hatte sich getäuscht.

Am 1. September 1939 kam es durch den deutschen Überfall auf Polen zu der größten Katastrophe aller Zeiten, dem Ausbruch des Zweiten Weltkrieges. Es war ein Krieg, so grausam und verheerend, wie ihn die Menschheit in ihrer langen Geschichte noch nie erlebt hat und hoffentlich niemals mehr erleben muss. Am Ende hatten annähernd sechzig Millionen Menschen einen gewaltsamen Tod gefunden – eine unvorstellbare und schauderhaft große Zahl.

Mit dieser neuerlichen Aggression fand die Appeasement-Politik der Westalliierten, die wiederholte militärische Besetzungen und Brüche des Völkerrechts durch Hitler hingenommen hatten, ein Ende. Der deutsche Diktator hatte den Bogen überspannt. Zwei Tage nach dem Überfall ohne Kriegserklärung der deutschen Wehrmacht auf Polen erklärten England und Frankreich Deutschland den Krieg – eine Kriegserklärung, die Hitler zu vermeiden gehofft hatte, denn seine geostrategischen Pläne waren auf Osteuropa gerichtet, wo er weiteren »Lebensraum« für das deutsche Volk zu erobern wünschte.

Innerhalb von nur zwei Wochen wurde die polnische Armee durch die damals technisch moderne, gut ausgerüstete deutsche Wehrmacht überrannt. Man konnte im Radio, in den Zeitungen und den Wochenschauen die Erfolgsmeldungen ständig verfolgen.

Ich selbst und viele Menschen in meinem Umfeld waren darüber allerdings absolut nicht glücklich. Bereits am

8. September, sieben Tage nach Kriegsbeginn, erhielten wir in Bassenheim die erste Gefallenenmeldung. Es traf die Familie Braun, deren 19 Jahre alter Sohn Georg Johann in Polen bei Biskuzice umgekommen war.

Die Menschen im Dorf waren bestürzt und trauerten gemeinsam mit der Familie, zumal aus zahlreichen anderen Familien bereits eine große Anzahl Männer und Söhne zum Militärdienst in der Wehrmacht eingezogen worden waren. Dass Georg nur der Erste in einer langen Reihe von jungen Männern aus unserer Gemeinde war, die ihm noch in den Tod folgen würden, konnte niemand erahnen, als der sogenannte »Blitzkrieg« nach knapp drei Wochen siegreich beendet wurde.

Die oberste Führung feierte den Triumph mit großer Propaganda. Dass dieser auch 10 000 gefallene deutsche Soldaten und um ein Vielfaches mehr verwundete und fürs Leben gezeichnete Menschen gekostet hatte, wurde nicht erwähnt. Diesen Tausenden betroffenen Familien war nach dem Sieg über Polen nicht nach Feiern zumute und den meisten anderen Deutschen auch nicht. Leider war dieser begrenzte und kurze Feldzug erst der Anfang einer langen Leidensperiode der Völker Europas, die in diesen Krieg mit hineingezogen wurden.

Noch um ein Vielfaches größer waren die Verluste des polnischen Volkes, zumal zu allem Unglück für Polen die Rote Armee unmittelbar nach der Kapitulation der letzten polnischen Truppen gemäß dem deutsch-sowjetischen Freundschaftsvertrag das östliche Polen besetzte, sodass der polnische Staat nicht mehr existierte. Zum ersten Mal war in diesem Krieg in erheblichem Maße auch die Zivilbevölkerung betroffen. Besonders die polnische Hauptstadt Warschau war durch die deutsche Luftwaffe und hier besonders durch die Sturzkampfbomber Junkers Ju 87 verheerend bombardiert worden.

England und Frankreich sahen dem Untergang ihres polnischen Verbündeten weiterhin tatenlos zu. Wahrscheinlich wurden sie auch vom Tempo des »Blitzkriegs« überrascht. Den zweiten Aggressor, die Sowjetunion, ließen sie völlig unbehelligt gewähren. Und während viele der von Deutschen begangenen Kriegsverbrechen nach der Niederlage des Deutschen Reiches mit aller Härte bestraft wurden, blieben die Verbrechen der Kommunisten, allen voran die grausamen Massenmorde an polnischen Offizieren in Katyn, ungesühnt.

Nun befanden wir uns also mitten im Krieg, aber noch bekamen wir ihn nicht direkt zu spüren – noch nicht. Niemand aus unserem Dorf wollte ihn, lag doch der Erste Weltkrieg, in dem fünfzig Männer aus Bassenheim gefallen waren, gerade mal 21 Jahre zurück.

Nach der allgemeinen Mobilmachung erfolgte für die betroffenen Jahrgänge eine Einberufung nach der anderen: erst zum Arbeitsdienst, dann zur Wehrmacht und zu weiteren kriegs- und rüstungswichtigen Institutionen. Aus unserem Dorf wurden dazu immer mehr Männer einberufen. Die jüngeren Jahrgänge schickte man zur militärischen Ausbildung in die Kasernen und auf die Truppenübungsplätze. Es war eine Pflicht, die keine Ausnahmen duldete. Jeder Versuch, den Dienst mit der Waffe zu verweigern, hätte mit großer Wahrscheinlichkeit fatal geendet. Die absolute Mehrzahl von uns, und das ist unbestritten, wäre lieber zu Hause geblieben und der gewohnten Arbeit nachgegangen.

Militärdienst bedeutete in dieser Zeit Einsatz, Ehre und Eintreten für das Vaterland, so wie es alle Väter, Großväter und Generationen vorher getan hatten und wie es auch in Armeen anderer Staaten üblich war. Der Stolz, das Ehrgefühl und die damalige Erziehung dieser Jugend ließen Gedanken an Verweigern, sich Ausschließen, Abgrenzen, Anderssein als Millionen anderer gleichgesinnter Jugendlicher in Deutschland, Frankreich, England, Europa und in vielen anderen Nationen der Welt erst gar nicht aufkommen. Wenn Gefahren oder Konflikte durch Spannungen, aus welchen Ursachen auch immer, drohten, ob gewollt oder ungewollt, ob rechtens oder zu Unrecht, stand der überwiegende Teil meiner Generation ein für ihre Nation.

Der täglich von der Propaganda vorgespielte »Hurra-Patriotismus« mag uns nicht unbeeinflusst gelassen haben. In meinem großen Umfeld von Familie, Freundeskreis, Klassenkameraden und der überwiegenden Bevölkerung unseres Dorfes aber überwog die Skepsis gegenüber einer Politik, die darauf abzielte, andere Völker zu unterwerfen und deren Menschen umzubringen.

Ich aber ging in diesen spannungsgeladenen, unsicheren Zeiten weiterhin meiner Lehre nach und arbeitete fleißig für die Berufsschule. Zu Hause stemmten Mutter, Hans und Karl so gut es ging unseren landwirtschaftlichen Betrieb.

Im Frühjahr 1940 wurde am Fuße unseres Karmelenberges, rechter Hand der Reichsstraße von Bassenheim nach Ochtendung im sogenannten Weidenfeld in kürzester Zeit ein provisorischer Feldflugplatz für die Luftwaffe errichtet. Nach Fertigstellung flogen die ersten Messerschmitt Bf 109 Jagdmaschinen ein. Berühmte Jagdfliegerasse wie Galland, Mölders und Wick nahmen Quartier bei uns im Ort in der Gaststätte »Villa«, der heutigen Schlossklause, in der Koblenzer Straße. Das ganze Dorf war überfüllt mit einquartierten Soldaten, insbesondere Gebirgsjägern aus Bayern und Österreich. Der sich anbahnende Konflikt mit dem Nachbarland Frankreich warf seine Schatten voraus und schien unabwendbar.

Im Frühjahr 1941 beendete ich meine dreijährige Lehre im Friseurhandwerk mit der Note »sehr gut« in Theorie und Praxis. Damit ging meine schöne Zeit bei der liebenswerten Familie Stilling in der Koblenzer Rheinstraße zu Ende. Ich hatte dort nicht nur einen sehr guten Lehrbetrieb gefunden, sondern war auch aufs Herzlichste aufgenommen worden.

Bei meinem Bericht an den russischen Major ließ ich natürlich auch nicht aus, dass mein Vater bereits 1939 verstorben war, Mutter alleine zu Hause lebte und meine weiteren drei Brüder nach letztem Kenntnisstand irgendwo in Frankreich als Soldaten eingesetzt waren. Nachrichten von der Familie hätte ich seit mehr als einem halben Jahr nicht mehr erhalten, und ich konnte nur hoffen, dass sie noch lebten. Ich berichtete in jeder Hinsicht die Wahrheit, verschob lediglich meinen Wohnort um circa 120 Kilometer weiter nach Westen, in unmittelbarer Nähe der französischen Grenze.

Am Ende des Verhöres sagte dieser gutmütig und korrekt wirkende Offizier zu mir:

»Du Friseurjunge, jetzt Gefangener, Woina Plenny. Du schneiden mir Haare.«

»Jawohl, Herr Major, das mache ich gerne. Aber dazu benötige ich geeignetes Handwerkszeug«, antwortete ich ihm.

»Du warten«, sagte er, stand auf und rief aus dem Zelt in russischer Sprache einige Befehle.

Bereits nach wenigen Minuten erschien ein russischer Unteroffizier mit einem riesigen Lederkoffer. Als er den Deckel öffnete, traute ich kaum meinen Augen. Der Koffer war voll mit Rasiermessern, Scheren, Kämmen, Rasierpinseln und Bürsten von feinster Qualität. Darunter befanden sich Seifen, Haarwässer und Parfums aller damals gängigen

Hersteller. Beim Vordringen der russischen Streitkräfte wurde offensichtlich geplündert »auf Teufel komm raus«. Allem Anschein nach hatte die Rote Armee in ihrem Sturmlauf durch die deutschen Ostgebiete auch sämtliche auf ihrem Weg liegende Friseurläden, Drogerien und Apotheken ausgeplündert.

Ich fand hier jedenfalls Handwerkszeug aus meiner Branche vom Allerfeinsten. Mit solchen teils versilberten und vergoldeten Scheren und Messern hatte ich bisher mein Handwerk noch nicht ausgeübt. Das war nun die große Bewährungschance für mich, und ich hatte bei meiner Arbeit an Major Valentinows Kopf meine größte Freude. Er erhielt von mir einen modischen Fasson-Haarschnitt westlicher Manier, dazu eine glatte Rasur mit Desinfektion und Einsprühen mit echt 4711-Kölnisch-Wasser. Sogar einen Spiegel fand ich in den Accessoires, und beim Betrachten von vorne, von der Seite und von hinten schenkte mir der Mann ein zufriedenes Lächeln. Die folgende Kaskade russischer Sätze verstand ich zwar nicht, deutete sie aber als Lob, denn er klopfte mir auf die Schulter und schenkte mir ein Stück Brot, eine Dose Schmalz und eine Wurst in einem Brotbeutel. Nachdem man mir zu Beginn meiner Festnahme alle in meinem Rucksack mitgeführten privaten Sachen einschließlich meiner Armbanduhr abgenommen hatte, besaß ich nun wenigstens etwas Essbares.

Mit erkennbarem Stolz trug der Major nun die neue Frisur, mit der er sich deutlich von der Masse seiner höchst dilettantisch geschorenen Kameraden abhob.

Anschließend wies man mir einen Platz in einem Zelt unter einfachen russischen Soldaten zu. In der ersten Nacht beäugten wir uns mit Argwohn. Es war zuerst ein mulmiges Gefühl, mein Nachtlager mit feindlichen Soldaten zu teilen, doch das legte sich rasch. Die Soldaten gebärdeten sich als großmütige Sieger. Sie taten mir nichts, ließen mich aber links liegen. Man wechselte einige belanglose Worte mit mir, die ich zumindest teilweise dank meiner rudimentären Russischkenntnisse verstand. Unter dem Schutz Major Valentinows stehend, zollte man mir Respekt, und ich erfuhr keine schlechte Behandlung.

Bei der Essensausgabe am nächsten Mittag, bei der mir eine fade, dünne Graupensuppe gereicht wurde, hatten sich meine guten handwerklichen Fähigkeiten bereits herumgesprochen. Jeder Offizier der Einheit wollte von mir die Haare geschnitten haben. Unmittelbar nach dem spartanischen Mittagessen begann mein Einsatz zur Verschönerung der Offiziere und Unterführer der Roten Armee. Man besorgte mir einen passenden Stuhl, und ich konnte ungehindert mit dem umfangreichen Programm beginnen.

Es machte mir Spaß, und plötzlich fühlte ich mich zurückversetzt ins erste Lehrjahr. Nichts hatte ich von meiner Schnelligkeit verloren. Die Russen standen Schlange, und ich beeilte mich, ohne dass die Qualität meiner Arbeit gelitten hätte. Ich hatte plötzlich das gleiche Gefühl wie damals beim Friseurmeister Anton Giering in Ochtendung, wo ich im Akkord an einem Tag (der Meister tagte damals in der Gaststätte nebenan) an die sechzig Herren die Haare geschnitten hatte.

Alle russischen Soldaten waren mit meinen Verschönerungskünsten voll zufrieden, und ich erntete tüchtig Lob und eine Menge Zigaretten. Als ich nach mindestens vierzig Haarschnitten abends müde meine Schlafstätte in dem Gemeinschaftszelt aufsuchte, war allerdings mein Brotbeutel mit den wenigen Lebensmitteln unauffindbar. Da ich seit der Graupensuppe vom Mittag nichts mehr gegessen hatte, schlief ich wie so oft in den letzten Monaten hungrig ein.

Nachdem ich am kommenden Vormittag wieder damit begonnen hatte, den Schlange stehenden Soldaten die

Haare zu schneiden, bot sich mir die Gelegenheit, den Diebstahl einem russischen Offizier zu berichten, der mich zuvor in recht gutem Deutsch gefragt hatte, wie ich von seinen Soldaten behandelt würde. Noch am selben Tag erhielt ich meinen Brotbeutel samt Inhalt zurück. Der Dieb wurde schnell ausfindig gemacht und anschließend bestraft, indem man ihn mit einer Reitpeitsche verprügelte – so wurde es mir später zumindest erzählt.

Meine Gefangenschaft dauerte nun schon zwei Monate. Inzwischen hatte ich mich als eine Art Regimentsfriseur etabliert und erlebte das Kriegsende in dieser russischen Einheit bei täglicher Graupensuppe. Bei schönem Wetter und Sonnenschein verlegte ich meinen Arbeitsplatz ins Freie. Wenn auch die Bedingungen meiner Gefangenschaft relativ erträglich waren, überkam mich doch jede Nacht das Heimweh nach Bassenheim. Immer wieder bat ich bei passenden Gelegenheiten, die sich beim regelmäßigen Rasieren oder Haareschneiden von Major Valentinow ergab, um meine Entlassung nach Hause. Aber die Antwort war stets ein knappes »Njet«(Nein) und »Nitschewo« (keine Bedeutung).

An einem schönen Sonnentag Mitte Mai 1945 kam es zu einem Zwischenfall, der mich, der ich mit tausendfachem Glück die ganzen letzten Jahre überstanden hatte, beinahe das Leben gekostet hätte. Ich war gerade draußen im schönsten Sonnenschein damit beschäftigt, einem russischen Offizier die Haare zu schneiden, als unweit meines Standortes unten an dem kleinen Fluss eine schwere Detonation erfolgte. Was war passiert? Ein russischer Jeep mit zwei Mann besetzt fuhr über die Flussbrücke auf uns zu, als mitten auf dem Bauwerk anscheinend eine noch von unseren Pioniertruppen versteckte und bis dato nicht entdeckte Mine mitsamt des kleinen Jeeps in die Luft flog.

Beide Männer waren auf der Stelle tot. Mein Haarschneidekunde sprang auf, zog seine Pistole aus dem braunen Lederhalfter, zog den Spannschlitten, entsicherte und hielt mir die Pistole an die Stirn. Ich ließ mich auf die Knie fallen und flehte um mein Leben. Durch den Lärm und den Tumult aufgeschreckt, lief das ganze Lager zusammen, darunter auch Major Valentinow, der schreiend im allerletzten Moment meine Liquidierung verhindern konnte. Noch am späten Nachmittag desselben Tages bestellte er mich zu sich in sein Büro. Er sprach zu mir wie ein väterlicher Freund wieder in seinem gewohnt ruhigen gebrochenen Deutsch:

»Meine Einheit gehen zurück nach Russland. Alle Woina Plenny bald kommen in extra Lager. Von Lager dann Deportation nach Russland. Du haben viel gute Arbeit für russische Soldaten gemacht.«

Dabei drückte er mir ein Dokument, einen sogenannten Passierschein für den russischen Sektor in die Hand mit Worten, die ich nie mehr in meinem Leben vergessen konnte:

»Du noch Kind bist. Du gehen zu Mama nach Hause, Doswidanja, Fritz, auf Wiedersehen.« Zu Tränen gerührt machte ich zum letzten Mal eine ordentliche Meldung, drückte dankbar seine Hand und verabschiedete mich ebenfalls mit den Worten:

»Spasibo, Gospodin, spasibo (Danke, Herr). Doswidanja (Auf Wiedersehen), Major Valentinow.«

Der Weg nach Hause

Unverzüglich machte ich mich am frühen Morgen des nächsten Tages, überglücklich über meine plötzlich zurückgewonnene Freiheit, auf den Weg in Richtung Heimat. Meine Erleichterung darüber, kein Gefangener, kein »Woina Plenny« mehr zu sein, war unbeschreiblich. Nichts konnte mehr meinen Drang zum Aufbruch auf den Nachhauseweg bremsen. Alles, was ich besaß, war der Brotbeutel mit etwas Proviant, das, was ich am Leibe trug – und der kostbare russische Passierschein.

Einige Einheimische, die ich nach dem Weg fragte, empfahlen mir die alte Reichsautobahn als kürzeste Route Richtung Westen. Auf dieser einstigen Schnellstraße herrschte reger, wenn auch eher gemächlicher Verkehr. Fußgänger und zahlreiche Pferdegespanne neben einigen russischen Militärfahrzeugen begleiteten mich auf meinem Weg.

Bereits am ersten Vormittag schloss ich mich einem netten Kameraden an, der, ebenfalls ausgestattet mit einem Passierschein, Richtung Westen wollte.

»Ich heiße Arthur Dzykonski und komme aus Hattingen bei Bochum. Wollen wir zusammen marschieren? Ich peile das südliche Westfalen an. Die Landkarte habe ich so halbwegs im Kopf«, schilderte er mir sein Vorhaben.

»Gut, ich bin dabei. Da haben wir ungefähr den gleichen Weg. Ich möchte in den Großraum Köln und von dort weiter in meine Heimat«, erwiderte ich meinem neuen Weggefährten.

Arthur Dzykonski, mein Weggefährte nach Hause

Voller Zuversicht legten wir die Strecke Gera, Jena, Weimar, Erfurt bis nach Gotha in nur zwei Tagesmärschen zurück. Das waren gut hundert Kilometer, und ich hatte spät abends das Gefühl, einen halben Meter über der Straße zu schweben. Doch die Sehnsucht nach zu Hause war so stark, dass man diese enormen Strapazen gerne in Kauf nahm. Ab Eisenach wandten wir uns nach Nordwesten, sodass wir in den Bereich der englischen Besatzungszone gelangten, wo diese an die amerikanische Zone grenzte. In diesem Sektor gab es keine Kontrollen, und wir konnten unseren Weg ungehindert fortsetzen, teils zu Fuß, teils als Anhalter auf offenen Lkws oder Pferdefuhrwerken oder mit einem der total überfüllten Züge, draußen auf dem Trittbrett stehend. Wir erreichten mit viel Glück nach Tagen das Ruhrgebiet, ohne dass uns jemand kontrolliert hätte. Der russische Passierschein hätte uns hier im britischen Sektor auch wenig genützt, und noch immer bestand die Möglichkeit, wieder in Gefangenschaft zu geraten.

Nachdem wir Dortmund, Witten und Bereiche südlich von Bochum durchquert hatten, die wie das gesamte Ruhrgebiet erhebliche Zerstörungen durch zahlreiche Luftangriffe aufwiesen, verabschiedete ich mich von meinem Weggefährten Arthur.

Nach weniger als zwei Wochen seit meiner Entlassung aus russischer Kriegsgefangenschaft stand ich einige Tage später alleine in Köln-Deutz am rechten östlichen Rheinufer und blickte ebenso erstaunt wie entsetzt auf den schwarz aufragenden Kölner Dom und die total zerstörte Altstadt.

Unwillkürlich kam mir der Refrain des populären Mundartliedes in den Sinn, das der Kölner Komponist und Liedermacher Willi Ostermann im August 1936 geschrieben hatte: »Ich möch zo Foß no Kölle jon« (Ich möchte zu Fuß nach Köln gehen). Die Melodie entstand in Anlehnung an das frühere hochdeutsche Lied »Sehnsucht nach dem Rhein«, das Ostermann für den 1933 neu in die Kinos gekommenen UFA-Film »Der Traum vom Rhein« komponiert hatte.

Das Erreichen dieser Stadt nach all den Kriegsjahren, den unsagbaren Strapazen und Entbehrungen der letzten Monate setzte in mir unbeschreibliche Gefühle frei. Mein lang ersehnter Traum, einst an den Rhein zurückzukehren, hatte sich erfüllt. Ich sang dieses Lied mit seiner bewegenden Melodie gerührt, leise und voller Demut vor mich hin, während Tränen über meine Wangen liefen.

»Wenn ich su an mein Heimat denke
on sehn d'r Dom su vür mir ston,
mööch ich direkt op Heim an schwenke,
ich mööch zu Foß no Kölle jon.«

Obwohl ich meine eigentliche Heimat, die von hier aus noch etwa 100 Kilometer weiter südlich auf der anderen Rheinseite lag, noch nicht erreicht hatte, so war ich doch endlich in meinem geliebten Rheinland angekommen. Ich konnte es kaum glauben, dass ich die riesigen Entfernungen von Russland bis hierher bis auf wenige Ausnahmen zu Fuß zurückgelegt hatte. Je länger ich auf den vom Feuersturm der Bombennächte rußgeschwärzten Dom starrte, desto unfassbarer erschien es mir, dass ich all das Grauen der Vergangenheit weitgehend heil überstanden hatte. Mir wurde beim Anblick des träge vor mir hinfließenden großen Flusses erst richtig bewusst, wie jung ich noch war und dass meine Jugend bis dahin eigentlich noch gar nicht richtig begonnen hatte.

Den letzten Abschnitt bis nach Hause sollte ich wohl leicht schaffen, doch gab es noch ein wesentliches Hindernis, und das war mein lang ersehnter »Vater Rhein« selbst. In Köln waren alle Rheinbrücken zerstört, und es gab nur eine von den Amerikanern errichtete provisorische Pontonbrücke, die durch eine behelfsmäßige Pfahljochbrücke ersetzt werden sollte, die gerade im Bau war. Nur über diese Brücke erfolgte derzeit der Personen- und Warenaustausch dieser Großstadt, und der Andrang zu beiden Seiten des Flusses war enorm. Ich stellte mich am Ende der riesigen Schlange an und erfuhr, dass niemand ohne Passierschein über den Rhein dürfe. Niemand konnte mir sagen, wo ich als Durchreisender einen solchen Passierschein erhalten könnte, ohne Gefahr zu laufen, erneut interniert zu werden.

Eine Überquerung des großen Flusses war für mich jedenfalls so nicht möglich. Doch plötzlich schien mir Gottes Hand, die mich bisher so glücklich behütet hatte, ein weiters Mal zu helfen. Ein junger Pfarrer aus Köln-Mülheim hatte mein Begehren mit angehört und schenkte mir seinen Tagespassierschein mit den Worten: »Ich wünsche dir viel Glück, mein Junge. Meine Besorgungen auf der anderen Flussseite der Stadt kann ich auch an einem anderen Tag noch erledigen.«

Voller Freude ging ich über das behelfsmäßige Bauwerk auf die linke Rheinseite zur Kölner Altstadt. Von dort aus führte nun ein Fußweg ungestört weiter stromaufwärts Richtung Bonn. Frühmorgens, nach einem schlichten Nachtlager im Schuppen eines Schrebergartens im Süden von Bonn, machte ich mich auf meine letzte Marschetappe von etwas weniger als fünfzig Kilometern. Voller Sehnsucht nach Bassenheim und magisch von zu Hause angezogen, ja regelrecht getrieben, marschierte ich über Bad Godesberg, Remagen, Sinzig, Bad Breisig bis nach Andernach. Ich fühlte mich wie von Gottes Hand getragen, und mein Weg den Rhein entlang nach Hause war der schönste

Weg meines Lebens. Zahlreiche Gedanken begleiteten mich auf dieser letzten Etappe. Was würde mich zu Hause erwarten? Was war wohl aus Mutter, was aus meinen drei Brüdern geworden? War die Hoffnung realistisch, alle lebend und wohlauf anzutreffen?

In Andernach erfuhr ich, dass am Ortseingang von Weißenthurm kurz hinter der Eisenbahnbrücke eine Militärkontrollstelle eingerichtet worden sei. Kriegsheimkehrer ohne Ausweis würden sofort inhaftiert. Ich beachtete diese Warnung und bog kurz hinter dem Flüsschen Nette, das in Hohenleimbach nahe dem Nürburgring entspringt und oberhalb von Weißenthurm in den Rhein mündet, direkt ans Rheinufer ab. So umging ich diese Kontrollstelle, folgte dem Leinpfad entlang des Rheines und machte am südlichen Ende von Weißenthurm wieder einen Neunzig-Grad-Schlenker in Richtung Kärlich.

Über das sogenannte »Sträßje« – so nannte und nennt man heute noch die kerzengerade fast drei Kilometer lange Straße zwischen Weißenthurm und Kärlich – erreichte ich am späten Nachmittag den Ortseingang von Kärlich. Hier angekommen, ging ich sofort in das erste Haus auf der linken Seite. Dort wohnte meine Tante Helene Reif, geborene Sauer, eine Schwester meines Vaters. Die Freude, mich lebend und gesund wiederzusehen, war riesig. Essen, Trinken und Erzählen konnten mich jedoch nicht davon abhalten, binnen kürzester Zeit zu meinem letzten Wegabschnitt von nur noch knapp fünf Kilometern nach Bassenheim aufzubrechen. Von meiner Tante Helene erhielt ich dafür ein altes Fahrrad, und so radelte ich über Mülheim, dem schönen Tälchen folgend, vorbei an zahlreichen Obstbäumen und dem Bassenheimer Bach meinem Heimatort entgegen.

Es war Juni 1945, und die Kirschbäume rechts und links des Weges trugen Früchte in Hülle und Fülle. Der schöne

Sommerabend war erfüllt von herrlicher Luft, Ruhe und Frieden. Ich fühlte mich wie im Paradies. Dass ich aus der Hölle kam, sah man mir wohl äußerlich nicht an. Ich radelte an der Waldmühle, dann der Burgmühle entlang, folgte der langen Parkmauer des Schlossparkes, und schon sah man die Häuser unseres Ortes.

Als mich die ersten Bewohner unseres Dorfes begrüßten, ging die Nachricht von meiner Heimkehr sofort wie ein Lauffeuer durch den Ort:

»Dat Fritzje es zereck, dat Fritzje es widde do (der Fritz ist zurück, der Fritz ist wieder da).« Die Menschen winkten und riefen mir irgendetwas Freudiges zu. Doch ich nahm alles nur im Unterbewusstsein wie in einem Rausch wahr und steuerte schnurstracks auf unsere Straße und unser Haus zu.

Hoftor und Haustür standen weit offen. Niemand war daheim, weder meine Mutter noch meine Brüder. Ich ging durch alle Zimmer und stellte fest, dass es eigentlich nichts mehr gab, das man hätte stehlen können. Sämtliche Schränke waren leer. Es gab keinerlei Kleidungsstücke von uns Jungen mehr, nur in Mutters Kleiderschrank hingen noch ein paar alte Kleider.

Die Leere in den Schränken, so erfuhr ich später, kam daher, dass die zur Arbeit verpflichteten Kriegsgefangenen unsere gesamte Kleidung mitgenommen hatten, als sie nach dem Einmarsch der Amerikaner in die Heimat entlassen wurden.

Als ich die Treppe hinunterging, kam Mutter gerade von Onkel Peter Paul zurück – von der Familie, die so viele Gefallene zu beklagen hatte, wie ich ebenfalls wenig später erfuhr.

Unser Wiedersehen war mit Worten nicht zu beschreiben, und wir fielen uns unter Tränen fest und herzlich in die Arme. Es war unglaublich und noch gar nicht zu fassen. Ich war wieder daheim, hatte den Krieg mit all seinen Entbehrungen und grauenhaften Geschehnissen überlebt. In diesem Moment stand ich vor einem Nichts, vor einem großen Neuanfang.

Sofort machte ich meinen Kontrollgang zu den Ställen draußen in der Scheune, doch was ich vorfand, kam mir sehr merkwürdig vor. Unsere Pferde Fuchs und Elsa waren nicht mehr da. Schweine gab es auch nicht mehr. Außer ein paar altersschwachen Hühnern war von unserem Viehbestand nichts übrig. Stattdessen waren alle Stallplätze mit Kühen belegt. Nach kurzer Aussprache mit Mutter erfuhr ich, dass diese Kühe unserem Ortsgruppenleiter Servatius gehörten. Dieser war von den Besatzern verhaftet und ins Gefängnis geworfen worden, hatte aber zuvor noch seine Tiere in anderen Höfen untergebracht – zum Teil bei uns.

Voller Wut nahm ich den erstbesten Holzknüppel, öffnete alle Stalltüren und trieb laut schreiend sämtliche Kühe durch unseren Hof auf die Straße. Von dort aus liefen sie nun unkontrolliert durch den ganzen Ort, und mir war es völlig egal. Obwohl sich Mutter darüber mächtig aufregte, war mir sehr wohl dabei.

Am späten Abend erzählten wir uns gegenseitig, was wir in den vergangenen zwei Jahren alles erlebt hatten. Unser Gespräch dauerte bis tief in die Nacht, und ich verspürte keine Müdigkeit, obwohl ich schon früh am Morgen zu meiner letzten Etappe von Bonn aus aufgebrochen war.

In meinem Glück schien es mir, als könne ich die Entbehrungen, das Leid, das Elend und das Grauen dieses unmenschlichen und furchtbaren Krieges vergessen. Aber das war ein Trugschluss, denn die Geschehnisse und Bilder holten mich Monate und Jahre später wieder ein – mal mehr, mal weniger schlimm. Es dauerte viele Jahrzehnte, bis die schrecklichen Ereignisse im Alter langsam verblassten. Wirklich vergessen konnte ich das Grauen und die Trauer um meine vielen toten Freunde und meine verlorene Jugend nie.

Ich war der Erste von uns vier Brüdern, der wieder nach Hause kam. Doch wie war es den anderen ergangen und den vielen Männern aus Bassenheim, die ebenfalls hatten in den Krieg ziehen müssen?

Für meinen ältesten Bruder Hans verlief der Militärdienst eher unspektakulär. Er diente bei einer Flakabteilung und geriet nach Aufgabe der Geschütze mangels Munition in französische Kriegsgefangenschaft. Trotz einiger lebensgefährlicher Einsätze beim Minensuchen kehrte er 1946 wohlbehalten nach Hause zurück.

Peter, mein zweitältester Bruder, geriet in Le Havre in englische Kriegsgefangenschaft, nachdem seine schwere Küstenbatterie am Atlantikwall während der Invasion ihre Munition verschossen hatte. Er wurde nach England in ein Kriegsgefangenenlager verbracht und dort unter sehr menschlichen Bedingungen interniert. Nach einer gewissen Zeit setzte man ihn aufgrund seiner landwirtschaftlichen Kenntnisse zum Arbeitseinsatz in einem größeren bäuerlichen Betrieb ein. Bei dieser englischen Familie ging es Peter recht gut. Er wurde freundlich behandelt, seine Unterbringung war menschenwürdig, und er hatte ausreichend zu essen. Doch sein Heimweh wuchs von Tag zu Tag, Monat zu Monat, Jahr zu Jahr.

In seinem Tagebuch entdeckten wir Jahrzehnte später Aufzeichnungen aus dieser Zeit. Stellvertretend für aus Verzweiflung und Sehnsucht von deutschen Soldaten in Gefangenschaft millionenfach niedergeschriebenen Zeilen und Gedichten hier zwei originale Beispiele aus Peters Memoiren, teils in gereimter Form:

Gute Nacht, Mutter

Heute kam ein Brief, den Du mir schriebst. Nur ein paar kurze Zeilen von Mutters Hand, dass Du mich liebst, kamen über tausend Meilen. Plötzlich warst Du mir so nah, saß ich Dir zu Füßen, plötzlich war die Heimat da, mit tausend lieben Grüßen.

Nun ist es spät, Du bist so müd, schwer war die Müh und Sorgen, Dein Sohn ist da, singt Dir ein Lied, schlafe nun ein, bis morgen.

Gute Nacht Mutter, gute Nacht, hast an mich jede Stunde gedacht, hast Dich gesorgt, gequält um Deinen Jungen und abends mir ein Schlaflied gesungen. Gute Nacht, Mutter, gute Nacht. Hast Dir Kummer und Sorgen gemacht.

Du hast mich lieb, Mutter, Du hast gewacht, gute Nacht, Mutter, gute Nacht.

In der Heimat, da wartet ein Mädel auf mich, sie ist meine Sehnsucht, mein Glück.

Sie hat mir versprochen zu warten auf mich, sie ist meine Sehnsucht, mein Glück.

Und so denk' ich an Heimat und Mutter und Kind, denn ich habe sie ja so gern.

In der Heimat, da weint ein Mädel um mich, sie ist meine Sehnsucht, mein Glück.

Nun bin ich gefangen in englischem Land, der Mond ist soeben erwacht.

Die Sternlein am Himmel, sie leuchten herab, sie beleuchten manch einsames Grab.

Und so ziehts mich hinaus in die Heimat so sehr, meine Sehnsucht bleibt immer bei dir.

Nach vier Jahren Kriegsgefangenschaft und Arbeitseinsatz in England wurde sein Traum von der Rückkehr endlich war. Nach seiner Entlassung 1948 kehrte Peter zu uns nach Hause zurück. Mit seiner großen Liebe Helene, die er in zahlreichen Gedichten und Versen voller Sehnsucht erwähnte, lebte er zusammen mit den beiden Kindern Norbert und Christel anschließend glücklich in Bassenheim bis an sein Lebensende.

Mein jüngster Bruder Karl musste im Gegensatz zu den beiden älteren eine größere Odyssee durchleben. Während der Invasion am 6. Juni 1944 in der Normandie war er mit der 12. SS-Panzerdivision »Hitlerjugend« in den Brennpunkten zwischen Caen und Cherbourg im Einsatz. Dabei wurde sein Panzer IV nach wenigen Tagen und mehreren Gefechten in Brand geschossen. Die komplette Panzerbesatzung rettete sich durch die Bodenluken und konnte sich anschließend trotz feindlichen Feuers in Sicherheit bringen. Karl erlitt dabei erhebliche Brandverletzungen an den Beinen.

Nach der Rückkehr zu ihrer Einheit erhielt die Panzerbesatzung einen nagelneuen Panzer des Typs Jagdpanther, bestückt mit der leistungsstarken 8,8-cm-Kanone und wurde erneut in den Kampf geschickt. Mit diesem modernen Kampfwagen – einem der besten des Krieges – schossen sie in kürzester Zeit neun amerikanische Sherman-Panzer ab, die den neuesten deutschen Typen, dem schweren »Tiger« und dem mittelschweren »Panther«, an Kampfkraft weit unterlegen waren. Doch viele Hunde sind des Hasen Tod, und zur Zeit der Invasion gab es Tausende Hunde und nur noch wenige Hasen.

Kurz nach diesen Erfolgen wurde Karls Panzerkommandant, Oberscharführer Bittauer aus Ostpreußen, der das Gefecht zwecks besserer Sicht aus der offenen Luke seines Panzers führte, von einer Granate der Kopf abgerissen. Dieser Mann war Karls menschliches und soldatisches Vorbild und ersetzte ihm in gewisser Weise den allzu früh verlorenen Vater. Dieses schauderhafte Ereignis war die einzige Situation während des Krieges, die Karl bitterlich zum Weinen brachte.

Weitere Einsätze mit einem neuen Kommandanten waren nach nur wenigen Tagen wegen Munitions- und vor allem Treibstoffmangel zu Ende. Der Panzer wurde von der eigenen Besatzung in Brand gesetzt, damit er dem Feind nicht in die Hände fiel.

Bis zur Einnahme von Paris im August 1944 fielen 70 000 alliierte Soldaten, aber in den ersten Wochen nach der Invasion starben 200 000 deutsche Soldaten, die in einem aussichtslosen Kampf gegen eine gewaltige Übermacht regelrecht verheizt wurden. Karl hatte Glück und überlebte dieses Inferno. Er wurde mit den Resten der 12. SS-Panzerdivision unmittelbar nach diesen schweren Gefechten aus der Front zurückgezogen.

Nach kurzer Auffrischung erfolgte die verlustreiche Teilnahme an der Ardennenoffensive und im Anschluss daran die Verlegung zur Süd-Ostfront nach Ungarn.

Erneut ausgerüstet mit den damals modernsten »Tiger-« und »Panther-Panzern« kämpfte diese Einheit mit zahlreichen anderen Heereseinheiten dort gemeinsam in der Schlacht am Plattensee. In der Endphase der Kampfhandlungen wurden alle verbliebenen Panzer wegen Treibstoffmangels in Brand gesetzt oder gesprengt.

Aus Ungarn trat Karl zu Fuß seine Flucht vor der Roten Armee nach Hause an. In Begleitung seines Kameraden Bernhard Martini aus unserem Nachbarort Ochtendung wanderte er wochenlang durch Ungarn über Wiener Neustadt quer durch Österreich und Bayern bis in den Raum von Frankfurt am Main. Erst hier gerieten die beiden in amerikanische Kriegsgefangenschaft und wurden

Mein Bruder Karl 1944 auf seinem einzigen und letzten Heimat-urlaub kurz vor der Invasion in der Normandie

wenige Tage nach ihrer Gefangennahme von einem amerikanischen Offizier jüdischer Abstammung in perfektem Deutsch vernommen. Anschließend steckte man sie mit Zigtausenden deutschen Kriegsgefangenen in ein großes Mainwiesenlager. Ähnlich wie in den Rheinwiesenlagern in Sinzig, Remagen, Andernach und Mainz-Bretzenheim starben hier zahlreiche Menschen durch Nahrungs- und Wassermangel.

Karl war ein schwerer Mann, kerngesund und mit Bärenkräften ausgestattet, aber in diesem Lager sank sein Gewicht innerhalb kürzester Zeit von 130 Kilogramm auf die Hälfte. Als nichtfreiwilligen SS-Angehörigen brachte man ihn nach vielen Wochen Lagerhaft in das Gefängnis nach Diez an der Lahn. Hier waren überwiegend ehemalige Parteibonzen wie Ortsgruppenleiter, Ortsbauernführer, SS-Mitglieder und andere NSDAP-Angehörige verschiedenster früherer Organisationen interniert. Nachdem er dort weitere fünf Kilo abgenommen hatte, verlegte man ihn nach Linz am Rhein. Dort kam er wieder einigermaßen zu Kräften, und im Herbst 1945 konnte ich meinen Bruder persönlich abholen und zurück nach Hause bringen.

Während einer späteren Tanzveranstaltung nutzte Karl die Gelegenheit, unseren ebenfalls dort anwesenden früheren Ortsgruppenleiter Servatius auf die Ereignisse anzusprechen, die zu seiner Einberufung geführt hatten. Nachdem Servatius Karl weggestoßen und dabei sein Hemd zerrissen hatte, kam es draußen vor der Gaststätte vor großem Publikum zu einer handfesten Rauferei, nach der Servatius nur noch am Stock durch unser Dorf ging.

Doch war nicht auch er letztendlich ein Opfer dieser Zeit? Vielleicht war es ja für ihn und seinesgleichen viel schwerer, nach der Katastrophe und der Aufdeckung der grauenvollen Verbrechen des NS-Regimes mit seinem Gewissen weiterzuleben, als für andere, die halbwegs reinen

Herzens von sich behaupten konnten, nichts gewusst und nur wenig geahnt zu haben.

Letztendlich hatten wir mit der Heimkehr aller vier Brüder mit unserer Familie riesiges Glück im Vergleich zu zahlreichen anderen Familien im Ort.

Besonders schwer traf es die Familie meines Onkels Peter Paul. Vier seiner Söhne waren an der Ostfront eingesetzt. Heinrich fiel bereits im Dezember 1942 in Stalingrad und Georg im November 1943 in Libartowo.

Einen Tag vor Silvester 1943 war Tante Katharina, Mutter dieser zahlreichen Cousins, spätabends auf dem Rückweg von einer Untersuchung vom Frauenarzt in Koblenz gewesen. Während der Einfahrt des Zuges in den Bassenheimer Bahnhof gaben die Sirenen Vollalarm wegen einfliegender Feindflugzeuge, worauf unmittelbar die Bahnsteigbeleuchtung ausgeschaltet wurde. Während des Aussteigens der Personen fuhr der Lokführer wohl aus Panik zu früh an. Tante Katharina rutschte vom Trittbrett ab und fiel in den Spalt zwischen dem Bahnsteig und den anfahrenden Waggons. Dabei wurde sie sehr schwer verletzt. Es dauerte sehr lange, ehe sie mit einem offenen Lkw ins Krankenhaus transportiert werden konnte. Aufgrund der schweren Verletzungen und des großen Blutverlustes starb sie einen Tag später, an Silvester 1943.

Nach diesen Verlusten wurde ihr Sohn Hermann noch im Sommer 1944 von der Ostfront abkommandiert und UK (unabkömmlich) gestellt. Er durfte zurück nach Bassenheim, um den elterlichen landwirtschaftlichen Betrieb weiterzuführen.

Im Herbst 1944 befand sich Hermann mit seinem Pferd beim Pflügen auf einem Feld auf der Saffiger Höhe oberhalb von Bassenheim. Während der Arbeit fielen Bomben aus einer amerikanischen Maschine. Ob es sich dabei um einen Notabwurf handelte oder ob ein Angriff auf den einzelnen ackernden Landwirt geflogen wurde, konnte nicht mehr festgestellt werden. Die Bomben schlugen jedenfalls unmittelbar vor dem Pferd ein, das dabei getötet wurde. Pferd und Stahlpflug wirkten wie ein Schutzwall, sodass Hermann bis auf wenige Bombensplitter, die einen Unterschenkel mehrfach zerrissen, unversehrt blieb.

Der zehnjährige Wilfried Frei war als Erster an der Unfallstelle und brachte gemeinsam mit seinem Vater den verletzten Hermann sofort in unser von dieser Stelle nur etwa 800 Meter entferntes dorfeigenes und einst von Abraham von Oppenheim gestiftetes Krankenhaus. Mehr als eine Minimalversorgung durch die anwesenden Ordensschwestern, sprich verbinden, war ausgerechnet zu diesem Zeitpunkt hier nicht möglich. Denn der leitende Arzt Dr. med. Sauvigny war als Divisionschirurg an die Ostfront abkommandiert worden, sodass in diesen Tagen kein Arzt zugegen war.

Man brachte Hermann am nächsten Tag in das Saffiger Brüderkrankenhaus. Ein junger und unerfahrener Arzt entfernte ihm die Bombensplitter aus dem zerfetzten Unterschenkel. Desinfektionsmittel waren kaum vorhanden. Die Fronten verschlangen sämtliches Material und hatten Priorität.

Das fatale Resultat zeichnete sich schnell ab. Nach zwei Tagen war das ganze Bein bis weit in den Oberschenkel durch den sogenannten Gasbrand schwarz verfärbt. Um Hermanns Leben zu retten, musste das ganze Bein umgehend amputiert werden, was unter primitivsten Umständen geschah. Hermann überlebte den schweren Eingriff und verlor seinen Lebensmut nicht. Er wurde später Leiter der Raiffeisenbank in Bassenheim und hinkte bis zu seinem Rentenalter täglich die knappen 200 Meter von seinem Wohnhaus zur Arbeitsstelle viermal pro Tag hin und her. Er hat seine Schwerstbehinderung über all die Jahrzehnte tapfer ertragen und sein Leben gut gemeistert. Hermann starb am 12. Dezember 2016 hochbetagt im Alter von fast 95 Jahren.

Im Herbst des gleichen Jahres 1944 erhielt die Familie die nächste Hiobsbotschaft: Auch der dritte Sohn, Anton Sauer, war am 15. November 1944 gefallen. Weiterhin verloren wir unsere Cousins Heinrich Caspar Quirbach und Albert Quirbach. Albert war ein Sohn von Onkel Gottfried. Seine beiden Brüder Erich und Heinz hatten den Krieg überlebt, kamen jedoch als Spätheimkehrer schwer gezeichnet erst nach vielen Jahren aus russischer Kriegsgefangenschaft zurück. Abgesehen von den Verwandten hatte ich auch meine besten Freunde Arnold Lohner, Edgar Weiber, Robert Kleinz und Herbert Niederländer für immer verloren.

Zahlreiche kleine Kinder in unserem Dorf haben ihre Väter nie kennengelernt. In einer Familie mit fünf Kindern blieb nur die einzige Tochter am Leben. Die Mutter konnte diese Verluste nicht ertragen und wurde schwermütig.

Allein in unserer kleinen Gemeinde forderte der sinnlose Krieg 114 Leben. Der größte Teil dieser Männer ist in Russland gefallen. Die anderen sind in Polen, Frankreich, Italien, auf den Weltmeeren irgendwo in Gefangenschaft oder in einem der vielen Lazarette umgekommen. Viele blieben vermisst.

Zahlreiche Soldaten aus dem Dorf hatten zwar das nackte Leben gerettet, waren aber von schweren Verwundungen gezeichnet, an deren Folgen sie teilweise bis ans Ende ihrer Tage litten. Viele Kameraden hatten einen Fuß, ein Bein oder einen Arm verloren, andere einen Lungen- oder Kopfschuss erlitten oder das Augenlicht verloren. Mein Handballkamerad Walter Ringel zum Beispiel konnte nach seinem Kopfschuss nahezu vollständig wiederhergestellt werden, sodass er später mit mir gemeinsam in der Oberliga Rheinland Feldhandball spielte und seine Bäckerei bis zur Rente führte.

Alois Knipper, ebenfalls Bäcker, wurde schwer verwundet von russischen Soldaten geborgen. Er überlebte seinen Lungenschuss dank einer Operation, die ein russischer Arzt ohne Narkosemittel und bei vollem Bewusstsein durchführte. Nach seiner Genesung kam er in Gefangenschaft und führte nach der Entlassung sein Lebensmittelgeschäft ebenfalls bis ins hohe Alter. Mit viel Glück überlebte Klaus Lohner das Inferno von Stalingrad. Nach seiner Verwundung gehörte er zu den wenigen, die noch mit einer Ju 52 ausgeflogen werden konnten. Der Verlust eines Auges hat auch ihn sein ganzes Leben lang schwer belastet. Doch niemand von ihnen und allen anderen Heimkehrern hat sich aufgegeben. Die meisten arbeiteten nach ihrer Rückkehr trotz körperlicher Behinderung weiter im erlernten Beruf oder ließen sich auf eine behindertengerechte Tätigkeit umschulen.

Es gibt noch eine Reihe anderer Schicksale, die mir bekannt wurden: Josef Reif, den ich im Sommer 1943 durch Zufall zum letzten Mal in Koblenz traf, blieb bis zum Untergang der 132. Infanteriedivision im Kurlandkessel bei seiner Einheit. Er rettete unserem Kameraden Paul Wagner aus Nörtershausen in der Zweiten Kurlandschlacht in den Novembertagen 1944 im Bereich der lettisch-litauischen Grenze südöstlich von Frauenburg das Leben, als er ihn schwer verwundet aus vorderster Linie unter eigener Lebensgefahr mithilfe eines ausgeliehenen Panzers barg und zum Truppenverbandsplatz transportierte. Nur wenige Tage später, am 25. November, riss ihm im Feuer russischer Ratsch-Bum-Geschütze ein Granatsplitter den

Arm im Bereich des linken Ellenbogengelenkes nahezu ab.

Nach schneller Bergung und guter ärztlicher Erstversorgung hatte er das große Glück, mit einem der letzten Schiffe der Kriegsmarine aus dem Hafen von Libau evakuiert zu werden und somit dem Kurlandkessel zu entkommen. Das Schiff lief mit 2000 verwundeten Soldaten an Bord Gotenhafen bei Danzig an. Nach zahlreichen Transporten in Lkw vom nördlichen und weit außerhalb von der Stadt gelegenen Gotenhafen nach Danzig wurden die Verwundeten auf zwei dort bereitstehende Lazarettzüge verteilt. Der erste Zug fuhr nach Österreich, der zweite nach Sachsen. Josef kam in ein Lazarett nach Dresden und wurde dort von einem hervorragenden Chirurgen dreimal operiert. Sein Arm konnte gerettet werden und wies später nur geringe Einschränkungen in der Beweglichkeit auf. Nur dank dieses Arztes, der auf die einfachere Amputation verzichtete und diese für die damalige Zeit komplizierten Eingriffe riskierte, konnte Josef seinen Beruf als Landwirt bis ins hohe Alter ausüben. Am 9. September 2014 feierte er seinen 91. Geburtstag und starb im Mai 2015. Kamerad Paul Wagner war bereits drei Jahre zuvor, genau an Josefs Geburtstag, im Alter von 88 Jahren gestorben.

Mein fürsorglicher, väterlicher Regimentskommandeur unseres Regimentes 437, Oberst Maximilian Kindsmüller, fiel am 17. August 1943 östlich von Slawjanka bei Leningrad im Alter von 48 Jahren.

Paul Seidenfuß kehrte mit den üblichen körperlichen und seelischen Blessuren aus Krieg und Gefangenschaft zurück und übte in Koblenz bis ins hohe Alter seinen erlernten Beruf als Metzger aus.

Ulrich Schmidt kam nach vielen Jahren aus russischer Kriegsgefangenschaft wieder nach Hause und sah nach einer langen entbehrungsreichen Zeit seine Frau und den 1939 geborenen, mittlerweile erwachsen gewordenen Sohn Uli wieder.

Paul Severin durfte aufgrund seiner Beinamputation noch während des Krieges ein Jura-Studium beginnen. Nach dessen Abschluss wirkte er bis zu seiner Pensionierung als Richter in Andernach.

Jakob Schmitz überlebte zwar seinen Lungenschuss, litt aber später an bleibenden Atembeschwerden. Ohne noch einmal an die Front zu müssen, beteiligte er sich am Wiederaufbau seiner schwer gezeichneten Heimatstadt Köln.

Georg Bauder wurde mit seinem Spähtrupp an der Ostfront gefangen genommen und kam in ein russisches Gefangenenlager. Nachdem er mehrere Jahre in verschiedenen Lagern überstanden hatte, kam er 1953 geschunden und schwer gezeichnet als Spätheimkehrer in seine zu der Zeit noch schwer zerstörte Stadt Mannheim zurück. Wegen der gegenüberliegenden Chemiefabrik BASF war diese Stadt wie auch Ludwigshafen auf der anderen Rheinseite besonders häufig das Ziel schwerster Bombenangriffe. Georgs Frau Lydia hat fast zehn Jahre auf ihren Mann gewartet und erlitt beim Wiedersehen vor Schmerz und Glück einen Zusammenbruch. Gott schenkte den beiden zwei Mädchen und einen Sohn, und die Familie lebte glücklich in der wieder auferstandenen Stadt.

Georg, den ich stets als einen wunderbaren, hilfsbereiten und liebenswerten Menschen in Erinnerung behielt, hat sich von der Lagerhaft und den Strapazen nie völlig erholt. Er starb an einem Krebsleiden nach langem Todeskampf und wurde 1979 in seiner geliebten Heimatstadt beigesetzt. Seine Frau Lydia meisterte ihr Leben noch weitere dreißig Jahre ohne ihn und starb 2009 im Alter von 89 Jahren.

Unser musischer, sehr gut Violine spielender Bürokrat Klaus Baulig aus dem Nachbardorf Mülheim fiel nach seiner Versetzung in eine andere Einheit als einer der Ersten von uns bereits im Sommer 1942.

Der zu einer Panzerjägerabteilung der Division »Großdeutschland« versetzte Feldwebel Engelbert Haymann, der mit seinem kameradschaftlichen Verhalten stets ein Vorbild war, fiel am 21. Juli 1943 während der Sommeroffensive im Bereich der Heeresgruppe Mitte bei Belgorod. Er wurde auf einem Heldenfriedhof bei Charkow beigesetzt.

Markus Heinrich erhielt einen Schuss ins Gesäß und wurde mit einer Ju 52 ausgeflogen. Doch das Schicksal führte ihn noch ein zweites Mal an die Ostfront. Dort erlebte er den Zusammenbruch im erbitterten Endkampf um Berlin. Mit unvorstellbarem Glück überlebte er dieses letzte Inferno, schlug sich danach zuerst über Schleswig-Holstein im Norden und im Anschluss daran bis nach Bayern durch.

Ebenso überlebte Toni Grad den Krieg und konnte nach seiner Gefangenschaft ebenfalls seine schöne bayerische Heimat wiedersehen.

Der zwei Jahre jüngere Alfred Frensch aus meinem Heimatort, den ich durch Zufall während des Krieges 1943 auf dem Bahnhof in Thorn traf, gehörte zu den wenigen, die unversehrt aus dem Krieg zurückkamen. Er wohnte später mit seiner Frau Anna und vier Kindern nur fünfzig Meter von uns entfernt und starb 2012 im Alter von 87 Jahren.

Matthias Schuster, der freundliche alte Lokführer vom Bassenheimer Bahnhof, in dessen Zuhause und Familienkreis ich oft meine Mittagsmahlzeiten einnahm, wurde 1944 tagsüber auf seiner Fahrt von Koblenz nach Mayen im Streckenabschnitt zwischen Polch und Mayen von amerikanischen Jagdbombern angegriffen. Zwar konnten er und zahlreiche andere Zivilpersonen Lokomotive und Personenwaggons noch rechtzeitig verlassen, starben aber im Kugel- und Bombenhagel der immer wieder angreifenden Maschinen. Matthias Schuster hinterließ seine Frau mit den sechs Kindern. Die jüngste Tochter Susanne heiratete nach Kriegsende einen US-amerikanischen Offizier, der im Zivilberuf Zahnarzt war, und ging mit ihm nach Amerika. Dort lebt sie hochbetagt noch heute.

Arthur Dzykonski aus Hattingen, mein Weggefährte während der letzten Fluchttage, fand meine Adresse nach 46 Jahren durch Zufall im Telefonbuch. Unmittelbar danach gab es ab 1991 mehrere gegenseitige Besuche mit seiner Frau Gertrud und meiner Frau Hermine, mal in Hattingen und mal bei uns in Bassenheim.

Meinen Lebensrettern in Schlesien, der Familie Müller sowie der französischen Familie Schneider, gelang ebenfalls die Flucht. Müllers wurden später in der nordrhein-westfälischen Stadt Borken sesshaft. Tochter Lenchen hieß nach der Heirat Steverding und gebar zahlreiche Kinder. Die Familie Schneider kehrte wieder in ihre Heimat zurück und lebte in Metz. Unsere Familien und deren Kinder besuchten sich in den fünfziger und sechziger Jahren ziemlich regelmäßig. Mal waren die Treffen hier bei uns im Rheinland und an der Mosel, oder die Fahrt ging ins benachbarte Frankreich nach Metz oder nach Borken. Dabei konnten immer wieder Erinnerungen ausgetauscht werden. Tatsächlich wurde uns erst Jahre später richtig bewusst, wie nahe wir damals dem Tod waren.

Meinen italienischen Jagdfliegerfreund Mario aus Turin, den ich im Lager Thorn kennenlernte und teilweise mit durchfütterte, habe ich leider nie mehr wiedergesehen. Gerne wäre ich seiner Einladung gefolgt, ihn in Norditalien zu besuchen. Aber der Zettel mit der Adresse ist während meiner Gefangenschaft verloren gegangen und in den Nachkriegsjahren fehlten sowohl die Zeit als auch das Geld für aufwendige Recherchen, von Reisen ganz zu schweigen. Das war sehr schade, denn vergessen habe ich Mario nie.

Meine Heimatstadt Koblenz mit damals annähernd 95 000 Einwohnern wurde durch die Royal Air Force der Briten und die United States Air Force in 43 Luftangriffen überwiegend in der Zeit von 1942 bis Kriegsende 1945 in ihrem Kern zu 87 Prozent zerstört. In unzähligen Nächten erschallten die Luftschutzsirenen und die Menschen mussten sich mit ihren Kindern und Säuglingen im großen Umkreis der Stadt in ihre Keller oder, wenn vorhanden, in die vorgesehenen Luftschutzbunker zurückziehen. Dabei warfen 3772 alliierte Flugzeuge 10 000 Tonnen Bomben ab. 2 000 000 Millionen Kubikmeter Trümmer bedeckten die Stadt. 15 000 von 25 000 Wohnungen waren vernichtet.

Der schlimmste Vernichtungsangriff erfolgte am 6. November 1944. Bomber der britischen Royal Air Force warfen 233 Tonnen Sprengbomben und 288 Tonnen Brandbomben auf die Stadt ab. Als die letzten der insgesamt 122 Lancaster-Bomber gegen 20 Uhr beidrehten und wieder zurück nach Großbritannien flogen, war die Innenstadt ein Flammenmeer und das historische Koblenz mit seinen zahlreichen Klöstern, Kirchen, Fachwerkhäusern und wunderschönen Gebäuden aus dem Mittelalter zerstört und Geschichte von gestern. In jener Nacht brannte die Stadt abermals lichterloh, aber dieses Mal von einem Ende bis zum anderen. Noch im zehn Kilometer entfernten Bassenheim und ringsum in allen Dörfern konnte man die Stadt brennen sehen. Der Himmel war glutrot geschwängert und hell erleuchtet. Die Menschen vernahmen das Krachen, Bersten, Explodieren und Einstürzen der Gebäude in ihren Kellern und Schutzräumen noch in kilometerweiter Entfernung.

Neben den zahlreichen Bombardements erfolgten besonders in der Weihnachtszeit 1944 täglich Angriffe, auch am Heiligen Abend. Während des nächtlichen Bombenangriffes am 22. Dezember starben alleine im Vorort Güls 88 Menschen. Der schwerste dieser Weihnachtsangriffe wurde durch die United States Air Force am 28. Dezember mit 529 B-17 Bomber durchgeführt. Erneut fielen 1170 Tonnen Spreng- und 93 Tonnen Brandbomben auf die bereits weitestgehend zerstörte Stadt. Dass am Ende nach allen noch folgenden Bombardements »nur« 1016 Menschen in der Stadt den Tod fanden und 2925 verwundet waren, lag darin begründet, dass neben den vorsorglichen Ausquartierungen vieler Familien in die Eifel, Westerwald oder Hunsrück die allermeisten Menschen der Stadt in Sonderzügen rechtzeitig nach Thüringen evakuiert worden waren.

Das Leben in dieser Stadt war für lange Zeit erloschen oder zumindest für die bei Kriegsende nur noch übrig gebliebenen 9000 Menschen sehr stark eingeschränkt. Nichts war mehr so geblieben, wie ich die Stadt als Kind während den Kartoffeltransporten zusammen mit meinem Bruder Hans oder als Junge in der Lehre einst kennengelernt hatte. Die schöne Festhalle, der Bassenheimer Hof, die Dominikanerkirche, sämtliche Häuser der Weißer-Gasse und der Kastorgasse, Mosel- und Rheinbrücken, Schulen, Krankenhäuser neben tausenden Wohngebäuden der Stadt waren unwiederbringlich zerstört. Von der Altstadt konnte man über die unermesslichen Schutt- und Trümmerhaufen durch die ganze Stadt hinwegschauen und dabei sogar die in 2 Kilometer stromaufwärts entfernt liegende Königsbacher-Brauerei durch die Ruinen hinweg erblicken. Koblenz benötigte sieben Jahrzehnte, um annähernd fast restlos alle Kriegsschäden zu beseitigen. Heute steht diese wunderschöne Stadt an Rhein und Mosel wieder neu aufgebaut in voller Blüte und erfreut sich in ihrer

Beliebtheit alljährlich eines enormen nationalen und internationalen Touristenstroms.

Gab es in fast allen Gemeinden, Dörfern und Städten von Deutschland, Österreich oder Südtirol nach dem Krieg Denkmale zur Erinnerung an die Gefallenen und Vermissten in Form von Tafeln oder Monumenten auf Friedhöfen oder zentralen Plätzen, so wurde dies in Bassenheim aus mir unbekannten Gründen gänzlich vernachlässigt. Erst in den neunziger Jahren des letzten Jahrhunderts brachte man auf Initiative des Heimatvereines im linken Eingangsbereich unserer Kirche eine kleine, unscheinbare Tafel mit den Namen der aus unserer Gemeinde stammenden toten und vermissten Soldaten an, und auch diese Liste war nicht vollständig.

Angesichts der im Privatleben längst vollzogenen deutsch-französischen Aussöhnung freute ich mich umso mehr über ein Ereignis, das sich ausgerechnet in meinem Heimatort Bassenheim abspielte:

Im Jahre 1948 landete auf dem Militärflugplatz Mendig der spätere Bundeskanzler Konrad Adenauer gemeinsam mit seinem Freund, dem französischen Außenminister Robert Schuman. In abgedunkelten Limousinen fuhren sie zu einer geheimen Konferenz in die Burg Bassenheim. Hier residierte auch der französische General Hettier de Boislambert als Gouverneur des Oberpräsidiums Rheinland-Hessen-Nassau in der französische Besatzungszone.

Während dieses diskreten Treffens wurden die ersten deutsch-französischen Freundschaftsverträge konzipiert, die erfreulicherweise Jahre später zwischen beiden Ländern in die Tat, besser gesagt in viele Taten umgesetzt wurden. 2012 erfolgte in Anerkennung dieser wunderbaren völkerverbindenden Tat durch Schuman und Adenauer auf unserem Walpotplatz die Errichtung eines würdigen Denkmals.

Heute pflegt Bassenheim Städtepartnerschaften zu Pougues-les-Eaux in Burgund und darüber hinaus seit vielen Jahren zu Pasym in Polen, dem früheren Passenheim, gegründet vor Jahrhunderten von Siegfried Walpot, einem Bassenheimer Bürger.

Wiederaufbau

Das Leben erwachte schnell wieder im besiegten und von der NS-Diktatur befreiten Deutschland. Nach wenigen Jahren der Not kamen mit der Währungsreform 1949 die Wirtschaft und mit ihr der Wiederaufbau des zerstörten Landes in Schwung – jedenfalls in den westlichen Besatzungszonen. Der wiedergewonnene Frieden und die von den Alliierten gewährten ersten demokratischen Freiheiten gaben den Menschen Hoffnung und Mut zu einem großen Neuanfang.

Jeder versuchte, sich entsprechend seinen Fähigkeiten eine neue Existenz aufzubauen. Die zerstörten Städte benötigten beim Wiederaufbau riesige Kapazitäten an Arbeitskraft und Unmengen an Baumaterial.

So erlebte die hier im Neuwieder Becken ansässige Bims- und Sandsteinindustrie einen ungeheuren Aufschwung. Anfangs noch in mühsamer Handarbeit wurden Abermillionen Steine aus dem in dieser Region unmittelbar unter dem Mutterboden liegenden meterdicken Bims produziert, der sich im Verlauf mehrerer Vulkanausbrüche vor mehr als 13 000 Jahren gebildet hatte.

Meine Brüder Karl und Peter sowie Josef Juchem gründeten eine von 13 alleine in Bassenheim neu entstandenen Bimssteinfabriken. In Weißenthurm entstanden in kürzester Zeit sogar fast 100 dieser Fabriken. Zählt man sämtliche Produktionsstätten der umliegenden Dörfer wie zum Beispiel Ochtendung, Plaidt, Saffig, Miesenheim, Andernach, Mülheim, Kärlich, Kettig, Urmitz, Kaltenengers und auf der anderen Rheinseite Neuwied, Heimbach-Weis, Gladbach, Torney, Engers und viele mehr zusammen, gab es wohl an die 400 steinproduzierende Gewerbe.

Die Vorteile dieser aus Bims, Sand, Zement und Wasser gewonnenen Bausteine lagen in ihrem relativ niedrigen Gewicht, ihren wärmedämmenden Eigenschaften, ihrem im Vergleich zu Ziegelsteinen größeren Format, dem günstigen Preis und in der fast unbegrenzten Verfügbarkeit. Hinzu kamen der einfache Transport wegen der verkehrsgünstigen Lage am Rhein und den links- und rechtsrheinischen Eisenbahnlinien und Bundesstraßen. Man darf an dieser Stelle ohne Übertreibung behaupten, dass ein großer Teil des relativ schnellen Wiederaufbaues der damaligen Bundesrepublik mit Steinen aus unserem Neuwieder Becken geleistet wurde.

Als zu Beginn der sechziger Jahre der Boom des Wiederaufbaues allmählich abflachte, mussten viele dieser kleinen Betriebe schließen. Karl arbeitete im Anschluss daran bis zu seinem Renteneintritt als Kranführer im Schichtbetrieb der Firma Thyssen Krupp in der Sayner Hütte bei Engers. Ob in der Bimssteinproduktion oder in der Stahlverarbeitung – Karl trug über Jahrzehnte hinweg wie zahlreiche andere Kriegsheimkehrer zum Wiederaufbau und Fortschritt unseres Landes bei.

Trotz harter Arbeit seit frühester Kindheit, unfreiwilliger Kriegsteilnahme, Gefangenschaft und anschließender schwerer körperlicher Arbeit erreichte Karl mit 89 Jahren ein gesegnetes Alter. Er starb am 8. Juli 2014.

Ich begann bereits im Herbst 1945 damit, mein Handwerk in der Waschküche meines Elternhauses auszuüben. Wenig später reichte das Geld dazu, im Friseurladen von Maria Beitzel einen Friseurstuhl anzumieten, wodurch das Umfeld erheblich verbessert wurde. Nach weiterem Aufschwung und bestandener Meisterprüfung 1949 als jüngster Teilnehmer im Rheinland, reichte das Geld 1952 zum Anmieten zweier Räume in der Gaststätte zur Krone, wo sich heute die Sparkasse von Bassenheim befindet. Hier betrieb ich nun gemeinsam mit meiner Frau Hermine, die dafür eigens an der Fachschule in Darmstadt sowie der internationalen Meisterschule in Duisburg und Rüdesheim das Handwerk erlernt hatte, einen Damen- und Herrensalon. 1955 erfüllten wir uns unseren Traum und eröffneten einen neuen und modernen Friseursalon in der Mayener Straße 39. Das Geschäft führte ich noch mit 66 Jahren bis zum Jahresende 1989.

Trotz meiner aus der Beinverwundung entstandenen Behinderung machte mir das lange Stehen in diesem Beruf in jungen Jahren nichts aus. Wie Abertausende meiner aus dem unseligen Krieg heimgekehrten und an Körper und Seele gezeichneten Kameraden machte ich mich ohne zu klagen daran, an der Wiedergeburt unseres Landes mitzuarbeiten.

Nachwort

Friede und Freiheit gibt es nicht zum »Nulltarif«! Das hat es in der Menschheitsgeschichte noch nie gegeben und das wird es leider auch niemals geben. Das kann man augenscheinlich derzeit an unzähligen alten und erschreckend vielen neuen Konfliktherden in der ganzen Welt realistisch und schmerzlich verfolgen.

Über Jahrtausende hinweg bis in unsere gegenwärtige Zeit ist seitens der Geschichtsschreibung an unzähligen Beispielen bewiesen und begründet worden, dass durch Machtgier, Fanatismus, Rassismus, religiösen Wahn, Fundamentalismus, Nationalismus, Kommunismus, Neid, Missgunst und auch Unfreiheit, Unterdrückung und Armut, der Nährboden und die Grundsteine gelegt wurden, die zu Spannungen, Eskalationen, Destabilisierungen und kriegerischen Auseinandersetzungen in allen Facetten ihrer möglichen Auswüchse mit deren fatalen Folgen für die Menschheit geführt haben.

Fritz und dem Autor liegt durch Veröffentlichung dieses Zeitzeugenberichtes besonders am Herzen, dass sich solch eine Tragödie wie die des Zweiten Weltkrieges nicht wiederholt, dass man endlich aus den Fehlern der Geschichte lernt, damit Kriege niemals mehr geführt werden.

War es nicht grausam, um nur ein Beispiel stellvertretend für unzählige Tragödien zu nennen, als der junge englische Supermarine Spitfire-Pilot und Oxfordschüler Mathew Smith mit dem deutschen Matthias Schmidt in seiner Messerschmitt Me 109 über dem Ärmelkanal in ein

Luftgefecht geriet, beide sich gegenseitig mit ihren Bordwaffen beschossen und nach zahlreichen Treffern in ihren brennenden Maschinen in der Luft explodierten. Der sportbegeisterte und durchtrainierte deutsche Matthias, ein Schüler eines Humangymnasiums mit Abitur, beabsichtigte Sport und Germanistik studieren, um später als Lehrer tausende Kinder zu unterrichten. Der englische Mathew, der ebenfalls jahrelang fleißig lernte, strebte ein Medizinstudium an, um Arzt zu werden und später anderen Menschen zu helfen. Beide Träume zerplatzten in 4000 Metern Seehöhe. Schade, dass sie keine Chance hatten, sich in Friedenszeiten kennenzulernen, um gute Freunde fürs Leben zu werden.

Es war einfach nur unvorstellbar tragisch und schlimm, dass es zu diesen verfeindeten kriegerischen Auseinandersetzungen zwischen gleichaltrigen, liebenswerten jungen Menschen mit eigentlich gleichen Träumen und Lebenszielen in diesem Alter kommen konnte. Anstatt Völkerverständigung und ein friedliches Miteinander zu leben, geschahen in dieser unseligen Zeit solche Einzelschicksale zu Millionen, ausgelöst von ideologisch verblendeten und unfähigen, intoleranten, ja unmenschlichen Politikern.

Nach unermesslichem Leiden in sechs Jahren Krieg, den der überwiegende Teil des deutschen Volkes absolut nicht führen wollte, sondern der von einem Diktator und Führer mit seinen engsten Vasallen inszeniert wurde, war die Befreiung Deutschlands durch die Alliierten ein Segen für die Menschen in unserem Land und in ganz Europa. Insbesondere die Amerikaner schrieben sich federführend auf die Agenda, den größten Anteil an der Befreiung geleistet zu haben. Dafür hatten sie nicht ganz unberechtigte Gründe: Sie brachten uns Demokratie und Selbstbestimmung, unsere auch heute noch gültige Regierungsform, einschließlich der Freiheit, außerdem ermöglichten sie lang währenden Frieden und den daraus resultierenden Wohlstand.

Kriegsmüde mit dem sehnlichsten Wunsch nach Ruhe und Frieden freuten sich die Menschen im besiegten und zerstörten Deutschland über das Kriegsende. Durch einen identischen, westlichen Kulturkreis geprägt – mit bestehenden gleichen Werten, dem gleichen Wesen, der gemeinsamen Religion und denselben Interessenslagen –, konnte dieser enorme Aufschwung gemeinsam Hand in Hand gedeihen, konnte diese Demokratisierung gelingen.

Meine Generation hat an den Fronten zum größten Teil unfreiwillig und zu Unrecht gelitten – in permanenter Todesangst, das tägliche Grauen vor Augen. Doch tragen weder wir noch die Generationen unserer Kinder, Enkel und Urenkel Schuld an diesem Verbrechen.

Dass wir stets der Geschichte, besonders der eigenen gedenken und aus ihren fatalen Fehlern lernen, ist selbstverständlich und richtig. Der Blick auf das Unrecht von einst jedoch soll uns nicht den Blick verstellen auf das Unrecht von heute, sondern uns sensibilisieren für unsere Verantwortung im eigenen Land und der ganzen Welt. Darum sollte Geschichte fortwährend interessiert und objektiv betrachtet, vor allem wohl besonnen beachtet werden.

Mögen alle nachfolgenden Generationen von solchen Erlebnissen und Ereignissen, wie sie damals geschehen sind, für ewige Zeiten verschont bleiben.

»Gott mit uns« stand auf dem metallenen Koppelschloss von uns Wehrmachtssoldaten. Ich gehörte zu den Glücklichen, die Gott in der Not nicht verlassen hat und die nach Hause zurückkehren durften. Jedoch über fünf Millionen meiner Kameraden sahen ihre Heimat nie mehr wieder. Auch ihnen und den über eine Million getöteten Zivilisten, den 13 Millionen Vertriebenen und den Opfern der übrigen kriegsteilnehmenden Länder sei dieses Buch gewidmet.

Weitere Bücher der Edition Förg

Unglaubliches überstanden

352 Seiten
ISBN 978-3-96600-022-2

Eberhard Dennerlein erlebt den Einmarsch in Polen, führt seine Kompanie bei der Besetzung Hollands und Belgiens an und ist beim „Unternehmen Seelöwe" mit dabei. Dann führt sein Weg quer durch Frankreich, bevor er nach Osten versetzt wird, um den Vormarsch der Russen aufzuhalten. Sein Tagebuch ermöglicht bemerkenswerte Einblicke in den Alltag eines Offiziers im Zweiten Weltkrieg, der mit seinen Kameraden Unglaubliches überstanden hat.

Hinter rotem Stacheldraht

272 Seiten

ISBN 978-3-966000-09-3

Als einfacher Soldat wird Josef Sedlmeier in Tschechien von sowjetischen Truppen aufgegriffen und in ein Gefangenenlager verlegt. Für ihn beginnt eine lange Zeit der Ungewissheit, des Hungers und der körperlichen Arbeit. Lager folgt auf Lager, Arbeitskommando auf Arbeitskommando. Kameradschaft, Einfallsreichtum und Humor helfen dem jungen Mann durch die schwere Zeit und lassen ihn die Hoffnung auf Heimkehr nicht aufgeben.

Irgendwie überlebt
256 Seiten
ISBN 978-3-933708-95-3

In den verschiedenen Geschichten geht es meist um junge Männer, die, gerade einmal volljährig geworden, ihre Einberufung zum Wehrdienst erhalten. Beim Reichsarbeitsdienst bekommen sie eine Grundausbildung, um möglichst schnell einsatzbereit zu sein, bevor ihnen der Marschbefehl erteilt wird. Einer von ihnen kämpft in Frankreich gegen Partisanen und gerät in amerikanische Kriegsgefangenschaft. Ein anderer kommt nach Italien zur Luftwaffe, wird an die Ostfront geschickt und muss sich nach Kriegsende alleine zu Fuß bis in die bayerische Heimat durchschlagen. Dass nicht nur Soldaten unter dem Krieg zu leiden hatten, zeigt die bewegende Geschichte einer jungen Norwegerin, die sich in einen in ihrer Heimat stationierten deutschen Soldaten verliebt.